Sigmund Freud

Unser Herz zeigt nach dem Süden

Sigmund Freud

Unser Herz zeigt nach dem Süden

Reisebriefe 1895–1923

Herausgegeben von Christfried Tögel
unter Mitarbeit von Michael Molnar

Aufbau-Verlag

Mit 152 Abbildungen

Für die großzügige Unterstützung dieser Edition danken wir dem Freud Museum London und seinem Forschungsdirektor Michael Molnar, der vor allem an der Kommentierung der London- und Amerika-Reise einen wesentlichen Anteil hat.

ISBN 3-351-02944-6

2. Auflage 2002

Einbandgestaltung Henkel / Lemme
Typographie Johanna Rennert-Mönch
Litho NOTICA Christoph Anzeneder
Druck und Binden Ebner & Spiegel, Ulm
Printed in Germany

www.aufbau-verlag.de

Inhalt

Anhang

»Gestern träumte ich wieder vom Reisen«

Von Christfried Tögel[1]

Am 28. Mai 1899 schrieb Freud an Wilhelm Fließ: »Ich habe mir Schliemanns Ilios geschenkt und mich an seiner Kindheitsgeschichte erfreut. Der Mann war glücklich, als er den Schatz des Priamos fand, denn Glück gibt es nur als Erfüllung eines Kinderwunsches. Dabei fällt mir ein, daß ich heuer nicht nach Italien reisen werde.«[2] Hier sind in konzentrierter Form die drei großen Leidenschaften bzw. Interessen Freuds angesprochen: 1. die Archäologie: er schenkt sich Schliemanns »*Ilios*«; 2. die Psychoanalyse: ihn interessiert Schliemanns *Kindheitsgeschichte und die Wunscherfüllung*; 3. das Reisen: seine erste Assoziation ist Italien.

Das Zusammentreffen der drei Leidenschaften Freuds – Psychoanalyse, Archäologie und Reisen – ist nicht zufällig: Das methodologische Prinzip, die Geschichte als Schlüssel zur Gegenwart zu begreifen, zieht sich durch Freuds gesamtes Leben und Werk. Er sah alles durch die Brille der Vergangenheit: Die Ursachen für neurotische Symptome des erwachsenen Menschen suchte er in der frühen Kindheit; die Kultur der Gegenwart erklärte er aus bestimmten Ereignissen in der Frühgeschichte der Menschheit, und sein wichtigstes Hobby waren Archäologie und Altertumswissenschaft. Der Psychologe und Altertumswissenschaftler Freud schreibt z. B. über Träume: »Sie stehen zu den Kindheitserinnerungen, auf die sie zurück-

1 Der Text dieser Einleitung lehnt sich weitgehend an die ersten beiden Teile meines Buches »Berggasse–Pompeji und zurück. Sigmund Freuds Reisen in die Vergangenheit« an; Tögel (1989).

2 Freud (1985c), S. 387.

gehen, etwa in demselben Verhältnis wie manche Barockpaläste Roms zu den antiken Ruinen, deren Quadern und Säulen das Material für den Bau in modernen Formen hergegeben haben.«[3]

Freud hat nach eigenem Zeugnis »mehr Archäologie als Psychologie gelesen«[4] und erhebliche finanzielle Mittel in seine Antiquitätensammlung gesteckt. Auf der anderen Seite verschlangen auch seine Reisen beträchtliche Summen, doch tat es ihm nie um das in Antiquitäten oder Reisen investierte Geld leid. Schon nach seiner ersten größeren Italienfahrt im Jahre 1896 hatte Freud an Wilhelm Fließ geschrieben: »Mein Zimmer habe ich jetzt mit Gipsen der Florentiner Statuen geschmückt. Es war eine Quelle außerordentlicher Erquikkung für mich; ich gedenke reich zu werden, um diese Reisen zu wiederholen. Ein Kongreß auf italischem Boden! (Neapel, Pompeji).«[5] In dieser Briefstelle deutet sich zudem an, daß Freud Reisen und Altertumswissenschaft gern mit seiner dritten großen Leidenschaft, der Psychologie, verbunden hätte. Die »Kongresse« mit Fließ waren ja auch der Diskussion von Freuds Gedanken und Ideen gewidmet. Und im Jahre 1896 waren die »Studien über Hysterie« längst erschienen und Freuds Traumtheorie im wesentlichen schon fertig. Über diese Dinge hätte er mit Fließ am liebsten in Neapel oder Pompeji gesprochen. Sein Ideal war es, die drei Leidenschaften Psychoanalyse, Archäologie und Reisen miteinander zu verbinden, wenigstens zeitlich und räumlich. Später hat er sich Sándor Ferenczi als Reisegefährten gewählt und z. B. die Besichtigung der Tempel in Segesta und Selinunte durch Gespräche über psychoanalytische Themen ergänzt.

Doch über zeitliche und räumliche Zusammenhänge hinaus sah Freud auch methodologische Parallelen zwischen seinen Hobbys. So verweist er schon 1896 in einem Vortrag

3 Freud (1900a), S. 496 f.
4 Freud (1960a), S. 399.
5 Freud (1985c), S. 226.

vor dem Wiener »Verein für Psychiatrie und Neurologie« auf die Analogie zwischen dem Vorgehen des Archäologen und dem des Arztes, der hysterische Symptome behandelt: »Nehmen Sie an, ein reisender Forscher käme in eine wenig bekannte Gegend, in welcher ein Trümmerfeld mit Mauerresten, Bruchstücken von Säulen, von Tafeln mit verwischten und unlesbaren Schriftzeichen sein Interesse erweckte. Er kann sich damit begnügen, zu beschauen, was frei zutage liegt, dann die in der Nähe hausenden, etwa halbbarbarischen Einwohner ausfragen, was ihnen die Tradition über die Geschichte und Bedeutung jener monumentalen Reste kundgegeben hat, ihre Auskünfte aufzeichnen und weiterreisen. Er kann aber auch anders die Anwohner für die Arbeit mit diesen Werkzeugen bestimmen, mit ihnen das Trümmerfeld in Angriff nehmen, den Schutt wegschaffen und von den sichtbaren Resten aus das Vergrabene aufdekken. Lohnt der Erfolg seine Arbeit, so erläutern die Funde sich selbst; die Mauerreste gehören zur Umwallung eines Palastes oder Schatzhauses, aus den Säulentrümmern ergänzt sich ein Tempel, die zahlreich gefundenen, im glücklichen Falle bilinguen Inschriften enthüllen ein Alphabet und eine Sprache, und deren Entzifferung und Übersetzung ergibt ungeahnte Aufschlüsse über die Ereignisse der Vorzeit, zu deren Gedächtnis jene Monumente erbaut worden sind. Saxa Loquuntur!«[6]

Die Anregung zu dieser Analogie mag Freud aus seiner Beschäftigung mit dem Schicksal Pompejis erhalten haben. Er besaß die 4. Auflage von Overbecks »Pompeji in seinen Gebäuden, Alterthümern und Kunstwerken dargestellt«, in der besonders das vierte Kapitel dahingehend argumentiert, daß »die verschüttete Stadt als solche eigentlich nie ganz unkenntlich gewesen sein kann, und namentlich das Amphitheater deutlich genug als eine kraterförmige Vertiefung

6 Freud (1896c), S. 426.

im Boden sich zu erkennen gab«[7]. Außerdem sei es »immerhin auffallend genug, daß man in den späteren Jahrhunderten, in denen mancher zufälliger Fund gemacht wurde, nicht zu einer weiteren Nachforschung sich anschickte«[8].

Auch in der Geschichte der Psychologie hatte es viele wertvolle Andeutungen gegeben, viele Philosophen und Dichter waren dem Wesen des Unbewußten nahegekommen. Und doch gab es keine Topographie der menschlichen Psyche, die in Freuds Augen als Grundlage der Psychologie hätte dienen können. Für ihn war ein der Archäologie analoges Vorgehen die einzig erfolgversprechende Methode, eine solche Topographie zu erstellen. Über vierzig Jahre nach der ersten Erwähnung der Analogie zwischen Archäologie und psychoanalytischer Arbeit, nachdem Freud u. a. Griechenland besucht und fast zwanzig Italienreisen unternommen hatte, kommt er nochmals auf sie zurück: »[...] wie der Archäologe aus stehengebliebenen Mauerresten die Wandungen des Gebäudes aufbaut, aus Vertiefungen im Boden die Anzahl und Stellung von Säulen bestimmt, aus den im Schutt gefundenen Resten die einstigen Wandverzierungen und Wandgemälde wiederherstellt, genauso geht der Analytiker vor, wenn er seine Schlüsse aus Erinnerungsbrocken, Assoziationen und aktiven Äußerungen des Analysierten zieht.«[9]

Seit Freuds Gymnasialzeit beherrschte ihn eine »glühende Sehnsucht zu reisen und die Welt zu sehen«[10], und noch im Alter von 72 Jahren begann er einen Brief an Sándor Ferenczi mit den Worten: »Dem einstigen Reisegefährten, der sich jetzt auf eigene Faust die Erfüllung meiner nicht gesättigten Reisewünsche gestattet, will ich einen herzlichen Gruß aus neidvoller Teilnahme nicht versagen.«[11]

7 Overbeck (1884), S. 25.
8 Overbeck (1884), S. 26.
9 Freud (1937d), S. 46.
10 Freud (1936a), S. 288.
11 Freud (1960a), S. 378.

1 Mit Sándor Ferenczi in der Hohen Tatra, 1917

Freud hat seinen Reisedrang selbst analysiert, und zwar im Zusammenhang mit einer »Erinnerungsstörung auf der Akropolis« während seiner Griechenlandreise im Jahre 1904. Gegenüber Romain Rolland bekannte er: »Ich habe [...] daran gezweifelt, daß ich Athen je werde sehen können. So weit zu reisen, es so weit zu bringen, erschien mir außerhalb jeder Möglichkeit. Das hing mit der Enge und der Armseligkeit unserer Lebensverhältnisse in meiner Jugend zusammen. Die Sehnsucht zu reisen war gewiß auch ein Ausdruck des Wunsches, jenem Druck zu entkommen, verwandt dem Drang, der so viele halbwüchsige Kinder dazu antreibt, vom Hause durchzugehen. Es war mir längst klar geworden, daß ein großes Stück der Lust am Reisen in der Erfüllung dieser frühen Wünsche besteht, also in der Unzufriedenheit mit Haus und Familie wurzelt. Wenn man zuerst das Meer sieht, den Ozean überquert, Städte und

Länder als Wirklichkeiten erlebt, die so lange ferne, unerreichbare Wunschdinge waren, so fühlt man sich wie ein Held, der unwahrscheinlich große Taten vollbracht hat.«[12]

Freud hat tatsächlich lange unter der angespannten wirtschaftlichen Lage seiner Familie gelitten. Einer seiner engsten Freunde, Josef Paneth, schrieb im Jahre 1883 im Manuskript seiner »Vita Nuova« über ihn: »Aus armem Hause stammend, aber mit großer Energie und entschiedenem Talent begabt, hat er sich mühsam und elend genug, durch eine lange Studienzeit voll Hunger und Entbehrungen durchzuringen gehabt.«[13]

Auch seine Äußerungen aus späteren Jahren verraten das noch sehr deutlich. So schrieb er im September 1899 an Wilhelm Fließ: »Von dem Erwerb [aus Patientenbehandlungen] hängt meine Stimmung auch sehr ab. Geld ist Lachgas für mich. Aus meiner Jugend weiß ich, daß die wilden Pferde in den Pampas, die einmal mit dem Lasso gefangen worden sind, ihr Leben über etwas Ängstliches behalten. So habe ich die hilflose Armut kennengelernt und fürchte mich beständig vor ihr.«[14]

Über viele Jahre bedrückten Freud Geldsorgen, und in seinen Briefen nahm dieses Thema einen breiten Raum ein.[15] So schilderte er seiner Verlobten, wie ihm sein Kollege Ignaz Widder auseinandergesetzt habe, »es sei ein großer Unsinn heiraten zu wollen, wenn man kein Geld habe«[16], und ein paar Wochen später versicherte er Martha: »[...] und wenn ich Geld habe, was gewiß sein wird, mein Selbstvertrauen sagt mir das, dann kleide ich [mein feines Prinzeßchen] in die schönsten Kleider, damit die Leute ver-

12 Freud (1936a), S. 292.
13 Paneth (1883), S. 27.
14 Freud (1985c), S. 411.
15 In den veröffentlichten Briefen Freuds bis Ende 1899 ist 116mal von Geldproblemen die Rede!
16 Freud (1960a), S. 51.

2 Freuds Vater (1815–1896), um 1890

gessen, daß sie einen andern als einen Prinzen hat nehmen können.«[17] Die Armut während seiner Kindheit und die finanziellen Probleme nach Abschluß des Studiums führten dazu, daß er die ersten Jahre seines beruflichen Lebens dem »Jagen nach Geld«[18] fast völlig unterordnete. In einem Brief an Fließ formulierte er seine Überzeugung, »daß Geld ein Werkzeug ist, dem Sklaven die Fesseln zu lösen, daß man Freiheit für Geld bekommt, wie man sonst Freiheit für Geld hingibt«[19].

Das wichtigste äußere Zeichen von Freiheit war für Freud das Reisen, das für ihn zugleich ein Symbol der Loslösung vom Vater war, eines ambivalenten Prozesses, dessen Wirkungen der Sohn noch viele Jahre nach Jakob Freuds Tod empfand. Er gab wohl seinem Vater die Schuld für die unbefriedigende Situation zu Hause, in der er eine Ursache seines Reisedrangs sah.

17 Freud (1960a), S. 86.
18 Freud (1960a), S. 137.
19 Freud (1985c), S. 350.

Der Vater starb im Oktober 1896, und Freud hatte »ein recht entwurzeltes Gefühl«[20]. Er versuchte den Boden unter den Füßen wiederzugewinnen, indem er schon wenige Tage nach der Beerdigung damit begann, Skulpturen zu sammeln – neben dem Reisen ein weiterer Versuch, sich Ersatz für den erlittenen Verlust zu beschaffen. In dem Manuskript »Meine individuelle Traumcharakteristik« schreibt Freud, daß er 1895 »zu reisen begonnen habe«[21].

Reisen als Flucht, Wunscherfüllung und Heldentat; diese Interpretation paßt gut in das Bild, das Freud von sich und wir von ihm haben. Allerdings gibt es aus der Frühzeit der Psychoanalyse stammende Deutungen, die den Reisedrang in die Nähe psychopathologischer Phänomene rücken. So sprach Alfred Freiherr von Winterstein am 6. März 1912 vor der Wiener Psychoanalytischen Vereinigung »Zur Psychoanalyse des Reisens«. Sein Vortrag wurde noch im selben Jahr in der Zeitschrift »Imago« veröffentlicht und zieht folgendes Fazit: »In der Mehrheit der von uns zur Analyse herangezogenen Fälle konnten wir den spontan und in scheinbar unerklärlicher Weise auftretenden Trieb zum Reisen [...] auf seine psychosexuelle Wurzel zurückführen, mochte es sich nun um den Wunsch nach wie immer gearteter Befriedigung der Libido (Homosexualität!), um die Verwirklichung infantiler Phantasien und Regungen, um eine reale Darstellung der in den Pubertätsjahren zuerst in vorbildlicher Weise versuchten und mißglückten inneren Ablösung von den Eltern (große Bedeutung des Inzestkomplexes) oder um direkt als sexualsymbolisch aufzufassende Todeswünsche (gemeinsame Reise – gemeinsames Sterben – coitus) handeln. In den restlichen Fällen wurde Kriminalität und Todeswunsch als treibender Faktor nachgewiesen. Freilich, wie innig die Beziehungen zwischen Kri-

20 Freud (1985c), S. 213.
21 Grubrich-Simitis (1993), S. 146.

minellem, Sexuellem und dem Tod sind, vermögen wir zwar zu ahnen, doch nicht befriedigend klarzustellen.«[22] In der an Wintersteins Vortrag anschließenden Diskussion standen sexuelle Deutung der Reiselust und Flucht vor den Eltern bzw. dem eigenen Ich im Vordergrund. So wies Theodor Reik z. B. darauf hin, daß die Paternianer den Unterleib sowohl als Sitz der Sexual- als auch der Reiselust betrachteten. Sabina Spielrein nannte »zwei Wurzeln des Reisens: 1. die Sucht der Ablösung, 2. die Sucht, etwas Neues zu finden, worunter sich immer der Inzest verbirgt«[23]. Gaston Rosenstein wies darauf hin, daß der Wandertrieb beim Tier den Zweck hat, die Befruchtungsmöglichkeiten zu erweitern. Freud ging in seinem Diskussionsbeitrag an diesem Abend nur nebenbei auf die sexuellen Aspekte des Reisens ein; interessant ist seine Interpretation, daß bestimmte Personen »ihre Komplexe auf andere Gebiete überschreiben und ihre Affekte z. B. auf Orte übertragen, wie das Kurpublikum. Die Übertragung auf die Lokomotion spielt dann in der Agoraphobie die Hauptrolle, wo die sexuelle Einschränkung durch räumliche Gebundenheit dargestellt wird.«[24] Erwähnt sei noch, daß Victor Tausk eine Interpretation des Reisedrangs gab, die Freud 1936 in seinem Brief an Romain Rolland für sich in Anspruch nahm. Tausk teilte »zwei Reisetypen aus Analysen mit, von denen dem einen Fall ein Fliehen vor der entscheidenden Auseinandersetzung mit dem Vater, dem andern die Sucht, die armseligen Verhältnisse des Elternhauses zu überwinden, zugrunde lag«[25].

Bemerkenswert ist, daß Freuds Abwehr gegen eine sexuelle Deutung des Reisedrangs so stark ist, daß er auch eigene Erlebnisse nicht in diesen Kontext einordnen kann.

22 Winterstein (1912), S. 505.
23 Freud (1962–1975a), S. 60.
24 Freud (1962–1975a), S. 61 f.
25 Freud (1962–1975a), S. 60.

So schildert er in seiner Schrift »Das Unheimliche«, wie er in einer italienischen Kleinstadt immer wieder in das Prostituiertenviertel geriet: »Es waren nur geschminkte Frauen an den Fenstern der kleinen Häuser zu sehen, und ich beeilte mich, die enge Straße durch die nächste Einbiegung zu verlassen. Aber nachdem ich eine Weile führerlos herumgewandert war, fand ich mich plötzlich in derselben Straße wieder, in der ich nun Aufsehen zu erregen begann, und meine eilige Entfernung hatte nur die Folge, daß ich auf einem neuen Umwege zum drittenmal dahingeriet.«[26] Man kann das natürlich mit Freud unter »unheimlich« und »unbeabsichtigte Wiederkehr« verbuchen, doch sind auch tiefergehende Deutungen vorstellbar; so darf man sich fragen, ob Freuds Abwehrmechanismen gegen sexuelle Wünsche auf Reisen vielleicht schlechter funktionierten als in Wien. Das geschilderte Erlebnis in der italienischen Kleinstadt ist die Umkehrung seiner Agoraphobietheorie: Die Aufhebung der räumlichen Gebundenheit führt auch zur Aufhebung der sexuellen Einschränkung. Bei Freud bezog sich die räumliche Gebundenheit auf Wien. Deshalb ist sein Verhältnis zu dieser Stadt nicht ganz ohne Bedeutung für das Verständnis seines Reisedrangs.[27]

Freud lebte fast 80 Jahre (von 1860 bis 1938) in Wien, davon 47 Jahre in der Berggasse 19 im IX. Bezirk. Seine Äußerungen über die Hauptstadt der Donaumonarchie scheinen eindeutig. Als Sechzehnjähriger schrieb er an Emil Fluß: »Ich […] will Sie mit der Erwähnung des Eindrucks verschonen, den Wien auf mich machte. Es war mir ekelhaft.«[28] Und 26 Jahre später bekommt Wilhelm Fließ ähnliche Klagen zu hören: »[…] Du weißt doch nicht, wie ekelhaft mir die Stadt Wien ist.«[29] Oder von der Adria

26 Freud (1919h), S. 250.
27 Vgl. auch Tögel (1996).
28 Freud (1969a), S. 109.
29 Freud (1985c), S. 344.

zurückgekehrt, schreibt er: »[...] ich bin aber kaum drei Tage hier, und schon hat mich der ganze Mißmut des Wienertums ergriffen. Es ist ein Elend, hier zu leben [...]«[30] Und eine Woche später liest man: »[...] diese Stadt macht die Seele wund und legt wieder alles bloß, was sich in zwei Monaten zu überhäuten begann.«[31] Die Schwierigkeiten, die Freud bei der Durchsetzung der Psychoanalyse in Wien hatte, trugen nicht gerade dazu bei, seine Einstellung zu ändern. In der »Geschichte der psychoanalytischen Bewegung« heißt es dementsprechend: »Die Stadt Wien hat aber auch alles dazugetan, um ihren Anteil an der Entstehung der Psychoanalyse zu verleugnen. An keinem anderen Orte ist die feindselige Indifferenz der gelehrten und gebildeten Kreise dem Analytiker so deutlich verspürbar wie gerade in Wien.«[32] Trotz alledem scheint Freud auch positive Bindungen an Wien gehabt zu haben. So schreibt er am Tage seiner Ankunft in der Londoner Emigration, nachdem er Wien für immer verlassen hatte, folgende Zeilen: »Das Triumphgefühl der Befreiung vermengt sich zu stark mit der Trauer, denn man hat das Gefängnis, aus dem man entlassen wurde, immer noch sehr geliebt.«[33] Es ist die hier zum Ausdruck kommende Ambivalenz, die Freud auf der einen Seite fast jeden Sommer dazu trieb, Wien für ein paar Monate zu verlassen, auf der anderen Seite jede Entscheidung zwischen Wien und einer anderen Stadt als ständigem Wohnsitz zugunsten Wiens ausgehen ließ. Seit seiner Jugend spielte er mit dem Gedanken, Österreich-Ungarn zu verlassen. Besonders England übte eine starke Anziehungskraft auf ihn aus. Schon 1882 schrieb er an seine Verlobte Martha Bernays: »Ich lechze nach etwas Unabhängigkeit, meinen Neigungen zu leben. England taucht immer wieder vor mir auf,

30 Freud (1985c), S. 357.
31 Freud (1985c), S. 359.
32 Freud (1914d), S. 81.
33 Freud (1960a), S. 439.

[...] alle die unvertilgbaren Eindrücke, die in der für mein ganzes Leben maßgebenden Reise vor 7 Jahren auf mich gewirkt haben, sind zu voller Lebhaftigkeit erwacht. Müssen wir hier bleiben, Marthchen? Wenn wir irgend können, suchen wir uns ein Heim, wo Menschenwürde höher geachtet wird. Ein Grab auf dem Centralfriedhof ist mir das Bängste, an das ich denken kann.«[34]

Freuds ambivalente Einstellung zu seinem »geliebten Gefängnis« Wien findet eine Parallele in seiner ambivalenten Haltung zum Reisen. Lange Zeit war sein Reisedrang begleitet von Reiseangst. Hinsichtlich der Ursachen dieser Reiseangst gibt es verschiedene Interpretationen. Freud selbst schreibt im November 1897 aus Anlaß eines bevorstehenden »Kongresses« mit Fließ in Breslau: »Breslau spielt auch eine Rolle in meinen Kindheitserinnerungen. Im Alter von drei Jahren habe ich dort den Bahnhof passiert auf der Übersiedlung von Freiberg nach Leipzig, und die Gasflammen, die ich zum ersten Mal sah, haben mich an brennende Geister in der Hölle gemahnt. Ich weiß ein wenig den Zusammenhang. Meine überwundene Reiseangst hängt auch daran.«[35] Zwei Jahre später erwähnt Freud einen Patienten, der ihm nachträglich bei der Aufklärung seiner Reiseangst geholfen habe: »Er hat mir die Realität meiner Lehren am eigenen Leibe gezeigt, indem er mir mit einer überraschenden Wendung die von mir übersehene Lösung meiner einstigen Eisenbahnphobie gegeben [...] Meine Phobie also war eine Verarmungsphantasie, oder, besser eine Hunger-

34 Nach seinen ersten Aufenthalten in Rom dachte Freud auch an die Möglichkeit, sich in der Ewigen Stadt niederzulassen; vgl. Jones (1960–1962) Bd. 2, S. 30. Und noch vor seiner Heirat schrieb er an Martha: »Geht es hier [in Wien] wie wahrscheinlich nicht rasch genug – der junge Arzt bedarf ein Kapital, das mir abgeht – so will ich nach England, vielleicht nach Amerika oder Australien hinüber«; Jones (1960–1962), Bd.1, S. 215 f.

35 Freud (1985c), S. 310.

phobie, von meiner infantilen Gefräßigkeit abhängig und durch die Mitgiftlosigkeit meiner Frau (auf die ich so stolz bin) hervorgerufen.«[36] Ernest Jones ist der Meinung, daß Freuds Reiseangst seit 1887 bestand und daß er sich durch seine Selbstanalyse von ihr befreite. Das Ergebnis der Selbstanalyse in bezug auf die Reiseangst faßt Jones so zusammen: »Es stellte sich heraus, daß sie mit der Furcht vor dem Verlust der Heimat (letztlich der Mutterbrust) und mit einer panischen Angst vor dem Verhungern, die eine Reaktion auf irgendeine Gier gewesen sein muß, zusammenhing.«[37] Max Schur, seit 1928 persönlicher Arzt und eine der Freud am nächsten stehenden Personen, glaubt, daß dieser seine Reiseangst im Zusammenhang mit der Reise von Leipzig nach Wien im Jahre 1860 sah, »auf welcher ein gemeinsames Übernachten und Gelegenheit sie [Freuds Mutter, C.T.] nudam zu sehen, vorgefallen sein muß«.[38] Tatsächlich erwähnt Freud im selben Brief auch seine Reiseangst, doch welche Verbindung er zwischen ihr und dem Vorfall, bei dem er seine Mutter nackt sah, herstellen wollte, bleibt unklar.

An allen diesen Interpretationen mag etwas dran sein. Sie vernachlässigen aber weitgehend die Tatsache, daß Freuds Reiseangst sich vornehmlich in einer Angst vor Eisenbahnfahrten äußerte. Und in der zweiten Hälfte des 19. Jahrhunderts wurde die Gefährlichkeit des Eisenbahnreisens ausführlich diskutiert. Publikationen mit Titeln wie »The Influence of Railway Travelling on Public Health«, die Behauptung, daß Eisenbahnfahren zu einer mikroskopischen Zerrüttung des Rückenmarks, dem sogenannten »railway spine«, und auch zu traumatischen Neurosen führe, und nicht zuletzt die Nachrichten über Eisenbahnunfälle führten bei vielen Leuten zu skeptischen Vorbehalten.[39] Offen-

36 Freud (1985c), S. 430.

37 Jones (1960–1962), Bd. 1, S. 31.

38 Freud (1985c), S. 288; vgl. Schur (1973), S. 149.

39 Vgl. z. B. Schivelbusch (1979).

3 Freuds Bruder Alexander (1866–1943), zweite Hälfte der neunziger Jahre

sichtlich war auch Freud von einer gewissen Angst nicht verschont geblieben. So schrieb er vor seinem Sommerurlaub 1897 an Wilhelm Fließ: »Martha freut sich sehr auf die Reise, obwohl die täglich berichteten Eisenbahnunfälle einem Familienvater- und -mutterpaar nicht gerade viel Lust dazu machen können. Aus der Furcht vor dem nächsten Eisenbahnunfall hat mich vor einer halben Stunde die Erwägung gerissen: Wilhelm und Ida [Frau von Fließ] sind ja auch unterwegs.«[40] Dreieinhalb Monate später teilte Freud Fließ mit, daß er seine Reiseangst überwunden habe. Dieser Zeitpunkt fällt in etwa mit dem Beginn der Selbstanalyse zusammen, was für Jones' These und Freuds eigene Andeutungen spricht, daß er sich durch die Selbstanalyse von der Reiseangst habe befreien können.

Allerdings gibt es zusätzliche Umstände, die möglicherweise zur Überwindung seiner Angst vor Eisenbahnfahrten beigetragen haben, auch ohne daß er sich dessen bewußt

40 Freud (1985c), S. 282.

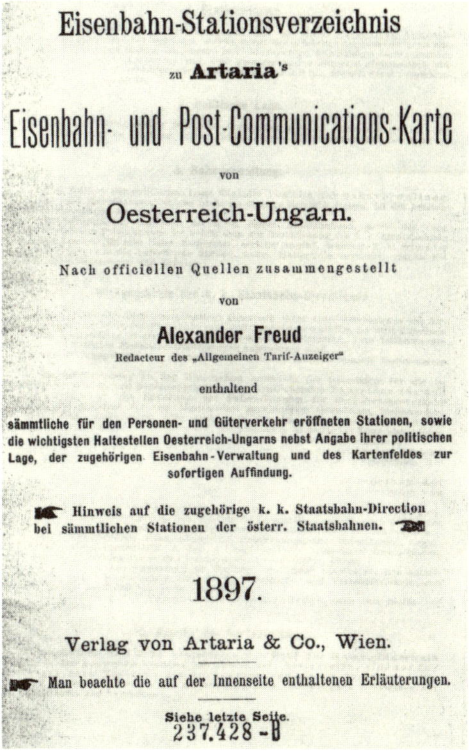

Eisenbahn-Stationsverzeichnis

zu **Artaria's**

Eisenbahn- und Post-Communications-Karte

von

Oesterreich-Ungarn.

Nach officiellen Quellen zusammengestellt

von

Alexander Freud

Redacteur des „Allgemeinen Tarif-Anzeiger"

enthaltend

sämmtliche für den Personen- und Güterverkehr eröffneten Stationen, sowie die wichtigsten Haltestellen Oesterreich-Ungarns nebst Angabe ihrer politischen Lage, der zugehörigen Eisenbahn-Verwaltung und des Kartenfeldes zur sofortigen Auffindung.

Hinweis auf die zugehörige k. k. Staatsbahn-Direction bei sämmtlichen Stationen der österr. Staatsbahnen.

1897.

Verlag von Artaria & Co., Wien.

Man beachte die auf der Innenseite enthaltenen Erläuterungen.

Siehe letzte Seite.

237.428-B

4 Alexander Freuds Eisenbahn-Stations-verzeichnis

gewesen wäre. In das Jahr 1897 fällt nämlich die intensive Beschäftigung von Freuds Bruder und ständigem Reisegefährten Alexander mit dem Eisenbahnwesen in Österreich-Ungarn.

Dieser erstellte ein »Eisenbahn-Stationsverzeichnis zu Artaria's Eisenbahn- und Post-Communications-Karte von Oesterreich-Ungarn«[41], das sämtliche für den Personen- und Güterverkehr eröffneten Stationen in der Donaumonarchie enthielt und Angaben zu ihrer politischen Lage und der übergeordneten Eisenbahnverwaltung machte.

41 A. Freud (1897).

5 Freuds Frau Martha (1861–1951), etwa 1912

Nur ein Insider war in der Lage, ein solches erschöpfendes Verzeichnis zusammenzustellen, und es darf angenommen werden, daß Alexander in der Auseinandersetzung um die Schädlichkeit und Gefährlichkeit des Eisenbahnfahrens eine sachliche Position bezog. Und da ihm Freuds Angst vor Eisenbahnfahrten unter keinen Umständen entgangen sein konnte, wird er wohl versucht haben, zu ihrem Abbau beizutragen. Das war jedoch offenbar recht langwierig, denn noch im September 1899 schreibt Freud von »sehr mangelhaftem und nicht unbedenklichem Bahnverkehr«[42]. Allerdings hat ihn seine Angst nie wirklich an der Durchführung einer geplanten Reise gehindert. Es ist eine andere

42 Freud (1985c), S. 408.

Frage, warum er bestimmte Wünsche wie den Rom-Besuch so lange nicht hat realisieren können.

Aber auch Erkenntnisgewinn durch Reisen spielte für Freud durchaus eine Rolle. 1875, im Jahr seiner ersten Englandreise, kaufte er sich ein Buch mit dem Titel »Anleitung zu wissenschaftlichen Beobachtungen auf Reisen«[43]. Und noch zwanzig Jahre später schrieb er an seine Frau Martha: »Die vielen schönen Sachen, die man gesehen, tragen doch einmal, man weiß nicht, welche Frucht.«

Für Freud waren die Sommerreisen der Höhepunkt eines jeden Jahres. Er bereitete sich immer lange und gründlich auf sie vor und spielte verschiedene Varianten durch. Gewöhnlich verbrachte er einen Teil des Sommers mit seiner Familie in einem Standquartier in den Alpen. Dann trennte er sich von seiner Frau Martha, den drei Töchtern Mathilde (1887–1978), Sophie (1893–1920), Anna (1895–1982) und den drei Söhnen Jean-Martin (1889–1967), Oliver (1891 bis 1969) und Ernst (1892–1970) für eine größere Rundreise, meistens durch Italien. Auf diesen Reisen begleiteten ihn sein Bruder Alexander oder seine Schwägerin Minna, manchmal auch Sándor Ferenczi und in seltenen Fällen seine Frau Martha. Als die Kinder größer wurden, schrieb Freud auch ihnen von unterwegs, manchmal in einer Serie von Postkarten mit fortlaufendem Text, von denen jede an ein anderes Kind adressiert war.

Die Vorbereitung auf diese Reisen hatte mehrere Aspekte. Zuerst mußte das Standquartier für die Familie ausfindig gemacht werden. Dabei half häufig Alexander. Pfingsten 1901 hielten sie in Vorarlberg nach einem

43 Neumeyer (1875). In der Einleitung heißt es: »Unser Buch dürfte gerade jetzt unter günstigen Umständen in die Öffentlichkeit treten. Die ganze Richtung unserer Zeit, insbesondere die zahlreichen, von Deutschlands und Österreich-Ungarns Akademien und geographischen Gesellschaften ins Leben gerufenen Forschungsreisen [...] rechtfertigen diese Annahme.« (S. VI)

Sommerquartier Ausschau, und im Jahre 1905 war der Osterausflug auf den Ritten und ins Grödnertal diesem Ziel gewidmet. Allerdings verbrachte die Familie den Sommer 1905 dann doch nicht in Südtirol, sondern in Altaussee. Vielleicht wurden Sigmund und Alexander bei ihren Erkundungen auf Klobenstein aufmerksam, wo die Freuds im September 1911 ihre Silberhochzeit feierten. Auch Ferenczi half einmal bei der Suche nach einem Sommerquartier.

Ein weiterer Punkt der Reiseplanung war die Festlegung der Reiseroute, der Daten und der günstigsten Verbindungen. In den ersten Jahren, zwischen 1895 und 1905, war Alexander der geeignete Mann für die technische Seite der Reisen. Er war dank seiner Arbeit als Redakteur des »Allgemeinen Tarifanzeigers« und der Erstellung des »Eisenbahn-Stationsverzeichnisses«[44] bestens über Streckennetz, Fahrpläne und Preise informiert.[45] Später übernahm Freuds Sohn Oliver, ebenfalls Ingenieur wie Alexander, diese Aufgabe.

Der inhaltlich wichtigste Teil der Reisevorbereitung war das Studium von Reisehandbüchern und von Literatur über Gegenden und Orte, die man zu besuchen beabsichtigte. Das war Freuds Domäne. Besonders gründlich bereitete er sich auf den Besuch von Stätten der klassischen Antike vor, speziell auf Rom, Pompeji und Paestum. Schon im April 1897, also reichlich fünf Jahre bevor Freud zum erstenmal Pompeji besuchen konnte, gesteht er Fließ, daß er in freien Stunden die Straßen von Pompeji studiere.[46] Zwei Wochen später hatte er einen Traum, in dem das Wort »via« vorkam: »Via (Straßen von Pompeji, die ich studiere), [...] also unsere Reisegespräche.«[47] Und im Mai 1901 schreibt er:

44 A. Freud (1897).

45 Laut Freud galt Alexander als »erste Autorität im österreichischen Tarifwesen«; Freud (1985c), S. 421.

46 Freud (1985c), S. 250.

47 Freud (1985c), S. 251.

6 Freuds Schwägerin Minna Bernays (1865–1941), etwa zur Zeit der letzten gemeinsamen Reise 1913

»Ein Orchideenkorb spiegelt mir Pracht und Sonnenglut vor, ein Stück Mauer aus Pompeji mit Zentaur und Faun versetzt mich in das ersehnte Italien.«[48] Informationen über Pompeji bezog er hauptsächlich aus folgenden Werken:

Johannes Overbeck: Pompeji in seinen Gebäuden, Alterthümern und Kunstwerken dargestellt. 4. Aufl. Leipzig: Engelmann 1884.

Carl Weichardt: Pompeji vor der Zerstörung. Reconstructionen der Tempel und ihrer Umgebung. Leipzig: Koehler 1897.

August Mau: Pompeji in Leben und Kunst. Leipzig: Engelmann 1900.

Besonders das Buch von Overbeck scheint Freud gründlich gelesen zu haben. Vermutlich hat er auch die Straßen

48 Freud (1985c), S. 484.

Pompejis anhand des beigefügten großen Plans studiert. Außerdem behandelt das zweite Kapitel des Hauptteils speziell die »Straßen und Plätze Pompejis«.

Noch mehr Zeit als Pompeji widmete Freud der Vorbereitung seiner Romreisen. Hier spielte natürlich auch seine »neurotische Romsehnsucht«[49] eine wichtige Rolle. Diese Sehnsucht wurde Ende der neunziger Jahre so quälend, daß Freud in seiner Freizeit kaum etwas anderes tun konnte, »außer etwa die Topographie von Rom zu studieren«[50]. Die besten Voraussetzungen dafür bot der dritte Band des von Iwan Müller herausgegebenen neunbändigen »Handbuchs der klassischen Altertums-Wissenschaft«[51], das Freud selbst besaß. Die 3. Abteilung dieses Bandes bestand aus einer von Otto Richter erarbeiteten »Topographie der Stadt Rom«. Doch konnte Freud auf etwa dreißig weitere Monographien über Rom zurückgreifen, unter ihnen allgemeine Werke wie Eugen Petersens »Vom alten Rom«[52], aber auch spezielle Veröffentlichungen wie Christian Huelsens Bericht über »Die neuesten Ausgrabungen auf dem Forum Romanum«[53].

Natürlich konnte Freud nicht mit einem Stapel Bücher auf Reisen gehen. Er wählte deshalb als Reisehandbuch den »Baedeker«, schon damals das renommierteste der Welt. Im September 1905 schrieb er aus Rapallo an Alexander, der ihn bis dahin auf acht Reisen begleitet hatte: »Man kommt nämlich zu nichts, die himmlische Sonne u das göttliche Meer – Apollon und Poseidon – sind Feinde aller Leistungen. Ich merke, was uns sonst noch aufrecht erhalten, war das bischen ernste Pflicht, mit dem Baedeker in der Hand neue Gegenden, Museen, Paläste, Ruinen zu verifiziren [...]«[54]

49 Freud (1985c), S. 30.
50 Freud (1985c), S. 363.
51 Müller (1887–1890).
52 Petersen (1898).
53 Huelsen (1905).
54 Freud (1960a), S. 246; vgl. auch S. 205 in diesem Buch.

Leider sind die Baedeker, mit denen Freud reiste, nicht in den Beständen seiner Bibliothek erhalten. Möglicherweise gehörten sie auch seinem Bruder Alexander.

Ernest Jones schreibt in seiner Freud-Biographie: »Freud reiste zweifellos auf recht bescheidene Weise. Er begnügte sich im wesentlichen mit einfachen Gasthöfen und Postkutschen.«[55] Doch viele der Hotels, in denen Freud übernachtete, waren alles andere als einfache, sondern gute bis erstklassige Häuser, ja Grand- und Luxushotels (»Eden« in Rom, »Bristol-Britannia« in Venedig, »Continental des Etrangers« in Genua, »Hotel des Alpes« in San Martino di Castrozza). Und mit der Postkutsche ist er nur äußerst selten gefahren, zumal sie nicht billiger als der Personenzug dritter Klasse war. Seit etwa 1897 hatte es Freud auch gar nicht mehr nötig, auf Reisen besonders sparsam zu sein. Ende des 19. Jahrhunderts waren auf einer Italienreise 15–25 Lire pro Tag ausreichend, bei längerem Aufenthalt an einem Ort 10–12 Lire. Obwohl seine Praxis in den neunziger Jahren großen Schwankungen unterworfen war, verdiente er doch seit 1896 täglich zwischen 70 und 100 Gulden, was etwa 200 Lire entsprach. Freud konnte so mit einem Tagesverdienst eine fast zweiwöchige Italienreise finanzieren.[56] Auch wenn man in Rechnung stellt, daß er viel rauchte (eine »Havanna« kostete zwischen 25 und 60, eine »Virginia« zwischen 8 und 18 Centesimi) und täglich 1–2 Lire für Briefe, Postkarten oder Telegramme ausgab, dürfte er seit Ende der neunziger Jahre kaum mehr aus finanziellen Gründen unterwegs besonders spartanisch gelebt oder überhaupt auf eine Urlaubsreise verzichtet haben.

Was die Reisen selbst betrifft, so ist ihr Ablauf schon angedeutet worden. August/September, wenn die Familie in

55 Jones (1960–1962), Bd. 1, S. 392.

56 Im Februar 1897 schreibt Freud an Fließ: »Ich habe z. B. eine Woche von fl 700 hinter mir, das bekommt man nicht umsonst. Reichwerden muß sehr schwer sein«; Freud (1985c), S. 244.

einem Standquartier Urlaub machte, trennte sich Freud bis zu vier Wochen von ihr und fuhr mit einem Reisegefährten in den Süden. Er legte ein atemberaubendes Tempo an den Tag, so daß Schwägerin Minna behauptete, es sei sein Ideal gewesen, auf Reisen jede Nacht an einem anderen Ort zu verbringen.[57] Auch sein Schüler Hanns Sachs schreibt, daß »die Begleiter auf seinen Reisen [...] klagten, daß er sie übermüde«[58].

Freud selbst jedoch war außerordentlich aufnahmefähig und behielt ungewöhnlich viele Details seiner Reisen in Erinnerung. Dabei half ihm sicher auch das von ihm geführte, leider bisher nicht aufgefundene Reisetagebuch.[59] Für Freud selbst war wichtig, daß sich der äußere Ablauf der Reisen von dem Leben in Wien unterschied: schneller Ortswechsel im Gegensatz zur Unverrückbarkeit der Wiener Verhältnisse und ein Tagesablauf ohne Familie und festgelegtes Ritual. Im März 1900, nach vierzehnjähriger Ehe und ebenso langer Berufspraxis, schrieb er an Fließ über die Planung eines Osterausflugs mit Alexander: »Heute in drei Wochen, wenn nichts dazwischenkommt, wollen wir abdampfen, vier Tage lang leben wie Studenten und Touristen, wie wir es immer tun.«[60]

Auch wenn die Reisen eine Art Flucht darstellten, so doch in keinem Fall eine Flucht vor seiner Innenwelt, im Gegenteil: Er holte sich auf Reisen stets auch Anregungen für seine Theorien, und einige seiner Arbeiten oder Teile davon wurden unterwegs konzipiert. So ist Freuds berühmt gewordene Fehlleistung des Vergessens des Namens von Signorelli gleich mit zwei seiner Reisen verknüpft: Die Fresken dieses großen Malers im Dom von Orvieto sah er zum erstenmal im September 1897 auf seiner zweiten grö-

57 Jones (1960–1962), Bd. 1, S. 387.
58 Sachs (1982), S. 99 f.
59 Vgl. Freud (1900a), S. 173.
60 Freud (1985c), S. 446.

ßeren Italienreise, und die Erinnerungsstörung ereignete sich ein Jahr später auf einer Wagenfahrt von Ragusa (heute Dubrovnik) in die Herzegowina. Ausführlich behandelt er dieses Beispiel von Namensvergessen in der Abhandlung »Zum psychischen Mechanismus der Vergeßlichkeit«[61] und in »Zur Psychopathologie des Alltagslebens«[62]. In einer späteren Auflage der letztgenannten Schrift findet sich ein weiteres Beispiel von Vergessen, diesmal eines geographischen Namens, nämlich der sizilianischen Stadt Castelvetrano. Freud spricht an dieser Stelle von zwei Männern, einem älterern und einem jüngeren, »die vor sechs Monaten gemeinsam in Sizilien gereist sind«[63]. Zusammen mit Sándor Ferenczi hatte er im September 1910 Sizilien bereist.

In der »Traumdeutung« teilt Freud eine Reihe von Romträumen mit, »denen die Sehnsucht, nach Rom zu kommen, zugrunde liegt«[64]. In diesem Zusammenhang analysiert er die Ursache dieser Sehnsucht und die Gründe, wieso er bei seinen ersten Italienreisen zwischen 1895 und 1900 nie weit über den Trasimener See hinausgekommen sei. Er sieht sie in einer Identifizierung mit Hannibal, dem Lieblingshelden seiner Gymnasialjahre, dem es nicht beschieden war, Rom einzunehmen: »Hannibal und Rom symbolisierten dem Jüngling den Gegensatz zwischen der Zähigkeit des Judentums und der Organisation der katholischen Kirche. Die Bedeutung, welche die antisemitische Bewegung seither für unser Gemütsleben gewonnen hat, verhalf dann den Gedanken und Empfindungen jener früheren Zeit zur Fixierung. So ist der Wunsch, nach Rom zu kommen, für das Traumleben zum Deckmantel und Symbol für mehrere andere heiß ersehnte Wünsche geworden, an deren Ver-

61 Freud (1898b).
62 Freud (1901b).
63 Freud (1901b), S. 34.
64 Freud (1900a), S. 199.

wirklichung man mit der Ausdauer und Ausschließlichkeit des Puniers arbeiten möchte und deren Erfüllung zeitweilig vom Schicksal ebensowenig begünstigt scheint wie der Lebenswunsch Hannibals, in Rom einzuziehen.«[65]

Doch machte Freud bei dieser Interpretation nicht halt. Er ging noch weiter und bezog das Verhältnis zu seinem Vater in den Problemkomplex ein: Als Freud als etwa zehnjähriger Junge von seinem Vater erfuhr, wie dieser als junger Mann von einem Christen erniedrigt worden war und sich nicht zur Wehr gesetzt hatte, stellte er dieser Situation »eine andere gegenüber, die meinen Empfindungen besser entsprach, die Szene, in welcher Hannibals Vater, Hamilkar Barkas, seinen Knaben vor dem Hausaltar schwören läßt, an den Römern Rache zu nehmen. Seitdem hatte Hannibal einen Platz in meinen Phantasien.«[66] Hannibal konnte seinen Schwur nicht erfüllen, Freud jedoch kam nach seinem »breakthrough« im Jahre 1901 noch sechsmal nach Rom.

Freuds Reisen hatten natürlich auch eine kulinarische Seite. Besonders durch seine Italienaufenthalte wurde er zu einem Weinspezialisten: Den Südtiroler »Vino santo« nannte er »köstlich«, den Wein von Tivoli hingegen verglich er mit dem Geschmack von Kaliumpermanganat. Er freute sich, wenn er »göttlich untergebracht und gefüttert« wurde, und schien überhaupt die Fähigkeit zu besitzen, den hedonistischen Aspekt seiner Reisen durch gastronomische Freuden auszubauen.

Freud reiste nur selten allein. Seine wichtigsten Gefährten waren Bruder Alexander, Schwägerin Minna und Sándor Ferenczi.

65 Freud (1900a), 203.
66 Freud (1900a), S. 203 f.

Die wichtigsten Reisegefährten

	Alexander	Minna	Martha	Ferenczi
August 1895	Venedig			
September 1896	Florenz			
August 1897			Venedig	
September 1897	Toskana			
Ostern 1898	Aquileja			
August 1898		Oberitalien/ Schweiz		
September 1898			Dalmatien	
September 1900		Südtirol	Südtirol	
Pfingsten 1901	Vorarlberg			
September 1901	Rom			
August/ September 1902	Rom/Neapel			
August 1903		Südtirol		
August/ September 1904	Athen			
Ostern 1905	Südtirol			
September 1905		Oberitalien		
September 1907		Rom		
September 1908		Südtirol		
September 1910				Rom/ Sizilien
Ostern 1911				Südtirol
Ostern 1912				Insel Arbe
September 1912				Rom
September 1913		Rom		

Außerdem begleitete ihn seine Tochter Anna auf zwei Reisen (März 1913 nach Venedig und September 1923 nach Rom), den Osterurlaub 1914 verbrachte er mit Otto Rank auf der Insel Brioni, und 1897 hatte er außer Alexander noch Felix Gattel nach Umbrien und in die Toskana mitgenommen. Auf einer Rundreise durch Holland im Sommer 1920 begleiteten ihn van Emden und van Ophuijsen.

Für Freud war es außerordentlich wichtig, wer sein Reisegefährte war, und die Briefe an Fließ zeigen, wie sehr ihn die Wahl jedesmal beschäftigte, die er immer recht ausführlich begründete. Der nächstliegende Ersatz für den Fall, daß Alexander ausfiel, war Freuds Frau Martha. Im September 1895 war Freud mit der Familie für zwei Wochen in Lovrana in Istrien, anscheinend ohne sonderliche Begeisterung: »Ich gehe gar nicht bereitwillig nach Lovrana, aber Martha, die sich sonst so selten etwas wünscht, beharrt diesmal auf der Reise [...]«[67] Eigentlich war es keine Reise, sondern eher ein Urlaub in einem Standquartier. Im August 1897 fuhr er dann zum erstenmal mit seiner Frau ins Ausland, Reiseziel war Venedig. In diesem Zusammenhang erfährt Fließ: »Am 26./27. beginnt der Urlaub meines Bruders und somit die dreiwöchentliche Italienreise. Nun soll diesmal ohne weiteren Aufschub Martha Venedig sehen, und ursprünglich sollten die beiden Reisen kombiniert werden. Aber eine Frau fügt sich so schwer in die allgemeine Zeitrechnung; ihrer besonderen zuliebe muß ich acht Tage vorher, spätestens 21. oder 22. mit ihr allein reisen und sie vor dem 1. September zurückschicken.«[68] Nach einer neuerlichen Erörterung der Reisetermine im nächsten Brief konstatiert Freud: »Daß diese Bestimmungen durch Marthas Unwohlsein gegen den 1. September und meines Bruders Urlaub fixiert sind und daß wir bei dem Mangel aller anderen Anhaltspunkte daran unsere Pläne knüpfen müßten, ist klar.«[69] Auf der zweiten größeren Reise mit Martha im August 1898 nach Dalmatien mußte sie Freud wegen einer Magenverstimmung in Ragusa (Dubrovnik) zurücklassen, und im September 1900 verreiste er das letztemal mit ihr. Über die Planung dieser Reise schreibt er: »Ich werde wahrscheinlich im August auf eine Woche nach Trafoi mit meiner Frau gehen und muß dabei jener Zeit

67 Freud (1985c), S. 90.
68 Freud (1985c), S. 277.
69 Freud (1985c), S. 278.

7 Mit Tochter Anna in den Dolomiten (1913)

ausweichen, in der sie nicht genußfähig ist.«[70] Offensichtlich waren Marthas Menstruationsbeschwerden ein großes Problem für gemeinsames Reisen. Die Planung und Realisierung hing sehr davon ab. Und dank ihrer Magenverstimmung in Ragusa sparte sie sich die ermüdende Wagenfahrt in die Herzegowina. Wie dem auch sei, nach 1900 war Martha nicht mehr unter den Reisegefährten.

70 Freud (1985c), S. 461 f.

Ihren Platz nahm Marthas Schwester Minna Bernays ein. Freuds erste Reise mit ihr fiel in das Jahr 1898. Auf der großen Südtirolreise im August 1900 begleitete ihn zuerst Martha und in der zweiten Hälfte Minna. Freud scheint sehr auf sie gewartet zu haben, denn er schrieb an Fließ: »Endlich [...] kam die Ablösung; ich meine Minna [...]«[71] Es folgten fünf weitere gemeinsame Reisen, zudem verbrachte Freud mindestens vier Kuraufenthalte mit der Schwägerin. Es ist offensichtlich, daß Martha keinen besonderen Wert auf Sommerrundreisen mit ihrem Mann legte und dieser seinerseits Minna als Reise- und Gesprächspartnerin vorzog. Ob darüber hinaus Freud intimere Beziehungen zu Minna hatte, wie Jung behauptete[72] und Swales zu beweisen versucht[73], sei dahingestellt. Die gemeinsamen Reisen boten zwar genügend Gelegenheit, sind aber noch kein Indiz für eine »Affäre«. Zwischen 1910 und 1912 war Sándor Ferenczi Freuds einziger Reisegefährte. Beide Männer kannten sich seit 1908, und es entwickelte sich eine enge freundschaftliche Beziehung, die den Charakter einer Vater-Sohn-Konstellation hatte.

Als Freud selbst alt geworden war und schon viele Krebsoperationen hinter sich hatte, wurde ihm die Psychodynamik seines Reisedrangs klar. Im letzten Satz seines Briefes an Romain Rolland von 1936 deutet er den Zusammenhang zwischen seinem Verhältnis zum Vater, seiner eigenen Krankheit und dem fortgeschrittenen Alter an: »Und jetzt werden Sie sich nicht mehr verwundern, daß mich die Erinnerung an das Erlebnis auf der Akropolis so oft heimsucht, seitdem ich selbst alt, der Nachsicht bedürftig geworden bin und nicht mehr reisen kann.«[74]

71 Freud (1985c), S. 465.
72 Vgl. Billinsky (1969).
73 Swales (1982, 1998).
74 Freud (1936a), S. 293.

Reisebriefe

Venedig

23. August bis 2. September 1895

Im Sommer 1895 entschloß sich Freud zum erstenmal, nur zu seinem Vergnügen zu reisen. Dabei war für ihn außerordentlich wichtig, wer ihn begleitete, und er begründete seine Entscheidung immer recht ausführlich. So schrieb er am 16. August 1895 an seinen Berliner Freund Wilhelm Fließ: »Ich reise zwischen dem 22.–24. nach Venedig mit meinem kleinen Bruder und kann also leider [...] nicht gleichzeitig in Oberhof sein. Mein Motiv, mich *so* zu entschließen, da ich mich für *eines* entscheiden mußte, war die Sorge um den Jungen, der mit mir die Verantwortung für zwei alte Leute, soviel Frauen- und Kindervolk trägt. Er ist ein sehr gequälter Neurastheniker, entschlüpft meinem Einfluß zu sehr, und ich habe einen Vertrag mit ihm geschlossen, demzufolge er meine Gesellschaft in Venedig mit seiner Begleitung nach Berlin vergilt. Es ist mir beinahe wichtiger, daß Du *ihn* als daß Du *mich* in die Hand bekommst.«[1]

Diese Sorge hielt auch später noch an. Im Februar 1900 schrieb Freud: »Mein Bruder, dessen Stellung als Fachmann immer mehr wächst und der zu allen Enquêten usw. als Vertrauensmann der Regierung zugezogen wird, merkt doch schon, daß das alles nur Ausnützung ist. Er wird nicht einmal den Titel Professor bekommen, den er sich als Vortragender an der Exportakademie verdient hat, und mit der Übernahme in den Staatsdienst wird es auch nichts. Es ist eben alles österreichisch in Österreich. Er überarbeitet sich,

1 Freud (1985c), S. 138.

und Du kennst meine Zukunftssorge für ihn. Gegenwärtig ist er 34 Jahre alt.«[2]

Allerdings spielten noch andere Überlegungen bei der Wahl Alexanders als ersten und häufigsten Begleiter eine Rolle. Er war »der nächste und billigste Reisegefährte«[3] und außerdem Fachmann auf dem Gebiet des Transport- und Tarifwesens, so daß Freud auch hinsichtlich der organisatorischen Abwicklung seiner Reisen in ihm den besten Beistand hatte. So konnte Freud das Angenehme mit dem Nützlichen verbinden, einerseits seinen Einfluß auf Alexander geltend machen und andererseits die Vorteile nutzen, die ihm die Kenntnisse des Bruders boten.

Freuds Frau hielt sich während dieses Sommers und auch während der Venedig-Reise der Brüder im »Bellevue« am Kobenzl bei Wien auf. Dieses Anwesen gehörte der Familie Ritter von Schlag, und Freud hatte hier einen Monat zuvor den »Traum von Irmas Injektion«, der als paradigmatisches Beispiel in sein Hauptwerk »Die Traumdeutung« einging.[4] In dem Gefühl, eine große Entdeckung gemacht zu haben, schrieb er fünf Jahre später an Wilhelm Fließ: »Glaubst Du eigentlich, daß an dem Hause dereinst auf einer Marmortafel zu lesen sein wird: ›Hier enthüllte sich am 24. Juli 1895 dem Dr. Sigm. Freud das Geheimnis des Traumes‹? Die Aussichten sind bis jetzt hiefür gering.«[5]

2 Freud (1985c), S. 439.
3 Freud (1985c), S. 442.
4 Freud (1900a), S. 111–126.
5 Freud (1985c), S. 458.

8 Casa Kirsch, das heutige Hotel Metropole

25. August 1895
Postkarte aus Venedig an Martha Freud

Sonntag 25. 8. 8^{h} früh
Casa Kirsch
Riva Degli Schiavoni

Komisches Märchen, ganz verwirrt, muß es Dir nächstes Jahr zeigen, wenn es noch solange steht. Kein Bild u keine Schilderung kann das ersetzen. Wir frühstücken auf S. Marco u fahren dann ins Bad. Die Nachtfahrt war herrlich. Nachmittag mehr, wenn ich gefaßter bin. Herzliche Grüße

Dein Sigm

Dir u allen Fratzen u Frau Dr. B[ardas][6]

6 Bekannte Freuds.

9 Kanal in Venedig; von Freud gekauftes Foto

26. August 1895
Postkarte aus Venedig an Martha Freud

Montag früh

Gestern noch die unglaublichsten Dinge, so eine Gondelfahrt nachts durch Seitenkanäle u Canale Grande. Die Betten vorzüglich. Zanzare[7] haben sich entschuldigen lassen. Heute begrüßten wir einen Tag nach einer Regennacht. Interessant, daß Alex gestern 1 Lire auf 5mal den Betrügern entrissen hat. Kurz, alles höchst merkwürdig u lustig. Grüße Euch herzlich, hoffe bald Nachricht zu haben.
Sigm

27. August 1895
Briefkarte aus Venedig an Martha Freud
Teilweise veröffentlicht in: Freud (1960a), S. 243
Auf Freuds Briefpapier[8]

Dienstag früh an Bord nach Lido

Mein theurer Schatz

Es ist ausgemacht Du wirst nicht viel Beschreibungen bekommen. Man kommt nicht dazu in dem Taumel, in den Venedig jeden versetzt. Wir sind enorm wol u haben den ganzen Tag zu gehen zu fahren zu schauen zu essen u zu trinken. Früh immer zum Lido, 20 Min um im Meer zu baden, den köstlichsten Sand zu Füßen. Gestern war ein kühler Tag u das Meer bewegt; heute fängt es heiß an. Dann sind wir gestern auf den Thurm von S. Marco, haben die Stadt vom Rialto aus durchwandert, was die merkwürdig-

7 Moskitos.
8 Es trägt als Briefkopf den Aufdruck: Dr. Sigmund Freud / IX. Berggasse 19 / ord. 3–5^{h}.

10 Tizians »Assunta« (Mariä Himmelfahrt) in Santa Maria Gloriosa dei Frari

sten Dinge sehen läßt, haben eine Kirche Frari[9], u die Scuola S. Rocco[10] besichtigt, Tintorettos, Tizian's u Canova's bis zur Übersättigung genossen, waren 4mal im Café

9 Gotische Backsteinbasilika, eigentlich Santa Maria Gloriosa dei Frari, nach der Markuskirche die größte Kirche Venedigs. Im linken Seitenschiff befindet sich das Grab Antonio Canovas, im rechten ein Denkmal Tizians und auf dem Hochaltar dessen wichtigstes Gemälde der Frühzeit »Assunta«. Außerdem befindet sich in einer Seitenkapelle das Grabmal Monteverdis und im rechten Querhaus die Statue Johannes des Täufers von Donatello.

10 Bruderschaftshaus der St. Rochus-Bruderschaft; im 16. Jahrhundert errichtet, enthält es die wichtigste Sammlung von Gemälden Tintorettos, darunter die »Die Flucht nach Ägypten« und viele Decken- und Wandgemälde.

Quadri auf dem Platz, haben Briefe geschrieben, Unterhandlungen wegen Ankäufe angeknüpft u die 2 Tage scheinen ½ Jahr. Zanzare giebt es entschieden. Ich bin natürlich schon sehr begierig, von Euch zu hören. Einziger Brief von Minna poste rest.[11] Hoffentlich geht es Dir u allen Fratzen sehr gut. Testolini hat das Armband übernommen.[12]

Herzliche Grüße
Dein Sigm

28. August 1895
Postkarte aus Venedig an Martha Freud[13]

Mittwoch früh
6 h

Deutet nicht auf Schlaflosigkeit sondern auf einen Ausflug nach Chioggia. Schreibe am Fenster mit entzückendster Morgenaussicht auf S. Maria della Salute[14] u S. Giorgio Maggiore[15]. – Vielen Dank für Dein Telegramm gestern, den darin angekündigten Brief erwarte ich heute, es war mir doch sehr recht, gute Nachricht angedeutet zu haben, ehe 4 Tage um waren. Gestern waren wir in Murano[16], wo die

11 poste restante, d. h. postlagernd.

12 Dieser Satz ist nicht in Freud (1960a) veröffentlicht; wahrscheinlich handelt es sich um den Kunsthändler Marco Testolini.

13 Gleichfalls am 28. 8. schreibt Freud aus Venedig an Wilhelm Fließ und kündigt seinen Besuch in Berlin für den 4. 9. an; veröffentlicht in: Freud (1985c), S. 140.

14 Die Kirche wurde im 17. Jahrhundert auf einem Fundament von über einer Million Holzpfählen zum Gedenken an eine Pestepidemie errichtet, die in Venedig 40000 Todesopfer gefordert hatte. Sie liegt am Ausgang des Canale Grande unweit der Casa Kirsch.

15 Die Kirche, erbaut zwischen 1566 und 1610 von Andrea Palladio, liegt auf einer Insel gegenüber von Freuds Unterkunft.

16 Insel nördlich von Venedig, seit 1292 Sitz der Glasindustrie. Eine »gläserene Kleinigkeit« kaufte Freud für Ida Fließ; vgl. Freud (1985c), S. 140.

Glasfabriken sind. Dank es Alex, wenn ich Dir *nicht* die schönsten Sachen mitbringe, wie seit 250 Jahren nicht, seit dem 30jährigen Krieg mindestens. Wir gedenken Samstag abds abzureisen (?), der Mond[17] fehlt nämlich noch.

Herzlichste Grüße [an] Dich, die Fratzen, Frau Dr. Bardas u Frau v. Schlag[18]

Dein Sigm

29. August 1895
Briefkarte aus Venedig an Martha Freud
Auf Freuds Briefpapier

Donnerstag früh

Mein theurer Schatz

Eben Deinen zweiten Brief bei der Thürspalte gefunden. Danke Dir herzlich für die Entschädigung. Das Bedürfnis nach Dir u den Fratzen war die ersten Tage durch die neuen Eindrücke übertäubt; aber gewiß ist nicht seine Aufhebung die Ursache unseres Wolbefindens, sondern eben Venedig. Du würdest uns beide kaum erkennen, nichts müde, nichts ernst; wir lachen u amüsiren uns wie zwei Schulbuben auf Ferien. Daß wir uns glänzend vertragen, ist auch nicht unangenehm. Beschreibungen von hier wirst Du nicht fordern.

Aus einer Andeutung ersehe ich, daß Olis Heldenmuth wirklich nicht vor Freude standgehalten hat. Die Geschichten von ihm sind sonst sehr hübsch.

17 Für Freud spielte der Mond immer eine besondere Rolle. An seinen Jugendfreund Eduard Silberstein hatte er einst geschrieben: »Ich liebe noch immer [...] mit den Phasen des Mondes in Übereinstimmung zu leben und beginne ein neues Buch oder einen neuen Gegenstand oder eine neue Methode am liebsten mit Anfang einer neuen Woche, wenn möglich eines neuen Monats.« Freud (1989a), S. 100.
18 Frau des Eigentümers des »Bellevue«.

Gestern ganzen Tag in Chioggia[19] u Sottomarina[20]. Heute wahrscheinlich Kirchen u Bilder. Auch die Zeit der Einkäufe naht. Es wird so bald vorüber sein. Antwort auf diesen Brief kann ich nicht mehr erwarten. Für Dich ist ein Venezianerspiegel bereits abgeschickt. Unsere Termine theilen wir Dir telegraphisch mit. Meine Tendenz geht eher auf Verlängerung, der *Mond* wächst zusehends.

Herzlichste Grüße u Küsse für Dich, alle Fratzen u Frau Dr. Bardas

Dein Sigm

Alexander grüßt Dich herzlich

29. August 1895
Postkarte aus Venedig an Martha Freud

Donnerstag
29. 8. 95

Mein theurer Schatz
Heute unmenschlich heiß, so daß wir unser Programm verschlafen. Es ist 5^{h}, Alex liegt noch seit 3^{h}. Das herrliche Licht entschädigt beinahe dafür. Wir wollen Sonntag abreisen, wir haben noch zuviel nicht gesehen. Dann sind wir Montag in Wien[21] u reisen Dienstag nachts [nach] Berlin[22]. Näheres telegraphisch. Dienstag nachmittag kann ich dann

19 Kleine Inselstadt 30 km südlich von Venedig mit großem Hafen und malerischen Gassen.

20 Kleiner, Chioggia vorgelagerter Ort mit Badestrand.

21 1. 9. ab Venedig 14.10, 2. 9. an Wien Westbahnhof 7.50 (»Cook's Welt-Reise-Zeitung«, 6. Jg., Nr. 8, August 1895).

22 Vom 4. bis 13. 9. besuchen Freud und Alexander Wilhelm Fließ in Berlin; u. a. läßt sich Freud von Fließ mehrfach an der Nase operieren; Freud (1985c), S. 140 f.; Sigmund Freud – Martha Freud, 5.–10. 9. 1895 (Freud Archives, Library of Congress, Manuscript Division, künftig LoC).

noch Minna sehen. – Ich wünsche Dich 12mal im Tag herbei, es ist etwas Unglaubliches.

Herzlichste Grüße [an] alle Fratzen

Dein Sigm

30. August 1895

Postkarte aus Venedig an Martha Freud

Freitag früh
30. 8. 95

Mein theurer Schatz

Eben Deine Karte vom Mittwoch erhalten, danke Dir sehr für die neuentdeckte Eigenschaft eines ausgezeichneten Correspondenten. Es ist jetzt wol in der ganzen Welt heiß,[23] auf dem Wasser u in Seitenkanälen ist es ganz erträglich. Wir sind aber enorm fesch. Heute Programm: Fischmarkt, Einkäufe, 2 Kirchen u die Giudecca (eine Insel)[24]. Nachmittag Bad, abends Gondel auf Canale Grande. Ich habe für Dich noch einen venetianischen Ofenschirm gekauft, wie ich ihn bei Biach[25] gesehen habe. Es ist alles lächerlich billig. Mit herzlichsten Grüßen für Dich, alle Fratzen u Frau Dr Bardas

Dein Sigm

Das Armband schon requirirt.[26]

23 In Europa lagen die Temperaturen tatsächlich um fast 3 Grad über dem langjährigen Mittel.

24 Eine Venedig südlich vorgelagerte Insel, die ihren Namen von den im Frühmittelalter hier lebenden Juden erhielt.

25 Bekannte Freuds.

26 Vgl. Briefkarte vom 27. 8. 1895 in diesem Band.

11 Blick aus Freuds Zimmer in der Casa Kirsch

12 Reiseroute 1896

Toskana

30. August bis 11. September 1896

Im Juni 1896 erkrankte Freuds Vater schwer. Freud erwartete seinen Tod und wollte sich deshalb nicht weit von Wien entfernen. Zweimal sagte er Treffen mit Wilhelm Fließ ab.[1] Später entschloß er sich dann doch, zu seiner Familie nach Aussee zu fahren, wo er sich seit dem 26. Juli aufhielt. Gleichzeitig war in Aussee in diesem Sommer viel Prominenz anwesend: Hugo von Hofmannsthal, Theodor Herzl, Karl Lueger, Karl Kautsky, Karl Kraus.

Anfang August fuhr Freud von Aussee nach Salzburg, bestieg den Schafberg und unternahm einige Ausflüge mit seinen Kindern nach Hallstatt und ins Echerntal, besuchte die Lichtensteinklamm und durchwanderte das Kapruner Tal.[2] Vom 26. bis zum 29. August traf er sich dann doch noch mit Wilhelm Fließ in Salzburg,[3] der ihm ein Buch von Victor Hehn über Italien schenkte.[4] Freud las es gleich, und die Sympathie des Autors für den jungen italienischen Nationalstaat beeinflußte ihn. Schon kurz nach dem Abschied schrieb er an Fließ: »Das Buch ist wirklich wahr, tapfer und enthält alles Wesentliche, was sich aus der historischen Periode wissen läßt.«[5]

1 Freud (1985c), S. 203 f., 205 f. Freuds Vater Jakob starb am 23. Oktober 1896 im Alter von fast 81 Jahren.

2 Zu diesem Sommeraufenthalt vgl. u. a. Jones (1960–1962), Bd. 1, S. 386 ff.; Freud (1985c), S. 206, 208; Freud (1900a), S. 146; Swales (1986), S. 76.

3 Freud (1985c), S. 208; Sigmund Freud–Martha Freud, 26. 8. 1896 (LoC).

4 Hehn (1896).

5 Freud (1985c), S. 208.

Die Reise in die Toskana unternahm Freud wiederum mit Bruder Alexander. Aus den vorhandenen Briefen geht nicht hervor, wo Alexander zu ihm stieß, möglicherweise in Innsbruck.

Ablauf der Reise

26. 8.	Aussee – Salzburg
30. 8.	Salzburg – Steinach – Venedig
31. 8.	Venedig – Padua – Bologna
1.–2. 9.	Bologna
3. 9.	Ravenna, Faenza
4.–11. 9.	Florenz
11.–12. 9.	Florenz – Franzensfeste – Bischofshofen – Aussee

26. August 1896
Postkarte aus Salzburg an Martha Freud

Nach herrlicher Fahrt in Salzburg eingezogen unter schauerlichem Hagelsturm, spazieren jetzt in gemächlichem Salzburger Regen. Auf Minnas Rat in Hôtel Nelboeck[6] abgestiegen. Herzlichste Grüße [an] Dich, Alex und die Fratzen

Dein Sigm

Mittwoch 4h

30. August 1896
Postkarte aus Steinach an Martha Freud

11h25
Steinach

Nach den lächerlichsten Hindernissen (Wagen nicht zu finden, Dr. Schr.[7] am Bahnhof) hier angelangt; teilen mit, daß wir folgendermaßen telegraphiren werden: z. B. »Nachmittag Bologna«, dh daß wir von Nachmittag an bis zum nächsten Telegramm in Bologna sind. Wo wir zur Zeit des Telegramms selbst sind, ist ohnedies aus dem Telegramm ersichtlich.

S./A.

6 Nicht weit vom Bahnhof.
7 Möglicherweise Dr. Schreiber, der Leiter der Kuranstalt Alpenheim in Aussee. Freud kannte ihn seit 1884, als er ihn für zwei Wochen dienstlich vertreten sollte; vgl. Sigmund Freud – Martha Bernays, 3. 4. 1884 (LoC).

13 Café Quadri in Venedig

30. August 1896
Postkarte aus Venedig an Martha Freud

Quadri, S. Marco Sonntag 30. 8.
6^h abends

Regen ganze Nacht u vormittag. In Beschränkung gelebt von Hühnern, die 4–6 Beine zu haben schienen. Gerade mit Venedig aufgehellt, herrlicher Tag, alle Genüsse bereits aufgefrischt, Lido gebadet, Marcusplatz, der alte Zauber. Werden uns gewaltsam losreißen müssen. Intensives nachträgliches Bedauern, daß Du es nicht siehst. Werden morgen abds oder Dienstag früh abreisen. Telegraphiren gleich noch heute u dann täglich – Selters bedeutet schönes Wetter, sonst »Regenwasser«.

Herzlichste Grüße

S. A.

[Zusatz von Alexander Freud:]
Herzliche Grüße

Alexander

31. August 1896
Postkarte aus Venedig an Martha Freud

Città di Firenze ½ 1^h
Montag 31. 8. 96

Wir reisen heute 2^{h}35 nach Padua u nachts, es sind sehr kurze Strecken (2 St), nach Bologna, wo wir übernachten u den Dienstag 1 Sept. verbringen. Wenn Du unmittelbar schreibst, trifft uns ein Brief am Mittwoch, 2 Sept Ravenna, sicherer natürlich ist Florenz 3. 4 usw – Mühe gehabt, Alex dazu zu bestimmen, daß er Venedig verläßt, wir waren nicht von der Stelle gekommen. – Nacht hat [es] geregnet, heute kühler, aber schöner Tag. Telegraphir von Padua heute.

Herzliche Grüße
Sigm

31. August 1896
Postkarte aus Padua[8] an Martha Freud

Montag 8^h ab, 31/8 96

Storione ist ein Restaurant [in] Padua,[9] wo wir uns nach 4 St. Arbeit erholen wollen. ½ 4 angekommen haben wir Denkmäler, Kirchen u die Palme Goethes[10], den Sarg eines

8 In der »Traumdeutung« schreibt Freud über diesen Aufenthalt in Padua: »Mein erster Besuch in der schönen Universitätsstadt war unbefriedigend geblieben, ich hatte die Fresken Giottos in der Madonna dell'Arena nicht besichtigen können und machte mitten auf der dahin führenden Straße kehrt, als man mir mitteilte, das Kirchlein sei an diesem Tage gesperrt.« Freud (1900a), S. 16.

9 Gleich neben der Universität.

10 Eine 1585 im ältesten Botanischen Garten der Welt gepflanzte Chamaerops humilis. Durch sie wurde Goethe während seines Italienaufenthalts zur »Metamorphose der Pflanzen« (1790) angeregt (»Italienische Reise«, 27. September 1786).

14 Die Kathedrale San Antonio in Padua

Trojaners[11], einen Platz mit 82 Statuen von berühmten Hörern der Universität[12] gesehen u uns außerordentlich amüsiert. ½ 12ʰ nachts nach Bologna, wie telegraphisch angekündigt. Tag war schön bis auf ½ Stunde. Die Kirche S. Antonio hochkomisch.[13] Nichts einkaufen können.

Herzlichste Grüße an alle

Sigm

Hoffe Euch ebenso wol wie wir hier.

11 Der Sage nach wurde Padua durch den vornehmen Trojaner Antenor gegründet: so bei Vergil, Tacitus und Dante. Wahrscheinlich haben Freud und Alexander ein Grabmal gesehen, das einem Trojaner zugeschrieben wird.

12 Im Jahre 1775 wurde auf dem Prato della Valle, der späteren Piazza Vittorio Emanuele II, ein von einem Kanal umgebener ovaler Hain angelegt. Längs des Kanals stehen die Standbilder berühmter Paduaner und Schüler der Universität, die auch Goethe in seiner »Italienischen Reise« erwähnt.

13 Wahrscheinlich auf die Vielzahl der Baustile bezogen: gotische Pfeilerbasilika mit spitzem Kegeldach über der Vierung und sechs Rundkuppeln aus dem 15. Jahrhundert.

1. September 1896
Postkarte aus Bologna an Martha Freud

Bologna Tre Zucchetti
Dienstag 1. 9. 96, ½ 1^h pm

Speisehaus, nachdem wir halbe Stadt entdeckt. Stadt herrlich, reinlich, mit kolossalen Plätzen u Denkmälern. Ein Museo civico[14] gemacht, Alex todt, ich lebensfrisch. Tag sehr schön, nicht heiß, Wein bereits köstlich. Hier wol Gelegenheit zu Schnokes kaufen. Kirchen u Kunst hier zum Glück weniger aufdringlich. Freue mich auf schiefe Thürme[15] u Universität nachmittags. Bleibe hier noch morgen, Mittwoch 2/9, daher um Nachricht telegraphirt.

Herzl Grüße
Sigm

P. S. Essen köstlich, nächster Landaufenthalt in Bologna.
PPSS. Essen märchenhaft.

2. September 1896
Postkarte aus Bologna an Martha Freud

Tre Zucchetti
2 Sept. mittags

Gestern sehr mit Telegramm gefreut. Eine sehr schöne Kirche u Campo Santo[16] gesehen, von dem 2 Photo gekauft. Heute das schönste Bild von Raphael, die Heilige Caecilia[17] gesehen. Jetzt regnet [es] endlich u verdirbt uns Ausflug

14 1712 gegründetes Museum mit vorgeschichtlichen, ägyptischen, etruskischen und keltischen Altertümern.

15 98 m (Torre Asinelli) und 47 m (Torre Garisenda) hohe, zu Verteidigungszwecken errichtete Backsteintürme.

16 Friedhof.

17 Das Bild befindet sich in der Pinakothek.

15 Geschlechtertürme in Bologna; von Freud gekauftes Foto

16 Sarkophagdetail, Campo Santo in Bologna; von Freud gekauftes Foto

mit Aussichtspartie. Morgen soll ein Arbeitstag werden. Früh ½ 6 nach Ravenna wo viel zu sehen u nichts zu essen, abds von dort nach Florenz, nachts Ankunft. Das Essen hier schmeckt beinahe zu gut. Wir flößen wirklich keine Besorgnis ein.

Herzlichste Grüße an alle
Sigm

3. September 1896
Postkarte aus Ravenna an Martha Freud

Donnerstag 11h
Ravenna Hotel Byron 3. 9. 96.[18]

Ravenna ist ein elendes Nest, in dem verfallene Ziegelhütten stehen, welche die großartigsten Reste der christlichen Kunst aus 5–8 Jahrhundert u Ostgoten enthalten. Ein Stück vom Palast Dietrich's von Bern[19] dient als Mauer für

18 Freud schreibt: 3. 8.
19 Theoderich der Große (454–526).

17 Eingang zum Palast Theoderichs des Großen; von Freud gekauftes Foto

ein elendes Gesindehaus[20]. – Wir sind um 4^{h} aufgestanden, um 9^{h} angekommen, gearbeitet bis jetzt. Große Durstanfälle, Salz im Mund, kein Zutrauen zum Hotel. – Aber Dante ist hier begraben, die Ostgoten haben hier geherrscht, Theoderich der Große liegt hier, Justinian ist in Mosaik porträtiert,[21] 2 römische Kaiser in ihren Särgen,[22] Byron hat 2 Jahre hier gehaust[23] u somit hoffen wir nachts in Florenz zu sein.

Herzl
Sigm

20 Freud schreibt: Gesindelhaus.

21 In der Kirche San Vitale.

22 Die Sarkophage von Kaiser Constantinus III. (gest. 421) und Valentinian III. (419–455) befinden sich in dem um 440 errichteten Mausoleum der Galla Placidia.

23 1820/21.

3. September 1896
Postkarte aus Faenza an Martha Freud

Faenza 3/9[24]
abds

Ravenna ist noch sehr genußreich worden. Theoderich, Dante, Mandeln, Feigen vom Baum bei Theoderichs Grabmal, alte Kirchen, Mosaik, ein von Dante besungener Pinienwald,[25] Pfirsich, Wein u Café haben sich zu einer großartigen Harmonie vereinigt. Da wir seit früh unterwegs, haben wir uns nur mit Faenza anstatt Firenze (noch zwei St) begnügt, wo wir in der Corona[26] sitzen. – Deutsche Hotels vermeiden wir von jetzt an. Byron sind wir durchgegangen. Es geht uns großartig, ich glaube, der Wein thut viel dabei.

Herzl Grüße
Sigm

4. September 1896
Postkarte aus Florenz an Martha Freud

Restaurant Toskana
Freitag 4 Sept. ½ 8 h

Mittags vom stillen Faenza abgereist, wo [wir] vergebens Fayence[27] einkaufen wollten, nach herrlicher Fahrt, aber 40–50 Tunnels von 3–7 Minuten Länge, todt hier angelangt, im Centrum der Stadt neben einem Riesendom aus schwarzem u weißem Marmor abgestiegen, Ruß abgewa-

24 Freud schreibt: 3/8.
25 »Die Göttliche Komödie«, »Das Fegefeuer«, 28. Gesang. Der »Pineta di Classe« genannte Pinienwald befindet sich unweit von Ravenna, 5 km südöstlich von San Apollinare.
26 Kleine Herberge mit 50 Betten.
27 Im 15. und 16. Jahrhundert war die Stadt durch ihre Fayencen berühmt, deren Herstellung im 19. Jahrhundert wiederbelebt wurde.

18 Porträt Justinians in der Kirche San Vitale; von Freud gekauftes Foto

schen, was leicht war, zur Post, wo ich drei Karten mit großer Freude gelesen, dann mit letzten Kräften zum Restaurant, an Riesenkirchen, Statuen mitten auf der Gasse, Palästen u Festungen vorüber. Herrlich, Mordsspektakel, zuviel für einen Menschen, morgen mehr

Herzl
Sigm

5. September 1896
Postkarte aus Florenz an Martha Freud

I Toscana
Samstag 12 ½^{h}

Briefe erhalten. Gratulire Minna herzlich, er ist eben sehr geizig.[28] – Ich erspare Euch Geld, indem ich nicht telegraphire. Florenz ist ein toller Zauber. Die Kostbarkeiten stehen auf der Straße herum. Dann Viale dei colli: Denk Dir die Hauptallee um einen Hügel gewunden, zu beiden Seiten den Park

28 Zusammenhang nicht geklärt.

19 Straßenszene in Florenz

von Abbazia[29], mittendrin die Paläste der Ringstraße u dazu noch eine noch nie gesehene Aussicht auf Stadt u Hügel. – Wir haben heute noch Stadtwanderungen vor, erst morgen vormittag Gallerie. Ich fürchte Verona fällt ins Wasser.

Herzlichste Grüße

Sigm

5. September 1896
Postkarte aus Florenz an Martha Freud

II Samstag

Wir leben billig – Zimmer im Centrum L 3.50 für beide. Die großen Malzeiten (glänzend) je 4–5 L, also 14 L für zwei Personen.[30] Der Grundstock = 6,30 fl. Natürlich wird das

29 Freud hatte die erste Septemberhälfte des Jahres 1894 mit seiner Familie in Lovrana bei Abbazia verbracht, konnte sich also darauf beziehen, um seiner Frau seine Eindrücke zu veranschaulichen; vgl. Freud (1985c), S. 90, 92; Freud, Martin (1957), S. 45 f.

30 Vgl. dazu die Bemerkungen in der Einleitung, S. 29.

Geld für Käufe u Entrés verwendet werden. Der Durst zwingt zu Eis, Café, Melonen, da Wasser nicht [zu] trinken. Die gemeinen Leute sind unverschämt u betrügerisch, das Wetter nicht heiß, bedeckt, seit unserer Abreise ein halber Tag Regen. Kurz, herrlich! Man schämt sich, es allein zu genießen, aber Strapazen vorher waren groß. Jetzt fangt an zu schreiben, was Ihr Euch wünscht.

Herzl Grüße

Sigm

Man ist auch immer ein bischen – vom Wein

6. September 1896
Postkarte aus Florenz an Martha Freud

Sonntag 6. 9. 96

Sonntag in Florenz, heiß u schön. Vormittags Broncen angesehen u einige Meisterwerke in der Tribuna[31], dann so u soviel berühmte Gräber in der Kirche S. Croce[32].

Man schwimmt in Kunst u wird hochmüthig, etwas blasiert. Gestern war ein fürchterlicher Dursttag. Heute nachmittag Boboligärten[33] u eine Wagenfahrt. Im ganzen eine herrliche Hetze, aber nichts für eine Dame, wenn sie nicht auf der Hochzeitsreise u ohnedies elend ist. Die Abende sind lang, der Mond fehlt sehr, die Sterne sind meist im Baedeker.

Herzl Gruß

S.

31 Saal 18 der Uffizien mit der Mediceischen Venus und anderen antiken Statuen, u. a. von Praxiteles.

32 In der Kirche Santa Croce befinden sich u. a. die Grabmäler von Michelangelo, Galilei, Machiavelli, Rossini und Cherubini. Der Kreuzgang von Brunelleschi gehört zu den Höhepunkten der Frührenaissance.

33 Am Westufer des Arno von Niccolò di Raffaello de Pericoli 1560 angelegt.

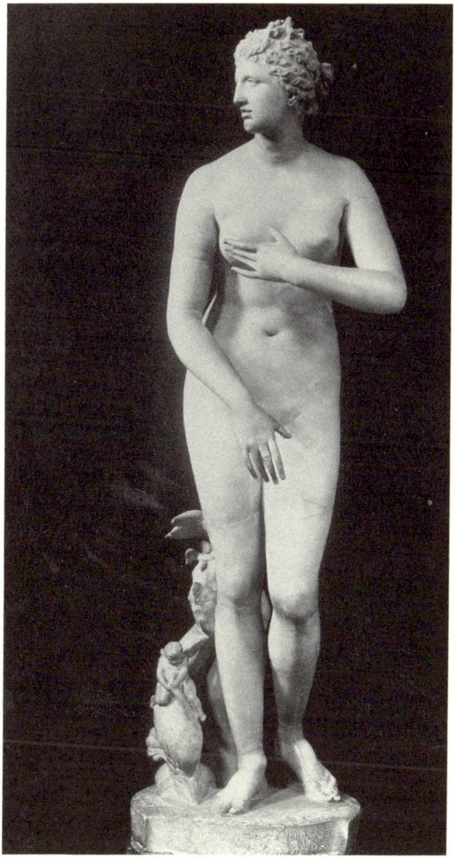

20 Mediceische Venus in der Tribuna

6. September 1896
Postkarte aus Florenz an Martha Freud

Sonntag abds

Abenteuer!

Das Schönste an Florenz sind die mit Oil u Wein bewachsenen Hügel herum. Auf einem liegt der Thurm des Galilei, der jetzt einem Conte Galetti gehört. Wir machen dorthin Ausflug, hören zufällig, daß Zimmer zu haben sind u mieten für 4 Tage Pension u alles. In guter Gesellschaft,

Milton hat dort Galilei besucht,[34] im Zimmer nebenan ein Selbstportrait von Michelangelo[35] usw. Briefe nach wie vor Casa Nardini[36], nur eventuelle Telegramme Torre di Galileo[37].

Herzlich
Sigm

7. September 1896
Brief (4 S.) aus Florenz an Martha Freud

Torre del Gallo
oder di Galilei[38]
Montag 7 Sept 96

Meine Theuere

Unser letztes Erlebnis verdient einen ausführlichen Bericht u die zuerst hier gefundene häusliche Behaglichkeit ist dem Schreiben nicht ungünstig. Das Italienreisen ist nämlich nicht so ganz ohne Beschwerden, wie man sich's erwartet. Venedig zwar ist nichts als Genuß u Behagen, von da an weiter trifft man auf Kleinstädte ohne jeden Comfort oder

34 Über seinen Besuch bei Galilei im September 1640 schreibt Milton: »There it was that I found and visited the famous Galileo, grown old a prisoner to the Inquisition, for thinking in astronomy otherwise than the Franciscan and Dominican licensers thought«; Milton (1644), S. 41. Der florentinische Maler Annibale Gatti hat diesen Besuch in Öl gemalt (im Museum des Instituts für Wissenschaftsgeschichte, Istituto e Museo di Storia della Scienza).

35 Das Gemälde wurde fälschlicherweise für ein Selbstporträt Michelangelos gehalten; wahrscheinlich handelt es sich um eine Kopie des Michelangelo-Porträts von Jacopino del Conte. Der Conte Galetti verkaufte es an Don Giovanni del Drago in Rom, vgl. Thode (1908), S. 548. Heute befindet sich das Bild in den Uffizien, eine zeitgenössische Kopie in der Casa Buonarotti.

36 Pension an der Piazza S. Giovanni, direkt am Dom.

37 Der Turm heißt Torre del Gallo, nach der Familie Galli; die Form Torre di Galileo ist wohl eine Erfindung Freuds.

38 Vgl. vorhergehende Fußnote.

21 Michelangelo-Porträt von Jacopino del Conte

Großstädte mit allen Nachteilen derselben. Man entbehrt das Meiste, was man sich als lieb angewöhnt hat, man hat sich eingeredet, daß alles billig sein muß u es kostet doch Geld. Die Eisenbahnfahrten sind gräßlich, unendliche Tunnels, schlechte Wagen, Rauch zum Ersticken, die Kost ist meist glänzend, aber doch ungewohnt, man leidet Durst, entsetzlichen in Anfällen auftretenden Durst, bei dessen Bekämpfung man sich gern den Magen verdirbt. Die Neuheit u Schönheit von Kunst u Natur entschädigt reichlich für Alles, aber für die Kunst kommt ein Moment, wo man im gleichmäßigen Genießen schwimmt, glaubt, es müsse so sein, keine Ekstase mehr zusammenbringt, wo einem Kirchen, Madonnen, Beweinungen Christi ganz gleichgiltig werden u man sich nach etwas Anderem sehnt, man weiß nicht recht, wonach. Soweit waren wir in Florenz bald gekommen, die Stadt erdrückt u überwältigt, die Denkmäler stehen zu halbdutzenden auf der Straße herum, die historischen Erinnerungen wimmeln so, daß man sie nicht auseinanderhält, die Florentiner machen ein Höllenspektakel, schreien, knallen mit den Peitschen, blasen Posaunen auf der Straße, kurz, es ist nicht auszuhalten. Wir haben Schrottfüße bekommen u nicht geschlafen. Die Malzeiten haben nichts mehr gekostet. Rings herum die schönsten grünen Hügel mit Oil u Wein bewachsen, das Reisebuch spricht von Landpartien u die Zeit reicht nicht für die notwendigsten Kirchen. In solcher Verfassung sind wir gestern nachmittag in die Boboligärten gegangen, eine Art Schönbrunn der Medicäer mit herrlichsten Marmorgruppen, Amphitheater, Obelisk, Neptuninsel udgl. Dann lasen wir von einem Aussichtspunkt auf den Hügeln, dem Torre del Gallo, wo Galilei lange Jahre gewohnt u den Himmel beobachtet haben soll.[39] Wir kommen im Dunkeln hin, der Kustode zündet Licht an, zeigt uns das Zimmer Galileis, Portraits von ihm, sein Fernrohr[40] udgl. Im weiteren Verlauf hören wir, daß es noch Zimmer mit Sammlungen giebt, sehen ein Bild Michelangelo's von ihm selbst gemalt, einen Brief von Cromwell an den König Karl I,[41] ein Autograph von Benvenuto Cellini,[42] die Thüre vom Hause Machiavelli's udgl. Dann kommt heraus, daß das Ganze einem Conte Galetti gehört, der den oberen Stock bewohnt, die unteren Zimmer heuer vermiethet. Ein Entschluß blitzt in uns auf, die Weihe des Ortes, die Ruhe, Aussicht, der Garten nehmen uns gefangen, wir lassen den Conte kommen – einen auffällig schönen Mann übrigens – er benimmt sich herablassend genug, uns einen für Italien hohen, für Wien mäßigen Preis

39 Galilei hat nicht im Torre del Gallo gewohnt, sondern in der Villa Il Gioiello, ebenfalls in Arcetri und nur wenige Minuten vom Torre del Gallo entfernt. Das Gebäude, Ende des 15. Jahrhunderts von der Familie Masi errichtet, mietete Galilei 1631, und von Dezember 1633 bis zu seinem Tod im Jahre 1642 lebte er hier; vgl. Mudry (1987), Bd. 2, S. 304.

40 Heute im Istituto e Museo di Storia della Scienza, wo sich auch andere Instrumente Galileis befinden: Magnete, Kompasse, Linsen usw.

41 Cromwell, der politische und militärische Führer der »puritanischen Revolution«, organisierte eine Elitetruppe, die »Ironsides«, und schlug 1644 das königliche Heer. Karl I. wurde 1649 zum Tode verurteilt, und Cromwell regierte als Lordprotektor mit diktatorischen Vollmachten. Unter seiner Herrschaft entstanden die Grundlagen für Englands Stellung als führende Kolonial-, See- und Handelsmacht. Zu Freuds Identifikation mit Cromwell vgl. Tögel (1994), S. 25–27. Der von Freud erwähnte Brief konnte nicht ermittelt werden. Der größte Teil der Sammlung aus Il Gioiello wurde vor Jahren von einem Kunsthändler aufgekauft. Wo sich die Stücke befinden, ist nicht bekannt; persönliche Mitteilung von Elena Montali vom Istituto e Museo di Storia della Scienza in Florenz vom 15. 6. 2001.

22 *Il Gioiello, die Villa Galileis*

zu machen. Ich rechne um: Dividirt durch 2, reduzirt auf Gulden, kurz, am nächsten Morgen ziehen wir ein in ganzer Pension. Ich will unser Mittagessen beschreiben. Über dem Tisch hängt das berühmte Portrait Galilei's von Sustermann,[43] gegenüber der Kardinal Francesco Medici. Die Anrichte befindet sich unter einer Madonna mit Kind im Goldrahmen aus dem XI Jahrhundert, Waffen, Stundenglas, Bronzen, der Brief Cromwell's unter Glas usw. Der Custode bedient uns. Wie Alexander sagt, ist das ganze Mal aus dem Garten bis auf das – vorzügliche – Rindfleisch. Frische Feigen, Pfirsich, Mandeln von Bäumen, die uns bereits persönlich bekannt sind. Der Garten dehnt sich nämlich uneben, halb Park, halb Weinberg ½ St um's Haus nach jeder Richtung, Lorbeer, Kastanien, Oilbäume (Abart: der sog. Caraffindelbaum, Oilbaum, auf dem Wein wächst), Mandelbäume, kurz, der ganze aus Lovrana uns bekannte Schwindel südlicher Schönheit.[44] Von vielen Punk-

42 Florentinischer Bildhauer und Goldschmied (1500–1571), der besonders durch seine Autobiographie bekannt wurde; vgl. Cellini (1818). Das Autograph konnte nicht ermittelt werden; vgl. vorhergehende Fußnote.

43 Der flämische Maler Justus Sustermans (oder Suterman) lebte seit 1620 in Florenz und war Hofmaler der Medici-Großherzoge. Sein Galilei-Porträt aus dem Jahre 1635 befindet sich heute in den Uffizien, eine Kopie im Istituto e Museo di Storia della Scienza.

44 Am 28. Mai 1633 schrieb Galileis Tochter Maria Celeste über diesen Garten an ihren Vater, der sich gerade in Rom aufhielt: »Was den Garten anlangt, so sind die Bohnen [...] wunderbar grün [...] Die Apfelsinenbäume tragen erst wenige Blüten [...] Die Zitronen sind so reif, daß Ihr kommen und sie pflücken müßt; und von Zeit zu Zeit fällt eine herunter, und sie sind wirklich schön und überaus schmackhaft«; Mudry (1987), Bd. 2, S. 105.

23 Porträt Galileis von 1624, ursprünglich im Torre del Gallo; von Freud gekaufter Druck

ten aus sieht man auf Florenz, jetzt während ich schreibe, ein Meer von glitzernden Lichtern ähnlich wie die Aussicht von der Bellevue, nur daß es anstatt Wien Florenz ist. Wir verfügen über 3 Zimmer, den Saal mit dem geschilderten Inhalt, ein großes mit einem mindestens dreischläfrigen Bett, natürlich auch voll von Bildern, Schnokes u Alterthümern u einem kleineren für Alex, dazu, was hier *sehr* in Betracht kommt, ein besonderer menschlich eingerichteter luogo commodo[45]. Die ganze Herrlichkeit dauert nur noch 3 Tage, am Freitag früh telegraphiren wir wieder Heimreise, auf der wir wahrscheinlich alle Sünden abbüßen werden. Wie schlecht das Jahr war, sieht man am Wein, der überall verdorrt ist, wir wandeln unter Rebenwäldern, die kaum etwas Genießbares liefern.

Einkäufe sind schwerer als man meint, man könnte sehr viel Geld ausgeben. Jetzt fallen mir aber die Augen zu. Ich grüße Dich, Minna u alle Fratzen herzlichst u gestehe, daß mir in allem Schönen oft der Gedanke kommt, daß es doch zu Hause am Schönsten

Dein Sigm

45 Klosett.

8. September 1896
Postkarte aus Florenz an Martha Freud

Dienstag 8. 9. 96

Pantomime, Emanuel hat für hier recht.[46] Heute unerwarteter Feiertag.[47] Alles gesperrt, wieder ein Tag verbummelt, man weiß nicht wie. Man kommt zu nichts in der göttlichen Schönheit, lähmend. Zeit abzureisen. Freitag früh hoffentlich. Wirst Du glauben, daß wir noch nicht in den Galerien waren bis auf 5 Minuten Tribuna. Der Paradiesgarten oben wirkt noch mit, daß wir stundenlange unter Feigenbäumen schlafen. Kurz, auf Wiedersehen
Sigm

9. September 1896
Postkarte aus Florenz an Martha Freud

Mittwoch 10h
9/9 96

Endlich hoffe ich doch in die Gallerie zu kommen, ich warte wieder vor der Thür. Freitag abds Heimreise, Route noch unbestimmt, also kein Brief mehr von Euch nöthig. Übrigens habe ich heute keinen bekommen. Tag herrlich, Stimmung gehoben, nur der Junge ist zu grämlich.
Herzlichst
Sigm

46 Möglicherweise bezieht sich diese Bemerkung auf einen Brief von Freuds Halbbruder Emanuel (1833–1914), der nicht erhalten ist.
47 Mariä Geburt.

24 Palazzo Pitti

10. September 1896
Postkarte aus Florenz an Martha Freud

Donnerstag 10/9
6^{h}

Endlich geht Alles zusammen. Heute Pitti[48] u kleine Einkäufe. Reiseplan habt Ihr erraten. Freitag 9^{h} ab von hier weg, bis Franzensfeste zusammen, dann fahre ich wahrscheinlich [nach] Bischofshofen, wo 7^{h} ankomme, über Nacht bleibe und morgens nach Aussee weiterfahre. Werde den Plan noch telegraphiren. Letzte Zeit herrlich, doch Sehnsucht nach Hause schon sehr groß.

Herzl Grüße
Sigm

[Zusatz von Alexander Freud:]
Strohhut u Winterjacke giebt es nicht.

48 Einer der drei bedeutenden Paläste in Florenz, neben Palazzo Vecchio und Palazzo Medici-Riccardo. Seine Gemäldesammlung steht der der Uffizien kaum nach.

Venedig, Toskana, Umbrien

25. August bis 18. September 1897

Das wichtigste Ereignis des Jahres 1897 war der Beginn von Freuds Selbstanalyse. Wenige Tage vor dem Reiseantritt schrieb er an Fließ: »Der Hauptpatient, der mich beschäftigt, bin ich selbst. [...] Die Analyse ist schwerer als irgendeine andere. Sie ist es auch, die mir die psychische Kraft zur Darstellung und Mitteilung des bisher Gewonnenen lähmt. Doch glaube ich, es muß gemacht werden und ist ein notwendiges Zwischenstück in meinen Arbeiten.«[1]

Außerdem hoffte Freud auf seine Ernennung zum außerordentlichen Professor. Am 12. Juni hatte das Professoren-Kollegium mit 22 gegen 10 Stimmen dem Antrag von Hermann Nothnagel und Richard von Krafft-Ebing auf Ernennung Freuds zum Professor extraordinarius zugestimmt. Am 25. Juni schickte das Dekanat der Medizinischen Fakultät den Beschluß des Professoren-Kollegiums an das Unterrichtsministerium.[2] In Freuds Briefwechsel mit Fließ kamen beide immer wieder auf die Ernennungsfrage zurück. Am 22. Juni schrieb Freud an den Freund: »Auf dem nächsten Kongreß nennst Du mich ›Herr Professor‹ [...]«[3]

Die Familie verbrachte den Sommer in Aussee, wo Freud sie vom 5. bis 7. und vom 26. bis 29. Juni besuchte. Vom 24. Juli bis zum 19. August hielt er sich dann ständig in Aus-

1 Freud (1985c), S. 281; zu Freuds Selbstanalyse vgl. auch Anzieu (1990).

2 Im Mai 1898 fiel die Entscheidung: Freud war nicht unter den zu außerordentlichen Professoren ernannten Privatdozenten; vgl. u. a. Freud (1985c), S. 270; Gicklhorn & Gicklhorn (1960), S. 94, 108; Sigmund Freud – Martha Freud 14. 6. 1897 (LoC).

3 Freud (1985c), S. 271.

see auf. Einen Tag vor der Abreise bekannte er in einem Brief an Wilhelm Fließ, daß er aufgrund der »täglich berichteten Eisenbahnunfälle« Angst vor der bevorstehenden Reise nach Südtirol und Italien habe.[4] Doch von einer Reise abgehalten hat ihn diese Angst nie.

Auf dem ersten Teil der Reise wurde Freud von seiner Frau begleitet. Am 20./21. August waren beide in Bozen und fuhren anschließend durch Südtirol nach Venedig. Am 2. September reiste Martha zurück und wurde von Freuds Bruder Alexander und Felix Gattel[5] als Reisebegleitern abgelöst.

Über seinen Zustand während dieser Reise schrieb Freud an Fließ: »Man labt sich an fremdartiger Schönheit und riesenhaftem Schöpfungsdrang, dabei kommt auch meine Neigung fürs Fratzenhafte, Pervers-Psychische auf ihre Rechnung.«[6]

Ablauf der Reise

25. 8. – 3. 9.	Venedig
4. 9.	Pisa und Livorno
5. – 8. 9.	Siena
8. 9.	Siena – San Gimignano – Poggibonsi – San Gimignano – Chiusi – Orvieto
9. 9.	Ausflug nach Bolsena
10. 9.	Orvieto – Terni – Spoleto
11. 9.	Spoleto – Assisi
12. 9.	Assisi – Perugia
13. 9.	Perugia
14. 9.	Perugia – Arezzo – Florenz
15. – 17. 9.	Florenz
17. – 18. 9.	Florenz – Wien

4 Freud (1985c), S. 282.

5 In Amerika geborener Berliner Nervenarzt, der zwischen 1897 und 1898 engeren Kontakt zu Freud hatte, teils als Schüler, teils als Patient. Näheres zu seiner Biographie vgl. Sulloway (1982), S. 695–698; Hermanns/Schröter (1990); Schröter/Hermanns (1994).

6 Freud (1985c), S. 282 f.

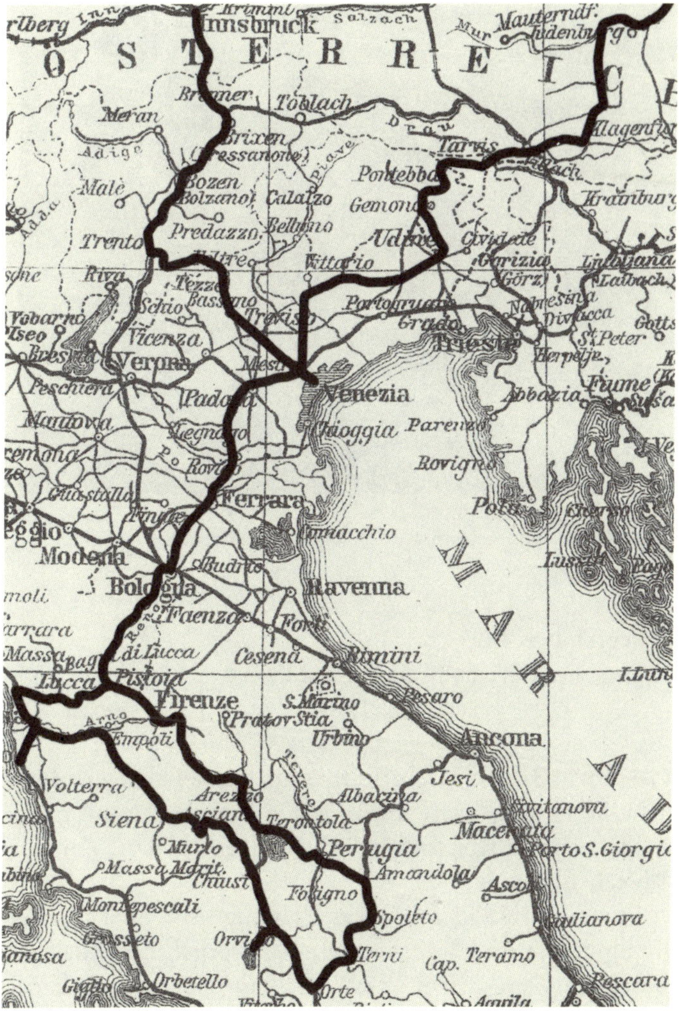

25 Reiseroute 1897

26 Detail aus Vittore Carpaccios Bild »Ambasciatori«; von Freud gekaufter Druck

3. September 1897
Postkarte aus Venedig an Martha Freud

Freitag

Gestern abds noch Dein Telegramm aus Selzthal[7] erhalten, sehr befriedigt, hoffe Fahrt war nicht arg. Heute nacht beide Fenster weit offen, glänzend geschlafen; Zanzare Waffenstillstand.

Programm Akademie[8], Bad, Zahlung, Abschied von Venedig, letzte Einkäufe. Gestern schauerlich heiß, Bad erquickend. Man spricht jetzt überall nur Deutsch.[9] Italiener zurückgedrängt.

Herzlichste Grüße an alle
Sigm

[Zusatz von Adolfine Freud:]
und von Dolfi[10]

3. September 1897
Postkarte aus Venedig an Martha Freud

Freitag 9 h

Karte aus Selzthal u Brief von Mathilde erhalten. Gepackt, warten auf Gondel. Eßwaren, Weinflaschen, Gepäckstücke. Die 2 Tage die heißesten des Jahrhunderts, nicht zu existieren, dabei glänzende Stimmung, Gatt[e]l wieder hergestellt. Bad Wellenschlag, entzückend. Höchste Zeit abzureisen. Patienten, Bekannte wimmeln bereits. Ade, liebes Meer. Nächste Nachricht *nach* Siena.

Herzlichste Grüße
Dein Sigm

Giovanni[11] nach Dir erkundigt.

7 Selzthal war ein Knotenpunkt der Bahn nach Aussee und Bischofshofen. Offensichtlich hat Martha von dort aus an ihren Mann telegraphiert, bevor sie nach Aussee bzw. Obertressen weiterfuhr.

8 Accademia di Belle Arti mit berühmter Gemäldegalerie, u. a. mit Werken von Giorgione und Veronese. Hier hat sich Freud eine Reihe von Drucken berühmter Künstler – die meisten von Vittore Carpaccio – und Fotos von Venedig gekauft.

9 Bezieht sich höchstwahrscheinlich auf die Folgen der von Wilhelm II. durch seine Rede zum 25. Jahrestag der Reichsgründung am 18. 1. 1896 eingeleiteten »Weltpolitik«, in der er erklärte: »Von heute an ist das Deutsche Reich ein Weltreich!« Geiss (1983), S. 541.

10 Freuds Schwester Adolfine (1862–1942), die sich zur selben Zeit in Venedig aufhielt. Zu ihr hatte Freud keinen besonders engen Kontakt. Nach dem Anschluß Österreichs gelang es ihr nicht, zu emigrieren. Sie wurde nach Theresienstadt deportiert und kam dort ums Leben; vgl. Leupold-Löwenthal (1988); Tögel (1990).

11 Unklar, wer hier gemeint ist. Nicht ganz auszuschließen ist, daß es sich um Giovanni Brentano, den damals neunjährigen Sohn Franz Brentanos, handelt. Brentano lebte seit 1896 in Florenz. Freud hatte bei ihm Vorlesungen gehört, sich zweimal mit ihm getroffen und von 1888 bis 1893 eine Schwägerin von Brentanos Frau behandelt.

27 Der Triumph des Todes, Detail im Campo Santo in Pisa; von Freud gekaufter Druck

4. September 1897
Postkarte aus Pisa an Martha Freud

Pisa 4 Sept 10^{h}

Eben angekommen nach gar nicht arger Nachtreise, noch auf Wege zum Domplatz vom heißersehnten Gewitter überrascht, schreibe dies in Tischlerwerkstatt unterwegs. Plan ist nachmittags nach Livorno u morgen abds in Siena. – 2^{h} im Zug nach Livorno. Alles gesehen, schiefen Thurm bestiegen, nach Wetter herrliche Sonne. 4 Bauten auf einem Platz.[12] Zur Abwechslung hat Alex Zustände, Gatt[e]l geheilt. Gelebt von Mitgenommenem, Pisa ist eine todte wüste Stadt, volle italienische Schweinerei.

Herzlichste Grüße
Sigm

12 Schiefer Turm, Dom, Baptisterium und Hallenhof des Campo Santo.

4. September 1897
Postkarte aus Livorno an Martha Freud

4/9
Livorno, Samstag
½ 7h

Ah! Livorno ist ähnlich wie Triest, reiche, schöne Stadt mit herrlichem Seebad, sehr stürmisch heute, müde geworden, sehr erfrischt. Wohnen im Grand Hotel am Meer, 3 Lire sofort abgehandelt von Zimmern. Spaziergang in die Stadt, glänzendes Restaurant entdeckt, Tazza d'Oro, wo wir soeben noch besser speisen als in Città di Firenze. Die Hitze scheint nicht gebrochen. Hier keine Kunst, keine Geschichte, alles modern. Sehr viel Juden, schöne Frauen, aber schlecht rasirt. Alleen von Tamarindenbäumen, die etwas Neues sind. Gegenwärtig die ganze Gesellschaft in Ordnung.
Herzlichste Grüße
Sigm

N. B. Miss Minion auf Schiefem Thurm wiedergesehen, nach Genua.[13]

5. September 1897
Postkarte aus Siena an Martha Freud

Sonntag 4h.

Nach reizender Fahrt in dieser schönen Stadt angekommen, wo wir 2–4 Tage bleiben.[14] Nichts auf Post vorgefunden. Hoffentlich morgen. Wohnen in Palast Hotel Conti-

13 Mit »Miss Minion« spielt Freud auf die Gestalt der Mignon in Goethes Roman »Wilhelm Meisters Lehrjahre« an; alles andere ist unklar; während dieser Reise hat Freud Genua nicht besucht. Erstmals hielt er sich 1905 in dieser Stadt auf.
14 Freuds Traum »Auf Geseres« bezieht Erinnerungen von diesem Siena-Besuch ein (die Porta Romana und das »Manicomio«, die Irrenanstalt); vgl. Freud (1900a), S. 247 f.

nental, ähnlich wie in Bologna Brun[15]. Wetter nicht zu heiß. Wir sind früher angekommen, weil wir Ausflug nach S. Gimignano[16] erst von hier machen wollen. Ich telegraphire nächstens den Ort, wohin Ihr schreiben sollt, oder ich telegraphire mit Antworttelegramm. Obwol erst zweiter Reisetag, ist doch Venedig ganz vergessen, geschweige Wien, Aussee aber nicht. Wenn Ihr heute oder morgen schreibt, Adresse Orvieto p. rest.

Herzlichste Grüße auch von Dr. G[attel].

Sigm

6. September 1897
Postkarte aus Siena an Martha Freud[17]

Siena Montag 6/9

Eben Deinen Brief erhalten. Hoffentlich noch morgen mehr, Donnerstag früh reisen wir nach Orvieto wo ich an dem einen Tag wieder Brief zu finden hoffe. Siena recht italienische Kleinstadt, imponirt heute schon weniger als gestern. Ich handle mit Wirten, habe gestriges Nachtmal von 10.9 auf 9 L u heute Mittag von 6.65 auf 6.0 erniedrigt. Glänzende Stimmung u Verfassung, ebenso Gatt[e]l. Alex leider grantig u unwol. Der Dom hier ist herrlich schön, Bilder interessant, nichts von erster Schönheit. Sachen zum Mitbringen leider soviel wie nichts bis auf die wenigen Photographien. Die Lustrehose bereits zerrissen. – Von gestern füge ich hinzu, daß wir in Livorno göttlich gegessen. Man wird so materiell.

Laßt es Euch sehr gut gehen

Sigm

15 Das Grand-Hotel Brun, in dem Freud offensichtlich im Jahr zuvor in Bologna übernachtet hatte.

16 Bei Freud oft auch »S. Gemignano«.

17 Am selben Tag schreibt Freud auch an Wilhelm Fließ; vgl. Freud (1985c), S. 282 f.

28 Dom in Siena; von Freud gekauftes Foto

7. September 1897
Postkarte aus Siena an Martha Freud

Dienstag 7/9
Mittag

Siena schwindet vor unseren Augen, nachmittags heute nicht mehr recht beschäftigt. Morgen früh geht es nach S. Gimignano, von wo dann mittags weiter bis *Orvieto*, wo ich bereits abgeschickte Briefe zu finden hoffe. Den nächsten Brief bitte ich nach *Perugia* zu schicken. Heute hat mich die Post enttäuscht. Gesehen interessante Dinge im Palazzo Publico[18] u sehr schöne Bilder von Sodoma[19].

Von Strapazen, Entbehrungen usw. bisher keine Rede.

Herzliche Grüße

Sigm

18 Gotischer Bau mit Fresken aus der Sieneser Schule.

19 In der Kirche Sant' Agostino befinden sich einige Bilder von Sodoma (Giovanni Antonio Bazzi, 1477–1549) und in der Kirche San Domenico bemerkenswerte Fresken des Malers.

29 Sodoma: Porträt von Abbazia di Monte Oliveto Maggiore; von Freud gekaufter Druck

8. September 1897
Postkarte aus Siena an Martha Freud

Siena 8. 9. 97
früh

Wir reisen um 8^{h} nach S. Gimignano. Gestern abds Theater. Somnambule[20], Loge 3 Stock, Alex den Schlüssel gekauft u aufgesperrt, 8 Lire 3 Personen, großer Spektakel, hübsch gesungen. Beginn war unbestimmt nach ½9^{h}, Ende 12^{h}. – Gestern wunderbaren neuen Hut gekauft, auch erstes Stück zum Mitbringen, eiserne Arbeit, alt. Von Hitze war 3 Tage lang nicht die Rede. Hoffe in Orvieto Brief zu finden.

Herzlich
Sigm

20 Die 1831 in Mailand uraufgeführte Oper »La somnambula« (Die Nachtwandlerin) von Vincenzo Bellini.

30 San Gimignano; von Freud gekauftes Foto

8. September 1897
Postkarte aus San Gimignano an Martha Freud

S. Gimignano
8/9 mittags.

S. Gimignano meschuggene auf Berg gelegene Stadt mit 13 Thürmen (im 15. Jahrhundert 50), 2 Kirchen,[21] herrlichen Fresken,[22] schlechtem Wirtshaus, 1¼ Stunden von hier mit Wagen nach Poggibonsi zurück. Unglaubliche Aussicht von der ehemaligen Festung. Fragolatrauben vom Stock. Jetzt wieder im Wagen u zurück zur Bahn in Poggibonsi. Abends Orvieto.

Herzl
Sigm

21 Der Dom und die Kirche Sant' Agostino.

22 Gemeint sind wahrscheinlich die Fresken aus dem Leben des heiligen Augustinus von Benozzo Gozzoli (1420–1497) in Sant' Agostino.

31 Orvieto; von Freud gekauftes Foto

9. September 1897
Postkarte aus Orvieto an Martha Freud

Orvieto Don 9./9 97
früh

Gestern noch Fahrt nach Chiusi u spät abends hieher. Menge entzückender Eindrücke. Orvieto liegt auf hohem Felsen wie Hohensalzberg, von Eisenbahn u Zahnradbahn[23] in Stadt mit finsterem Tunnel. Alles hier massiv u hoch, elektrisch beleuchtet. Leute schwarz wie Zigeuner im alten Etrurien.[24] Hotel Belle Arti *rein* wie bisher alles, Wein berühmt,[25] schmeckt wie Portwein. Dom farbig, Fassade bei Tag noch nicht gesehen. Erwarte hier Brief oder telegraphire Euch.

Herzlichste Grüße
Sigm

23 Damals eine Drahtseilbahn.

24 Etrurien liegt in Zentralitalien zwischen der Tyrrhenischen See im Westen, dem Arno im Norden und dem Tiber im Osten und Süden; Zigeuner gab es im »alten Etrurien« nicht.

25 Die Weißweine aus Orvieto und Montepulciano galten als die besten Umbriens.

32 Detail der Fresken Luca Signorellis im Dom von Orviet; von Freud gekaufter Druck

9. September 1897
Postkarte aus Bolsena an Martha Freud

Bolsena, 9/9
Donnerstag 6^{h}

Bilder *Signorelli*[26]

Erwarte Antwortstelegramm. Nächste Station kann [ich] noch nicht angeben, bitte jedenfalls *Florenz* zu schreiben. Gestern u heute Höhepunkt. Chiusi am Abend, herrliches Nest, nachts in Orvieto angekommen, liegt wie Festung in Salzburg, mit Zahnradbahn von Bahn hinauf. Massive steinerne Stadt, farbiger! Dom. Etruskergräber, Altertümer eingekauft, wunderbare Aussicht. Jetzt Ausflug drei St Wagen nach Bolsena an einem merkwürdigen See, sonst Nest, während Orvieto reinlich. Wolbefinden, sehr befriedigt.

26 Freud meint die Fresken im Dom, die einen Höhepunkt der Malerei des 15. Jahrhunderts darstellen. Ein Jahr später erwähnt er in seiner Schrift »Zum psychischen Mechanismus der Vergeßlichkeit« die Bilder Signorellis, und in der »Psychopathologie des Alltagslebens« bezieht sich das erste Beispiel des Vergessens von Eigennamen auch auf Signorelli; vgl. Freud (1898b), (1901b), S. 13–18.

33 *Etruskergräber bei Orvieto; von Freud gekauftes Foto*

10. September 1897
Postkarte aus Spoleto an Martha Freud

Spoleto Freitag
10^{h} abds

Reizende Stadt, herrlich gelegen, wirklich billig, 1.50 L das Bett in einem Salon. Über einer großartigen Schlucht ein Aquädukt, gleichzeitig Brücke, auf der Höhe ein Schloß, in dem Lucrecia Borgia als Herzogin gehaust hat. Wasser, an dem man sich einmal wie ein Kamel ansaufen kann. Weißer Wein, nicht so süß wie in Orvieto, aber fein. – Vormittags die unbeschreiblichen Wasserfälle von Terni gesehen, dabei Cyclamen[27] gepflückt, aber Mittag in Terni war die einzige schlechte Malzeit bis jetzt. Der Himmel verfinstert sich hier nur für Stunden. G[attel] sehr nett, A[lexander] weniger.

Herzliche Grüße
Sigm

27 Freud hatte eine besondere Beziehung zu Zyklamen – Alpenveilchen. Ein halbes Jahr später erschien die Monographie »Die Gattung Cyclamen« von Friedrich Hildebrand. Sie wurde zum Auslöser des Traums von der botanischen Monographie; vgl. Freud (1900a), S. 184 f.; Freud (1985c), S. 329; Métraux (2001).

34 Dom von Spoleto

35 Römischer Tempel bei Spoleto; von Freud gekauftes Foto

36 Die Wasserfälle von Terni

37 Assisi

11. September 1897
Postkarte aus Assisi an Martha Freud

Assisi Samstag
11./9 7h abds

Italien wird immer italienischer – Hier in Stadt des h. Franciscus das Haus neben der riesigen Kirche unser Hotel,[28] alles auf Berg natürlich. Unglaubliche Aussicht über Stadt, Hügel u einen wasserarmen Fluß[29]. Neben mir auf dem Balkon sitzt die leibhaftige Duse[30] (kein Scherz, zum Sommeraufenthalt hier). Heute anstatt mit Bahn mit Wagen gefahren durch römische Altertümer, Gewitter u Manöver. Morgen Perugia erwarte ich Eure Briefe.

28 Das Hotel Subasio, damals 80 Betten.
29 Der Tescio.
30 Eleonora Duse (1858–1924), die große italienische Schauspielerin, die hauptsächlich durch ihre Rollen in Stücken von Gabriele D'Annunzio und Henrik Ibsen bekannt wurde. Freud bewunderte sie und schreibt in seiner »Psychopathologie des Alltagslebens«: »Von der großen Schauspielerin Eleonora Duse erzählte mir ein Freund, der auf Zeichen achten gelernt hat, sie bringe in einer ihrer Rollen eine Symptomhandlung an, die so recht zeige, aus welcher Tiefe sie ihr Spiel heraufhole. Es ist ein Ehebruchsdrama; sie hat eben eine Auseinandersetzung mit ihrem Manne gehabt und steht nun in Gedanken abseits, ehe sich ihr der Versucher nähert. In diesem kurzen Intervall spielt sie mit dem Ehering an ihrem Finger, zieht ihn ab, um ihn wieder anzustecken, und zieht ihn wieder ab. Sie ist nun reif für den anderen.« Freud (1901b), S. 227.

38 Die Kirche des heiligen Franziskus in Assisi

39 Eleonora Duse

12. September 1897
Postkarte aus Perugia an Martha Freud

Perugia 7h abds, Sonntag 12/9
Table d'hôte[31]

Heute furchtbar nobel, erstes Hotel, massenhaft Engländer, gestern Assisi bescheiden. Assisi war nicht schön, der Heilige drückt auf alles. Mit Wagen hieher gefahren, herrliche Etruskergräber[32] unterwegs. Perugia schön vornehm,

31 Gemeinsame Gasthaustafel, im Unterschied zur Bestellung nach Speisekarte.
32 Freud meint wahrscheinlich das Grab der Volumnier, 5 km vor der Porta Costanzo, eines der besterhaltenen etruskischen Gräber.

bleiben hier wahrscheinlich bis Dienstag früh, dann bald Florenz. Heute eine Karte vorgefunden, sehr gefreut, telegraphire von Orvieto, wird wol nachgeschickt werden. Sehr fidel, nur Alex Launen sind arg.

Herzl Grüße
Sigm

13. September 1897
Postkarte aus Perugia an Martha Freud

Perugia 13/9 97

Erster Tag, mit Regen, der sich zum Glück gegeben u uns erlaubt hat, Perugia zu sehen; hier zum ersten Mal kein gutes Trinkwasser, daher Mineralwasser. Gestrige Table d'hôte fad u theuer. Was wir vorhaben? Den Rückweg über Florenz nehmen, wo wir Mittwoch, Donnerstag u Theil Freitag zubringen. Von dieser Karte an brauchst Du nur noch einmal nach Rimini zu schreiben. Ich gebe telegraphische Nachricht, die nicht bedeutet, daß Du antworten sollst, wenn nicht Rückantwort bezahlt ist. Wolbefinden ungestört, von Ungeziefer bloß das zahmste. Nach Orvieto werde ich schreiben.

Herzlichste Grüße
Sigm

13. September 1897
Postkarte aus Perugia an Martha Freud

Perugia 13/9 97
abds

In einer kleinen Trattoria, die wir entdeckt, haben wir (nebst sehr gutem Fleisch u correkten pommes frites, echtem Café udgl. bei billigsten Preisen) Obst von solcher fabelhafter Güte gefunden, große Birnen, Feigen, grüne u rote Trauben, daß wir beschlossen haben, zum Andenken diese Karte abzusenden.

[Zusatz von Felix Gattel:]
Soeben bin ich zur Erkenntnis gelangt, daß Adam nicht durch einen Apfel verführt worden ist – nur durch die Trauben, die wir soeben gegessen, wir alle waren einen Moment im Paradies.

Beste Grüße
Dr. Gattel

[Zusatz von Alexander Freud:]
Drei Knaben waren in Perugia[33] – sie aßen Trauben u schrieen ah! Dann kam noch schwarzer Kaffee – da gingen's vor Freud in die Höh! –

15. September 1897
Postkarte aus Florenz an Martha Freud

Florenz 15/9 97

Gestern von Arezzo[34] an in Gewitter. Hier alle Deine Briefe vorgefunden. Im Begriff, die um 10^{h} geöffneten Uffizien zu besuchen. Hôtel d'Italie. Plan bis Freitag abds hierzubleiben, dann Rimini übernachten, dann Samstag Ancona, von wo Schiff abds nach Fiume[35] abgeht. Sonntag früh

33 Möglicherweise Anspielung auf die ersten beiden Zeilen von Wilhelm Buschs »Das Rabennest«: »Zwei Knaben, jung und heiter, die tragen eine Leiter –«. Auch Freud zitierte Busch gern und hatte eine Zeitlang Bücher von ihm in seinem Wartezimmer liegen; vgl. Roazen (1999), S. 142.
34 Aus Arezzo sind keine Briefe erhalten, lediglich die Fotos und Kunstdrucke, die Freud dort erstanden hat, existieren noch.
35 Heute Rijeka; Freud hat diesen Plan schnell aufgegeben; vgl. Postkarte vom 16. 9.

Fiume entweder Sonntag abds oder wenn Anschluß versäumt, Montag abds in Aussee, nächste Nacht mit Dir nach Wien, den Ferien ein Ende zu machen. Sehr wol u zufrieden mit Erfolg. Herzliche Grüße
Sigm

15. September 1897
Postkarte aus Florenz an Martha Freud

Florenz 15/9 97

Heute ein lustiger Tag. Vormittags geschwelgt im Wiedersehen in Pitti u Uffizien.[36] Nachmittags Photographien eingekauft, einen Marmor für Rie[37] u Kleinigkeiten. Morgen vormittags noch neue Bilder u dann Spaziergang. Für Mathilde[38] muß ich noch eine Pallas Athene suchen. Die Herren danken sehr für die Einladung, kommen aber nicht. Das schöne Wetter scheint auch hier vorüber, es regnet täglich, nicht der leiseste Bedarf nach einem Mantel.
Herzl Grüße
Sigm

16. September 1897
Postkarte aus Florenz an Martha Freud

Florenz Donnerstag 16/9

Es hat heute wieder gegossen. Der Durst wird arg. Ich habe den Plan geändert, reise direkt von hier mit Verzicht auf die

36 Vgl. u. a. Postkarte vom 10. 9. 1896.
37 Für den Freund und Kollegen Oscar Rie (1863–1931). Freud hatte mit ihm eine Abhandlung über die »Halbseitige Cerebrallähmung der Kinder« veröffentlicht; vgl. Freud (1891a).
38 Freuds älteste Tochter (1887–1978); vgl. auch Fußnote 11 und 13, S. 325 dieses Buches.

Seestrecke am *Freitag* abds bin also *Samstag* abends zu Hause, telegraphire noch. Einkäufe schwierig. Nachmittag ist das Wetter sehr schön geworden. Alex. fährt gleichzeitig, aber andere Strecke, D[r] Gatt[e]l einige Stunden früher über Ancona.

Herzlichste Grüße, auf Wiedersehen

Sigm

Südtirol, Oberitalien, Schweiz

4. bis 14. August 1898

Schon über Ostern, vom 8. bis 11. April, hatte sich Freud einen Kurzurlaub gegönnt und war mit seinem Bruder Alexander nach Aquileja, Grado, der Rudolfshöhle und den Höhlen von St. Canzian gefahren.[1] Der Brief an Fließ mit dem Reisebericht gehört zu den schönsten und humorvollsten, die Freud geschrieben hat. Über den Besuch in Aquileja schrieb er: »Im Dom [...] waren gerade mehrere hundert der schönsten Friauler Mädchen zur Feiertagsmesse versammelt. Die Pracht der alten romanischen Basilika tat wohl mitten in der Armut der Neuzeit. Auf dem Rückweg sahen wir ein Stück alter Römerstraße mitten in einem Feld freigelegt. Ein rezenter Betrunkener lag auf den antiken Pflastersteinen.« Den Führer in der Rudolfshöhle charakterisierte er so:

»Er war der Entdecker der Höhle selbst, ein verkommenes Genie offenbar, sprach immer von seinem Tode, seinen Konflikten mit den Geistlichen und seinen Eroberungen in diesen unterirdischen Reichen. Als er äußerte, daß er schon in 36 ›Löchern‹ im Karst gewesen, erkannte ich ihn als Neurotiker und sein Konquistadorentum als erotisches Äquivalent. Er gab wenige Minuten später die Bestätigung, denn als Alexander ihn fragte, wie weit man in der Höhle kommen kann, antwortete er: Es ist wie bei einer Jungfrau; je weiter man kommt, desto schöner ist es.

Das Ideal des Mannes ist es, einmal nach Wien zu kommen, um sich dort in den Museen Vorbilder für die Namen-

1 Freud (1900a), S. 450; Freud (1985c), S. 336 ff.

gebung seiner Tropfsteine zu holen. Ich überzahlte den ›größten Lumpen von Divaça‹, wie er sich nennt, mit einigen Gulden, damit er sich schneller aus dem Leben trinken kann.«

Und schließlich: »Die Höhlen von St. Canzian [...] sind ein schauerliches Naturwunder, ein unterirdischer Flußlauf durch großartige Gewölbe, Wasserfälle, Tropfsteinfelsbildungen, Nacht, schlüpfrige, mit eisernen Geländern versicherte Wege. Der reine Tartarus. Wenn Dante dergleichen gesehen hat, so brauchte er für sein Inferno nicht viel Phantasieanstrengung mehr. Der Herr von Wien, Herr Dr. Carl Lueger,[2] war mit uns gleichzeitig in der Höhle, die uns alle nach 3½ Stunden wieder ans Licht spie.«[3]

In diesem Jahr schrieb Freud besonders intensiv an der »Traumdeutung« und entschied sich endgültig zu deren Veröffentlichung. Im Mai erfuhr er dann, daß man ihn bei der Ernennung zum Professor übergangen hatte. Doch war er offenbar darauf vorbereitet, denn weder aus den Briefen an Fließ noch aus denen an die Familie spricht unerwartete Enttäuschung.

Die Familie war den Sommer über in Aussee, und Freud stieß am 23. Juli zu ihr. Auf der Eisenbahnfahrt hatte er den Traum vom »Grafen Thun«[4]. Am 24./25. Juli kam Wilhelm Fließ zu einem »Kongreß« nach Aussee. Freud mußte von dem Freund sehr beeindruckt gewesen sein, denn wenige Tage später nannte er ihn den »Kepler der Biologie«[5].

Freuds Reisegefährtin war diesmal seine Schwägerin Minna Bernays.

2 Der damalige – antisemitische – Bürgermeister von Wien.

3 Freud (1985c), S. 338.

4 Graf Thun (1847–1916), reaktionärer österreichischer Politiker, der zur Zeit von Freuds Traum Ministerpräsident war; vgl. Freud (1900a), S. 218 f.

5 Freud (1985c), S. 350 f.; Swales (1982), S. 34.

Ablauf der Reise

4. 8.	Aussee – Bischofshofen – München
5. 8.	München – Kufstein – Innsbruck – Landeck
6. 8.	Landeck – Pfunds – Finstermünz
7. 8.	Finstermünz – Prad
8 .8.	Prad – Trafoi – Stilfser Joch – Bormio
9. 8.	Bormio – Bolladore – Tirano – Lago di Poschiavo – Le Prese
10. 8.	Le Prese
11. 8.	Le Prese – Berninapaß – Pontresina
12. 8.	Pontresina
13. 8.	Pontresina – St. Moritz – Maloja
14. 8.	Maloja
15. 8.	Maloja – Landeck – Aussee

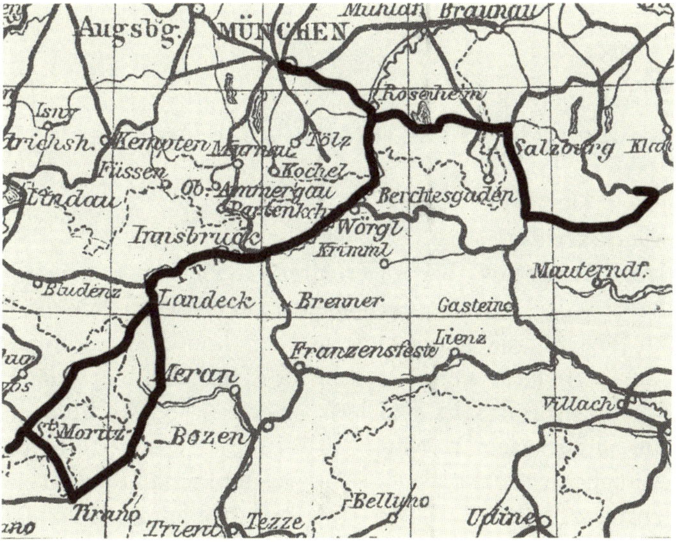

40 Reiseroute Südtirol, Oberitalien, Schweiz 1898

4. August 1898
Postkarte von Minna Bernays aus Bischofshofen an Martha Freud

Bahnhofsrestauration Bischofshofen

bis jetzt alles sehr gut und glatt, hier 1 St. 17 M. Aufenthalt, großes Gethue. Am Ausseer Bhf. die halbe Loge[6], die aber dritte Classe gefahren ist. Wir hoffen das Beste u werden sehr genau Nachricht geben. Wetter besser als Vormittags, aber bitterkalt. Fäustlinge sehr erwünscht. Nette Reisegesellschaft. Auch ein alter Arzt. (Sigi ist wütend). Sigi wollte hier Frankfurter mit Kren essen, ich habe es aber nicht gelitten

4. August 1898
Postkarte (Hotel Roth) aus München an Martha Freud

Donnerstag 4/8 98

Meine Theure!
Dein Telegramm nachts erhalten, soeben auch Brief in Bayerischem Hof. Gestern abends interessantes Nachtmal im Löwenbräukeller, auch schon berichtet. Heute vormittags regnet es, wenn auch keine Hagelschloßen. Pläne: Nachmittags in Schack-Galerie[7], abends $6^{h}45$ nach Kufstein um zu übernachten, billiger als Innsbruck u kürzere Reise. München ist nicht theuer, es ist wiederum nicht gelungen, Hotel zu bezalen, so wie damals im Josefinum.[8] M[inna] duldet leider nicht, daß ich etwas bei Winterhalter[9] kaufe. Wenn Du den Brief erhältst, sind wir zwischen Innsbruck u

6 Die Mitglieder der Loge »Wien« des israelitischen Humanitätsvereins »B'nai B'rith«.

7 Von Adolf von Schack 1862 begründete Gemäldegalerie mit Werken von Anselm Feuerbach, Moritz Schwind, Arnold Böcklin, Carl Spitzweg, Franz von Lenbach.

Landeck, wo wir nächste Nacht zubringen wollen. Ich werde sonst immer mit Rückantwort telegraphiren, auch eine weitere Station für poste restante angeben. Herzliche Grüße

Sigm

5. August 1898
Postkarte aus Kufstein an Martha Freud

Kufstein Freitag
4 h

Sehr schöne Zwischenstation gewesen, noch kleinen Spaziergang gemacht u fahren in halber Stunde nach Innsbruck. Es hellt sich auf. Erschrick Dich nicht, wenn ein Gepäckstück von München kommt, es ist nur ein Hemd, das im schlamperten Hotel zu spät kam u mir natürlich fehlen wird.

[Zusatz von Minna Bernays:]
München wäre bezaubernd, wenn nicht das Essen wäre, Bertha[10] soll dort ein Restaurant eröffnen. Gestern noch englischer Garten und Schack-Galerie. Sigis Aufregung ist noch unvermindert. Hier sehr nettes kleines Hotel, in Innsbruck bleiben wir nur 2 ½ St. sind abends in Landeck. Tausend Grüße

Minna

8 Freud und seine Frau Martha hatten sich im August 1894 mit dem Ehepaar Fließ in München getroffen, das möglicherweise die Übernachtung im Josefinum bezahlte; Freud (1985c), S. 83; Sigmund Freud – Rosa Freud, 14. 8. 1894, 15. 8. 1894 (LoC).

9 Wahrscheinlich ein Antiquitätenhändler.

10 Die Köchin der Freuds.

6. August 1898
Brief (4 S.) aus Landeck an Martha Freud

Landeck
Samstag früh

Mein theurer Schatz
da sind wir auf der Tour. Minna packt, um $12^{h}50$ geht die Post nach Pfunds, dort soll Mittag genommen werden u 2 St bis Finstermünz gegangen, dort übernachten. Wir machen den Weg nämlich über das Stilfserjoch in's Oberengadin.

Das Hôtel Post in Landeck will Minna gar nicht verlassen, so gut gefällt es ihr. Ich werde sie schon ordentlich herumtreiben. Ich verstehe immer mehr, daß die Leute Euch verwechseln. Sie ist recht ähnlich wie Du, ich weiß sie wird nach der Reise ebenso schimpfen wie Du. Jetzt muß sie wol stellenweise entzückt sein. Es ist zu schön schon in Landeck u das Schönste kommt erst.

Gestern: früh in Kufstein, kleinen Spaziergang gemacht, dann mit Express-Luxuszug 1 ¼ St nach Innsbruck. Dort in Sonne[11] erholt von der Münchener Kost. Mit Wagen rasch alle großen Sehenswürdigkeiten auch Andreas Hofer[12] abgemacht u $3^{h}20$ nach Landeck, nicht zu heiße, wunderschöne Fahrt im Personenzug. Hier ist es herrlich, ich habe Minna versprechen müssen, daß ich Dir auch das Nest zeige. Wolbefinden u Wetter großartig. Ich habe hier sogar gebadet. Mit Wäsche sparen wir sehr. Minna kommt darauf, daß sie noch immer zuviel mitgenommen hat.

Herzlichste Grüße
Sigm

11 Vermutlich das Hotel »Goldene Sonne«.

12 Das 1893 auf dem Berg Isel von Heinrich Natter errichtete überlebensgroße Denkmal Andreas Hofers.

41 Denkmal Andreas Hofers bei Innsbruck

[Zusatz von Minna Bernays:]
Liebstes Herz! Wir wären also glücklich so weit, jede Nacht in einem anderen Bett zu schlafen, was ja Sigis Ideal ist. Er sieht unberufen *großartig* aus und ist kreuzfidel, natürlich ganz ruhelos. Trotzdem wir heute noch die große Tour vorhaben, waren wir schon auf einer hochgelegenen alten Burg[13]. Die Gegend ist unbeschreiblich schön und das Hotel bezaubernd[14], schon ganz internationales Publicum, das sich nicht um einen kümmert. Gestern habe ich sehr an Dich gedacht, liebstes Mütterchen, die »Sonne«[15] ist wirklich ganz so, wie Du sie geschildert, der entzückende Speisesaal, wo auch »die Kellner still und hoch die Preise stehen«[16]; aber es ist alles sein Geld werth. Wir hoffen also in drei bis 4 Tagen im Engadin zu sein, bitte schreibe nach

13 Das auf einem steilen Felsen über dem Ort gelegene Schloß Landeck.
14 Das Hotel »Post« war die erste Adresse am Platz, mit 80 Zimmern, Zentralheizung, Restaurant mit Terrasse und Obstgarten.
15 Das Hotel »Goldene Sonne« in Innsbruck.
16 Anspielung auf den Vers aus Goethes Gedicht »Mignon«: »Die Myrte still und hoch der Lorbeer steht«; Goethe (1960 ff.), Bd. 1, S. 111.

Erhalt dieses Pontresina poste restante. Dein Telegramm heute früh erhalten, hoffentlich geht es wirklich allen gut. Das Wetter hier ist göttlich wolkenlos. In München war Donnerstag wirklich noch ein Hagelwetter. Ich werde täglich berichten, schade, daß man von Euch so wenig hört.
Tausend Grüße
Minna

9. August 1898
Postkarte aus Bormio an Martha Freud

Bormio Dienstag früh

Also auch ein Stückchen Italien. Der Himmel lachte aber nicht blau sondern von der Höhe des Stilfserjoches an empfieng [uns] ein entsetzliches kaltes Wetter mit Wind u Regen, das sich heute zu bessern verspricht. Die gestrige Fahrt war herrlich großartig, heute nach Tirano u Leprese bis wo wir dann Fahrt über den Bernina nach Pontresina antreten können. Die Luft zehrt. Alles bis jetzt sehr gelungen.
Herzliche Grüße
Sigm

10. August 1898
Brief (8 S.) aus Le Prese an Martha Freud
Gedruckter Briefkopf: A. Conzetti/Stabilimento Bagni/Le Prese

Leprese 10 Aug 98

Mein theurer Schatz
Ich hoffe Du findest, daß wir genug oft schreiben; zu erzählen wird noch mehr sein. Gestern fing der Tag in Italien (Bormio) bös genug an, besserte sich dann unterwegs, in der Mittagsstation Tirano war schönes Wetter, die Reben die Berge hinauf auch nicht übel, aber das Gasthaus war

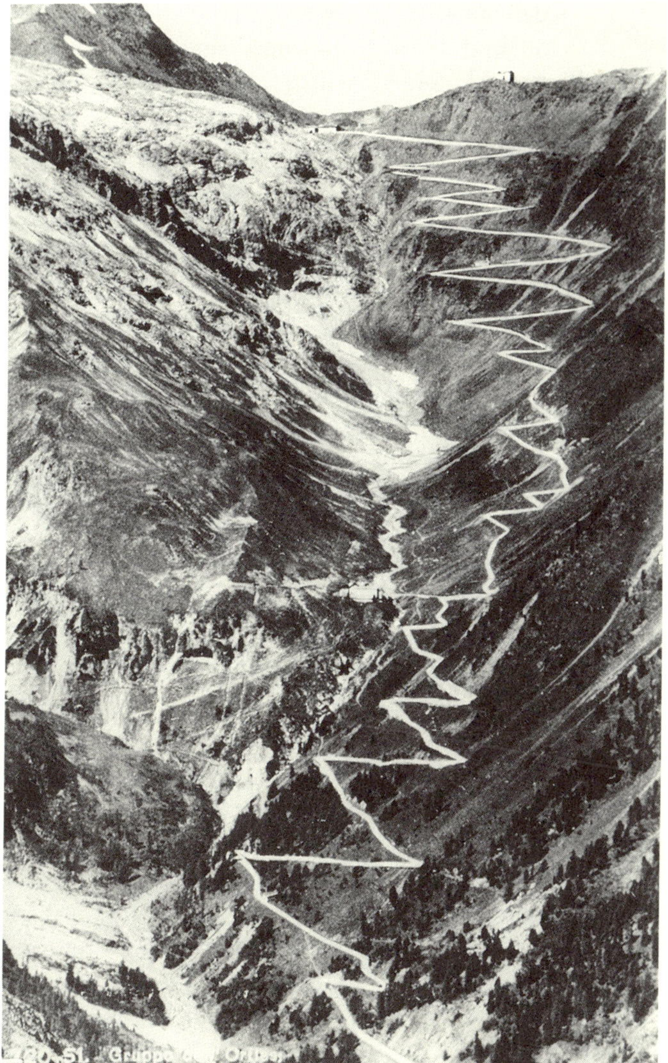

42 Stilfser Joch

gemein, so daß ich im Zorn abgezogen bin. Nun beschlossen wir zu Fuß in die Schweiz hineinzugehen, unser Gepäck mit der Post nachkommen zu lassen. Wir waren im Veltlin, im Thal der Adda, die der böseste dreckfarbene Bach ist, den man sich denken kann. Nun hinauf in ein Seitenthal, durch das der Poschiavino läuft, üppig, voll echter Kastanien u Wein. Es steigt, wir passieren die Schweizer Grenze, bestellen uns Nachfuhr für unser nachkommendes Gepäck, eine Mission, die Minna übernimmt, dann fängt es noch mehr zu steigen [an], Wege wie fast der Tressenweg, ein furchtbarer Staubwind u so marschiren wir am Nachmittag bis wir einen See sehen, der grün lackirt ist, kesselrund, auf einer Seite unzugänglich. In der Ferne ein Dorf, darin ein rotbraunes Haus. Das muß Leprese sein, ein Badeort, glänzend gelegen zwischen dem Engadin u der Addaebene, wo wir übernachten wollen. Wir kommen an, kein Platz. Zwei Dachkämmerchen, wo sonst die Telegraphistinnen schlafen, im kleinen Posthaus gegenüber. Ich erkundige mich nach dem Telegramm, nenne meinen Namen, wir erquicken uns an Wein u Braten u dann kommt der Maitre d'Hôtel u theilt uns mit, es seien bestellte Zimmer nicht besetzt worden, wir könnten übersiedeln, Kaiserzimmer mit Aussicht auf den See, das eine mit Balkon. Dann geht es: Herr Doktor hin u her, geschmeichelt u entzückt, beschließen wir auszuruhen u den Tag zu bleiben. Die gestrige Tour war ermüdend, wenigstens für mich, Minna ist durch keine Strapaze zu erschöpfen. So sind wir heute hier u bereuen es nicht. Bekanntschaft mit dem Kurarzt, der ein Florentiner ist u vor zwanzig Jahren im Hôtel de France gewohnt hat. Gespräche auf französisch u italienisch. Es geht uns ähnlich wie einst im Hôtel d'Europe in Salzburg,[17] was gewiß dem ärztlichen Stand zuzuschreiben ist. Das Haus ist reizend.

17 Vermutlich bezieht sich Freud auf ein Treffen mit Minna in Salzburg zwischen dem 12. und 20. 8. 1887 (vgl. Sigmund Freud – Rosa Freud, 18. 8. 1887 [LoC]) bzw. das am 8./9. 8. 1894; vgl. Freud (1985c), S. 83.

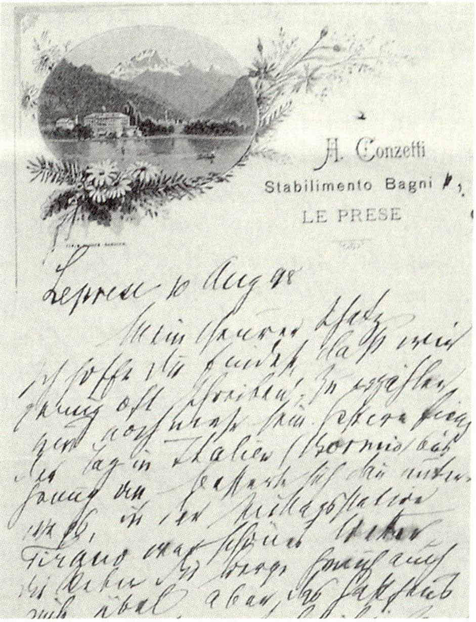

43 Brief Freuds aus Le Prese

Morgen früh wollen wir mit der Post durch den Berninapaß nach Pontresina. Wir haben so riesig viel Schönes gesehen. Nächstens über die Pläne für Heimreise. In Pontresina hoffe ich dann wieder einmal ausführlich von Dir zu hören.

[Zusatz von Minna Bernays:]
Ich muß Dir etwas erzählen, aber Du wirst es mir nicht glauben. Dein Mann hat an der Table d'hôte gegessen, es hat ihm sehr gefallen und wir werden abds dasselbe thun. Er ist überhaupt wie ausgetauscht, hat sich mit dem Kurarzt angefreundet, spricht mit allen Leuten und hat von Noblesse und Comfort noch mehr Vergnügen wie ich. Du kannst Dir ungefähr vorstellen, wie schön es hier ist. Daß Sigi sich freiwillig einen Tag zu bleiben entschlossen, bis jetzt sind wir rasend schnell gereist, weil wir in Pontresina zwei Tage bleiben wollen, aber hier war es zu bezaubernd,

Eleganz und Gemüthlichkeit vereint und die Gegend ein wahres Märchen. Dabei göttliches Wetter, sonnig und kühl, wir haben überhaupt riesiges Wetterglück, nur gestern früh in Bormio ein entsetzliches Gewitter und der erste Teil der Fahrt bitterkalt. Die drei letzten Nachtlager Finstermünz, Prad und Bormio wären für Dich, liebes Herz, nichts gewesen, es ist alles überfüllt, und man muß noch todtfroh sein, überhaupt aufgenommen zu werden, umso mehr schwelgen wir hier. Hat Mama nicht schon mehrmals gesagt: Minna bricht bestimmt unterwegs zusammen? Ich kann sie aber versichern, daß es nicht so ist und ich mich seit Jahren nicht so gefühlt habe und alles ausgezeichnet vertrage. Der Wein, der überall vorzüglich und billig ist, trägt gewiß dazu bei. Der großartigste Tag war vielleicht Montag, um ½ 8 früh von Prad fort, dann in Trafoi, wo ich Dir ja geschrieben, es ist über alle Beschreibung schön und, nach hier, das Schönste, das wir gesehen. Da mußt Du einmal hin, man braucht gar nicht in das große Hotel. Die »Post« ist auch reizend. Nach Trafoi beginnt schon die Stilfser Straße, stundenlang Serpentinen bergauf, wir sind natürlich viel ausgestiegen, und Sigi hat die herrlichsten Blumen gepflückt, die ich aufgehoben habe. Um 4 waren wir auf der Höhe (2800 m) der Schnee liegt noch in riesigen Haufen, und die Gletscher hat man zum Greifen, dabei ist die Straße so grandios, daß ich in meinen zerrissenen gelben Schuhen gegangen bin. Oben ist italienische Zollrevision, aber vor unsrem herrlichen Gepäck weichen alle ehrfurchtsvoll zurück, und es ist noch nicht einmal geöffnet worden. Die Fahrt hinunter bis Bormio war auch hochinteressant, aber so schauerlich kalt, daß alle Hüllen nichts genutzt haben. In Bormio schmähliche Unterkunft, ein kleines italienisches Kurhaus, in dem großen Hotel hat man uns Rauch- und Billardzimmer angeboten, da waren uns wirkliche Schlafzimmer doch lieber. Den gestrigen Tag hat Sigi ja schon beschrieben, und meine Karte aus Bolladore hast Du wohl bekommen? Heute haben wir uns ganz ausgeruht. Ich paradiere endlich im Flanellkleid und sämtlichen Schmückern, und Sigi findet mich natürlich immer hochelegant, ob auch die andern, weiß ich nicht, aber man wird unterwegs ganz gleichgiltig dagegen, alles andere ist einem wichtiger. Ich freue mich schon sehr, daß wir hoffentlich morgen in Pontresina von Euch hören, das ist wirklich die einzige Entbehrung. Bereite, bitte, alle schonend darauf vor, daß wir nichts mitbringen, es ist wirklich nicht möglich.

Leb recht froh, liebes Herz, und sei tausendmal gegrüßt von

Deiner Minna

12. August 1898
Brief (3. S.) aus Pontresina an Martha Freud
Gedruckter Briefkopf: Hotel Enderlin / C. Gredig-Enderlin / Pontresina / Engadin

Freitag 12/8 98

Mein theurer Schatz

hier unsere definitiven Pläne. Morgen früh von hier ab durchs ganze Oberengadin bis zum Malojapaß, wo wir im Hotel übernachten wollen, Sonntag, wenn es dort schön ist, dort bleiben und Spaziergänge machen. Montag früh dann Heimreise auf dem kürzesten Weg zurück nach Landeck, mit Umgehung der vielen schönen Touren, die sich durch die Schweiz ergeben würden. Geld wird knapp u wir haben ja versprochen, in längstens 14 Tagen zurück zu sein. Es wird viel zu erzählen geben, denn es war herrlich.

Pontresina ist eine Art Karlsbad im Hochgebirg, in unserem Hotel sind lauter Deutsche. St. Moriz, das wir morgen nur passieren wollen, soll noch viel großartiger sein. Wir waren heute an einem leibhaftigen Gletscher[18] nach einem

18 Vermutlich am Roseg-Gletscher.

44 Pontresina

ebenen Spaziergang von 5/4 St u sind in einer in das Eis gehauenen Höhle spazieren gegangen. Du kannst Dir Minna's Überraschung vorstellen, die übrigens sehr fesch war u ist.

Deine beiden Briefe hier erhalten, auch sehr erschüttert über die Nachricht von Frl Wertheim[19]. Hast Du Kalchberg[20] schon aufgesucht? Nach 14 Tagen Ruhe in Aussee kommen doch wir an die Reihe. Es ist so niederträchtig wenig Tinte, daß ich vorzeitig schließe.

Grüß die Fratzen u bereite sie darauf vor, daß wir nichts mitbringen als schöne Erinnerungen.

Dein Sigm

[Zusatz von Minna Bernays:]
Liebstes Herz! Es war sehr schön, wie wir gleich bei der Einfahrt in Pontresina Deine Briefe abgeholt und von Euch nur Gutes erfahren. Über Frl. Wertheim war ich auch ganz weg. Was kann das nur gewesen sein.

Pontresina ist uns in den ersten Stunden beiden etwas an die Nerven gegangen. Es ist bis tief in die Nacht ein Leben wie in der Kärntnerstraße um Weihnachten, dabei das blendendste Sonnenlicht mit unglaublichen Schneefeldern. Max u. Alice[21] kommen erst gegen den 20. Die jungen Strauss[22], die mit den Kindern hier waren, sind Sonntag fort, somit gar keine Bekannten. Meistens Norddeutsche und Engländer. Leprese war bis zur Abreise, wo mir der Hoteldirector

19 Zusammenhang ungeklärt.
20 Nicht identifiziert.
21 Nicht identifiziert.
22 Nicht identifiziert.

ein reizendes Bouquet mitgegeben, ganz unvergleichlich schön. Dein Telegramm haben wir Mittwoch Abd erhalten, wo ich mit der Frau des Professors französisch rabbeln mußte, was aber leidlich gut gieng.

Ich denke wir sind Dienstag oder Mittwoch zurück, Sigi schrieb ja schon, daß wir die kürzeste Route nehmen, ich war sehr dafür. Denn wenn man sich nicht gründlich Zeit läßt, wird es doch leicht eine große Hetze. Wie unbeschreiblich schönes Wetter wir haben, vergißt man immer zu erwähnen. Es soll hier übrigens kaum regnen, sondern gleich schneien.

Leb recht wohl, liebes Herz!

Deine Minna

13. August 1898
Postkarte aus Maloja an Martha Freud

Maloja Samstag 13/8 98

Ich muß einmal meinem Entzücken Ausdruck geben, sonst bist Du überrascht wenn Du uns hörst. Die Fahrt von Pontresina hieher u Maloja selbst mit Gletscher, See, Bergen, Himmel unvergleichlich! Wir sehen beide aus, schade, daß Ihr uns nicht sehen könnt. Wir sind in einem bescheidenen Schweizer Haus abgestiegen, vor uns eine Hotelfestung. Morgen hier bleiben.

Herzlich

Sigm

Dalmatien

31. August bis 13. September 1898

Nach seiner Rückkehr aus der Schweiz war Freud wieder für zwei Wochen in Aussee bei seiner Familie. Er beschäftigte sich mit Träumen, las Fridtjof Nansens »In Nacht und Eis« und hoffte, Nansens Träume gut verwenden zu können, da sie »geradezu durchsichtig« seien. Außerdem berichtete er zum erstenmal vom Vergessen eines Namens.[1]

Am 31. August brach er zur einzigen größeren Reise auf, auf der ihn seine Frau Martha begleitete. Die Fahrt führte sie von Triest mit dem Schiff nach Ragusa (heute Dubrovnik). Von dort aus unternahm Freud allein einen Ausflug nach Trebinje in Bosnien. Während dieses Ausflugs konnte er sich im Gespräch mit einem Reisegefährten nicht an den Namen des Malers der Fresken im Dom von Orvieto, Signorelli, erinnern. Er analysierte diese Fehlleistung später und verwendete sie in seiner Schrift »Zur Psychopathologie des Alltagslebens« als paradigmatisches Beispiel für das Vergessen von Namen.[2] Der Hintergrund dieser Fehlleistung war Freuds Beschäftigung mit Tod und Sexualität, beides Problembereiche, die zu diesem Zeitpunkt seines Lebens eine besonders wichtige Rolle spielten.

Auf der Rückreise brachte Freud seine Frau bis nach Meran (Obermais), wo sie sich von den Anstrengungen der Reise erholen wollte. Freud selbst fuhr dann allein durch Oberitalien.

1 Freud (1985c), S. 352 f., 354 f., 356.

2 Vgl. Freud (1901b), S. 14 f.; auch die kritische Auseinandersetzung mit dieser Fehlleistung durch Swales (2000).

Rekonstruieren läßt sich der Reiseverlauf anhand eines Briefs an Wilhelm Fließ sowie mit Hilfe der »Traumdeutung« und der »Psychopathologie des Alltagslebens«.[3]

Ablauf der Reise

31. 8.	Aussee – Triest
1. 9.	Triest – Ragusa
ca. 5. 9.	Ragusa – Trebinje – Ragusa
7. 9.	Ragusa – Cattaro
8. 9.	Spalato
9. 9.	Spalato – Triest
10. 9.	Triest – Venedig
ca. 12. 9.	Venedig – Verona
13. 9.	Verona – Meran

3 Vgl. Freud (1985c), S. 355 f.; Freud (1900a), S. 217; Freud (1901b), S. 14 f.; Tögel (1989), S. 113–115.

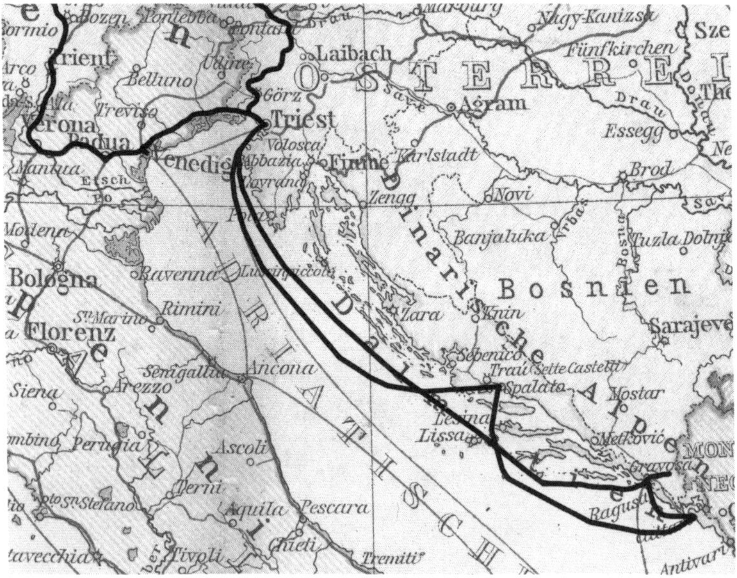

45 Reiseroute Dalmatien 1898

46 Ragusa (Dubrovnik)

7. September 1898
Ansichtskarte aus Ragusa[4] an Minna Bernays

Mittwoch, 7. Sept. früh

Um ½ 10^{h} fahren wir mit Panonia nach Cattaro[5], nach zwei St. Aufenthalt zurück ohne umzusteigen, u landen morgen früh 4–5^{h} in Spalato[6]. Dort wollen wir 1–2 Tage bleiben, dann zurück. Wetter herrlich, aber wieder heißer. Befinden u Stimmung gehoben, Körper u Gesicht voll Zanzareausschlag. Einkäufe = null, auch mit Rücksicht auf die Notwendigkeit der Heimkehr.

Herzliche Grüße
Sigm

47 Cattaro (Kotor)

4 Das heutige Dubrovnik (Kroatien).
5 Das heutige Kotor (Montenegro).
6 Das heutige Split (Kroatien).

48 Cattaro (Kotor) heute

9. September 1898
Ansichtskarte aus Spalato an Minna Bernays (Abb. 47)

Freitag 9 Sept

Ganzer Tag gehört den Altertümern[7], die wir sehr schön gesehen haben, aber nichts für mich zu kaufen –. Ma[rtha] hat etwas Geld ausgeben können, das sie sich vom Mund abgespart.[8] Ihre Ernährung macht nämlich in Dalmatien Schwierigkeiten. Samstag 10^h abds hoffen wir in Triest zu sein. Dann kommt kleine Wimmer. Ich habe noch keine Lust nach Hause zu kommen. Ma[rtha], glaube ich, wird vor Unwolsein bei Euch sein. Wetter herrlich. Ma[rtha] sehr brav, straft aber mit Verachtung. (Mama's Brief, bei

7 Das bekannteste antike Gebäude in Split ist der Palast des römischen Kaisers Diokletian, erbaut 295–305. Nach seiner Abdankung lebte er hier bis zu seinem Tod im Jahre 316.
8 Freud erwähnt in der »Traumdeutung«, daß seine Frau in Spalato bei einem Kaufmann namens Popovic »reichlich türkische Stoffe eingekauft« habe; vgl. Freud (1900a), S. 213.

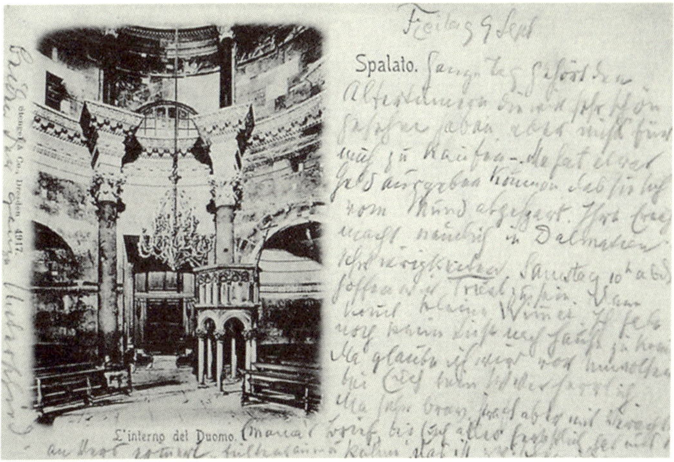

49 Innenansicht des Doms von Spalato (Split)

Euch alles herbstlich, hat uns an Vers erinnert »Fichtenbaum u Palme«[9]. Das ist zwischen den beiden der ganze Unterschied.)

9 Im »Buch der Lieder« (Heine [1972], Bd. 1, S. 85) heißt es:

Ein Fichtenbaum steht einsam
Im Norden auf kahler Höh'.
Ihn schläfert; mit weißer Decke
Umhüllen ihn Eis und Schnee.

Er träumt von einer Palme,
Die, fern im Morgenland,
Einsam und schweigend trauert
Auf brennender Felsenwand.

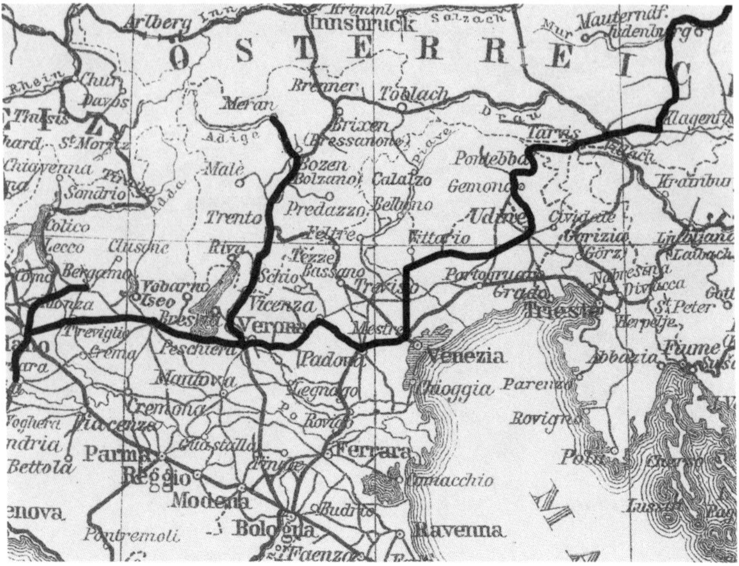

50 Reiseroute Oberitalien 1898

Oberitalien

13. bis 18. September 1898

Nachdem sich Freud von seiner Frau getrennt hatte, setzte er die Reise allein fort und fuhr nach Oberitalien, wo er sich im wesentlichen auf die Malerei konzentrierte. Er besuchte Gemäldegalerien und kaufte sich Bücher zum Thema, als erstes »Il Moretto da Brescia«, das aus Anlaß einer Ausstellung zum 400. Todestag des Malers erschienen war.[1] Und in Mailand erwarb er dann Giovanni Morellis Buch »Della pittura italiana. Studii storici-critici«.

Möglicherweise steht dieses Interesse in direktem Zusammenhang mit der Signorelli-Fehlleistung, die Freud wenige Tage zuvor in Bosnien unterlaufen war. Jedenfalls hat die Lektüre des Buches von Morelli ihn wahrscheinlich dazu angeregt, die Galleria Morelli in der Accademia Carrara in Bergamo zu besuchen, in der Bilder von Boltraffio, Botticelli und Signorelli ausgestellt waren, den Malern, die bei dieser Fehlleistung eine Rolle spielten.[2]

Ablauf der Reise

13. 9.	Meran – Brescia
14. 9.	Brescia – Mailand
14.–16. 9.	Mailand
16. 9.	Ausflüge nach Pavia und Monza
17. 9.	Ausflug nach Bergamo
17.–18. 9.	Mailand – Wien

1 Molmenti (1898).
2 Vgl. dazu besonders Swales (2000).

13. September 1898
Postkarte aus Brescia an Martha Freud

Brescia 13/9 abds

Ich hoffe Dich in Meran erholt. Nach dem Abschied war ich in zwei St hier. Ein Stückchen Gardasee hat mir keinen Eindruck gemacht, so schläfrig war ich. Heut hab ich dann viel u schwer gearbeitet u in Bildern[3], Tempeln[4] u Museen geschwelgt. Weit mehr als in Verona. Auch etwas gekauft. Alleinsein ist sehr komisch. Hotel ist gut u billig (2.5 L Zimmer). Maler ist hier Moretto wo gerade Ausstellung zu Jubiläum ist,[5] wie Paolo V[eronese] in Verona, herrlich, großartig. Ich fahre morgen 7^h15 nach Mailand. Hoffe heute viel zu schlafen.

Herzlich
Sigm

14. September 1898
Postkarte aus Mailand an Martha Freud

Pozzo[6] 14/Sept.
¼ 11^h.

Eben angekommen, Deine Karte gefunden, Dank für Warnung. Großstadt, Hotel, gut aufgehoben. Telegraphire Dir wegen des Datums, bleibe hier gewiß 3 Tage, am dritten Ausflüge von hier aus nach kleinen Städten.[7] Tag nicht sehr heiß, gestern nachts in Brescia gewittert, aber wenig nur

3 Vermutlich in der Pinacoteca Tosio Martinengo, die Gemälde von Raffael und Vincenzo Foppa besitzt.
4 Gemeint ist hier wohl der dem Jupiter, der Juno und der Minerva geweihte Tempio Capitolino.
5 Moretto, eigentlich Alessandro Bonvicino, ist 1498 geboren, und Brescia beging 1898 seinen 400. Todestag.
6 Freud war im Hotel Pozzo abgestiegen.

51 Morettos »Krönung der Jungfrau«

geregnet. Hoffe auch von Minna hieher Brief zu bekommen. Neugierig wie Dir Meran u die Umgebung gefallen.
Herzlichst
Dein Sigm

7 Am 14. 9. kaufte sich Freud neben Morellis Buch »Über die italienische Malerei« Luca Beltramis »La Certosa di Pavia« (»Die Kartause von Pavia«); Bibliothek des Freud Museums London.

15. September 1898
Brief (3 S.) aus Mailand an Martha Freud
Briefkopf: Hotel Pozzo, Morini Frères

15 Sept 98

Liebe Alte

Deinen Brief erhalten u sehr gefreut. Ich glaube, wir treffen uns nicht in Bozen. Ich komme hier langsam weiter, will noch Freitag u Samstag auf Pavia, Monza u Bergamo verwenden, dann direkt nach Hause fahren. Warum sollst Du nun Deinen Meraner Aufenthalt in 4 Tagen beenden u nicht 10 davon haben? Und dann die Reise in einem Zug nach Wien, die Dich elend machen wird. Bleib also ruhig dort.

Ich habe heute Schädelweh u eine ganz verstopfte Nase, sonst lasse ich mich aber nicht stören u habe bis jetzt massenhaft gesehen, eigentlich schwer gearbeitet. Auf dem Dom war ich heute früh, leider war die fernere Aussicht, wie es mir immer geht, verhüllt. Das Abendmal von Leonardo[8] ist natürlich großartig u trotz der Zerstörung schöner als alle Kopien. Wenn ich noch Monate so reise, werde ich mich zum Kenner ausbilden.

Heute nachmittag noch einige Kirchen u das Spital (nur als Gebäude)[9]. Morgen u übermorgen für kleine Ausflüge nach Pavia, Monza, Bergamo, von denen ich abends sicher zurückkomme. Mit Geld werde ich auskommen. Die Seen vermeide ich sorgfältig, um sie für nächstes Jahr zu lassen.

Das Hotel ist gut, nicht übermäßig billig, Essen nicht übermäßig gut, aber ich bleibe doch. Das Alleinsein auf der Reise hebt das Vergnügen natürlich auf, für das Studium ist es günstiger. Die vielen schönen Sachen, die man gesehen, tragen doch einmal, man weiß nicht welche Frucht. In der Stadt ist ein Höllenlärm mindestens wie in Paris, unver-

8 Im Refektorium der Kirche Santa Maria delle Grazie.

9 Ospedale Maggiore, erstes Krankenhaus der Stadt, von Antonio Filarete 1457 begonnen, später als gotischer und Renaissancebau vollendet.

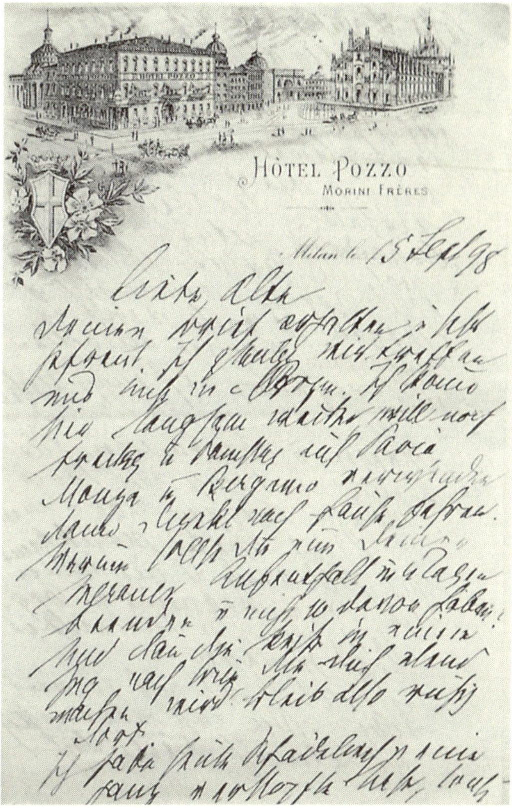
HÔTEL POZZO
MORINI FRÈRES

Milan le 15 Sept 98

52 Brief Freuds aus Mailand

gleichlich mehr als in Wien. Die aufgerissenen Straßen sind die einzige Ähnlichkeit.

Ich grüße Dich u Mama herzlich u werde Dir meine Abreise telegraphisch anzeigen.

Dein Sigm

17. September 1898
Postkarte aus Bergamo an Martha Freud

Bergamo 17/9 98

Letzte Stadt, sehr nett, nächster Nähe der Berge (daher der Name). Von der Neustadt fährt man auf merkwürdiger Fonicolare[10] über lauter Spulen in die Altstadt, wo ich [an der] Piazza Garibaldi jetzt im Albergo Sole sitze u vor Hunger (11^h) kaum warten kann. Die malerischesten Sachen stehen auf dem Platz herum, Palazzo Vecchio e Nuovo, 2 Kirchen, die sehr schön aussehen, alles ist hoch u eng. Torq[uato] Tasso spukt hier, weil sein Vaterhaus hier steht.[11]

Dein Telegramm sehr erfreut, offenbar höchst lobenswerte Faulheit. Reise heute 23^h15.

Herzlich
Sigm

10 Drahtseilbahn.
11 Bernardo Tasso, Torquato Tassos Vater, ist nach einigen Quellen in Bergamo, nach anderen in Venedig geboren.

Südtirol

26. August bis 10. September 1900

Das wichtigste Ereignis in den Monaten vor dieser Reise war die Veröffentlichung der »Traumdeutung«. Von den bis dahin erschienenen Besprechungen hielt Freud die meisten für oberflächlich, und er fühlte sich wissenschaftlich isoliert. Es blieb ihm noch der Austausch mit Wilhelm Fließ, doch der »Kongreß« in Achensee vom 31. Juli bis zum 4. August sollte ihr letzter sein.

Gleich im Anschluß daran reiste Freud mit Martha durch Südtirol. Die Stationen der Reise kennen wir aus seinen Briefen an Wilhelm Fließ: Trafoi, Sulden, das Stilfser Joch, Meran, Mendelpaß (hier begegnete Freud seinem Kollegen Sigmund Lustgarten), Nonsthal (Cles). Martha reiste dann über Bozen nach Hause, und Freud fuhr nach Venedig weiter,[1] wo er sich anderthalb Tage aufhielt. Hier traf er erneut Sigmund Lustgarten, außerdem seine Schwester Rosa Graf,[2] die an einer Austernvergiftung erkrankt war, und deren Mann Heinrich.[3] Von Venedig aus fuhr Freud nach Berghof am Ossiacher See, um dort seine Schwester Anna Bernays mit ihren Kindern zu treffen, die den Sommer in Europa verbrachten.[4] Außerdem waren seine Mutter, sein

1 Freud (1985c), S. 465.

2 Zu Rosa (1860–1943) hatte Freud von Kindheit an ein besonders enges Verhältnis. Die Schicksalsschläge, die sie erlitt – sie verlor frühzeitig ihren Mann, den Sohn im Krieg, und die Tochter nahm sich das Leben –, ließen sie verbittern. Dadurch kühlte sich auch das Verhältnis zu ihrem Bruder etwas ab; vgl. auch Tögel (1990).

3 Freud (1985c), S. 465; Freud-Bernays (o. J.), S. 101f.

4 Anna (1858–1959) hatte einen Bruder von Freuds Frau Martha geheiratet und war 1892 nach New York gegangen. Sie hat als einzige der

Bruder Alexander und alle anderen Schwestern[5] in Berghof. Am 26. traf schließlich auch Freuds Schwägerin Minna Bernays ein,[6] am nächsten Tag traten sie eine gemeinsame Reise durch Südtirol an und fuhren »in kleinen Stationen durchs Pustertal nach Trient«[7].

Ablauf der Reise

27. 8.	Ossiacher See – Trient
27. 8.–29. 8.	Trient mit Ausflug zum Castel Toblino
29. 8.– 3. 9.	Lavarone
3. 9.	Lavarone – Torbole – Riva
4. 9.	Bootsfahrt nach Salò
6. 9.	Bootsfahrt nach Sirmione
8. 9.	Riva – Meran
10. 9.	Meran – Wien

Schwestern die Nazizeit überlebt. Von Zeit zu Zeit kam sie nach Europa, um ihre Verwandten zu besuchen. Bei Freuds Besuch in New York im September 1909 sahen sie sich wieder; vgl. u. a. Freu-Bernays (o. J.); Appignanesi & Forrester (1994), S. 35 f.

5 Adolfine, Rosa, Marie (1861–1942) und Pauline (1864–1942). Sie alle wurden später in Konzentrationslagern ermordert; vgl. Leupold-Löwenthal (1988); Tögel (1990).

6 Bernays (1980), S. 216; Freud (1985c), S. 465; Freud-Bernays (o. J.), S. 101 f.

7 Freud (1985c), S. 465.

53 *Reiseroute 1900*

1. September 1900
Brief (6 S.) aus Lavarone an Martha Freud

Lavarone, 1 Sept 1900

Geliebte Alte

Eben Deine beiden Briefe bekommen mit Mathilden's u Mama's Beilagen, drei Generationen von Schriftstellerinnen! An der Bezirkshauptmannschaft Borgo[8] erkennt Minna das Fräulein u nimmt die Gelegenheit zu einem herzlichen Gruß wahr. Die Telegrammwirtschaft ist bei uns ebenso arg; gestern waren es vier! Dein Telegramm über die Ernennungen[9] hat mich wenig berührt außer freudig, denn ich hatte Königstein schon aufgegeben. Ich habe sofort Beiden telegraphisch gratuliert.[10] Die Chancen für Deine Ernennung zur Professorin sind jetzt eher gestiegen, Du kommst noch immer früher dazu als die Kassowitz.[11] Mit der Wissenschaft u allem Bleibenden haben diese Titel wenig zu thun.

Mit Rücksicht auf Deine Minna mitgegebenen Wünsche u das Gedränge der Frauenzimmer habe ich meine Rückkehr verfrüht, dh. auf morgen Sonntag acht Tage festgesetzt. Die Vormittage werde ich zu arbeiten haben, die Nachmittage aber bis zum 14ten bei Euch zubringen. Minna setze ich in Meran ab, wo sie mit dem von der Reise erübrigten Geld 1–2 Wochen sich pflegen soll. Sie hustet noch stark, ist aber entschieden woler u fängt an gut auszusehen.

8 Borgo di Val Sugana; offensichtlich war Minna schon bei einer früheren Reise durch den Ort gekommen und kannte das Personal.

9 Im März 1899 hatte das Professoren-Kollegium in Wien 10 Privatdozenten für die Ernennung zu Extraordinarien vorgeschlagen. Neben Freud handelte es sich um Heinrich Paschkis, Ernst Wertheim, Josef von Metnitz, Jakob Pal, Arthur Biedl, Conrad Clar, Salomon Ehrmann, Norbert Ortner und Leopold Königstein. Alle außer Freud wurden ernannt; vgl. Gicklhorn & Gicklhorn (1960), S. 110 ff.; Freud (1985c), S. 381; Worbs (1983), S. 228; Universitäts-Archiv Wien, Med.Dek.Akt 964 ex 1898/99.

Ich setze jetzt die Beschreibung der Reise fort. Der Anfangs fürchterlich großartige Weg nach Lavarone ist dann oben plötzlich zahm geworden u hat durch Wald u Wiesen weitergeführt wie oben auf der Mendel[12]. Lavarone war dann eine Überraschung u zuerst eine Enttäuschung. Ganz nordischer Charakter, eine Alpenlandschaft aus Steiermark. Dünner Lärchenwald, Bergwiesen, Steinwälle, weidendes Vieh auf einem höchst welligen, unübersehbaren Plateau, durchzogen von blendend weißen, entzückend gemachten Straßen, hie u da Gruppen von 5–6 Häusern mit einer Kapelle u einem Brunnen. 22 solche Gruppen,[13] über 14 km zerstreut machen Lavarone aus, das also überall ist u nirgends. Berghintergrund, ein schöner Kopf, die Filadonna (s. Ansichtskarte)[14], an einer Stelle Ausblick auf die Riesen der Brentagruppe, die aber nicht klar werden wollen. Hauptort dieser komischen Gegend ist die sog. Parocchia, wo auch die Kaufläden liegen, dh: eine Gemischtwarenhandlung, ein Laden mit Telerie (Wäsche udgl) u ein anderer, dessen Charakter sich schwer bestimmen läßt. Dabei ist das Postamt, dahinter das Seelakerl,[15] auf dem ein Kahn zu schaukeln pflegt. Luft entzückend rein, Wasser wie Hochquell. 25 Min weiter bei einer anderen Häusergruppe, von der aus man aber Parocchia sieht, liegt unser Hotel, eigentlich ein nüchterner Bau, auch im Inneren nicht ganz fertig. Denk Dir unsere Überraschung, als wir merkten, daß wir

10 Vermutlich gratulierte Freud außer Königstein auch Salomon Ehrmann, mit dem er seit 1874 befreundet war; vgl. Ehrmann (1926), S. 132.

11 Emilie Kassowitz, die Frau von Freuds Kollegen Max Kassowitz, der seit 1891 außerordentlicher Professor für Kinderheilkunde war; vgl. Pagel (1901).

12 Die Mendelstraße, die sich südwestlich von Bozen auf den Mendelpaß windet.

13 Auch heute besteht Lavarone noch aus 17 Ortsteilen.

14 Becco di Filadonna (2150 m), die höchste Erhebung dieser Gegend; die Ansichtskarte ist nicht erhalten.

15 Lago di Lavarone.

die *einzigen* Gäste im Hotel sind. Ich war einige Stunden lang grantig, aber es hat sich bald gewendet. Die aufmerksame Verpflegung u Behandlung, die gute Kost, die köstliche Stille, der herrliche Tannenwald, den wir ½ St. weiter entdeckt haben, die überraschenden Spaziergänge, die zu immer neuen Lavarone's führen, das Wolbefinden, das sich aus alledem zusammensetzt, haben es uns so angetan, daß wir höchst ungerne abreisen. In dem Tannenwald, der schöner ist als bei Aussee, Berchtesgaden u Berghof, haben wir gestern fast ohne zu suchen, 18 Stück Herrenpilze gefunden, die der Koch leider nicht so gut zu bereiten versteht wie Bertha, Mali[16] oder Frau Ortler[17]. Heute sind wir mit einem »Zöger«[18] ausgegangen, den ich dann kaum tragen konnte nachdem er mit 30 Stück der allerschönsten Herrschaften[19] angefüllt war. Wir haben den Schatz der Wirthin überlassen, die Montag den Erzherzog Rainer[20] mit seinem Stab bewirten soll. Es liegt hier nämlich Militär, das Soldaten spielt u Schlachten aufführt u die stille Gegend etwas belebt. Wir sind vormittags mit dem Zöger sehr höflich durch die militärisch besetzte Straße durchgelassen worden.

Warum wir also diesen ideal schönen u ruhigen, schwammreichen Ort verlassen? Nur weil wir nur noch eine kurze Woche haben u unser Herz, wie sich gezeigt hat nach dem Süden zeigt, nach Feigen, Kastanien, Lorbeer, Zypressen, Häuser[n] mit Balkonen, Antiquaren udgl. In Castel Toblino haben wir den ersten Schluck von dem Trank gethan u dürsten jetzt nach mehr. In Riva, das noch österreichisch ist, machen wir wol Hauptstation. Von dort schicke ich als Vorläufer meine schmutzige Wäsche zurück. Schmutzige

16 Wahrscheinlich eine Hausangestellte der Familie Freud.

17 Nicht ermittelt.

18 Ein aus Stroh geflochtener Tragekorb.

19 Herrenpilze, Steinpilze.

20 Erzherzog Rainer war 1861–1865 Präsident des Ministerrats und seit 1862 Kurator der Akademie der Wissenschaften.

54 Brentagruppe

Wäsche nach Italien einführen, heißt ja Eulen nach Athen tragen. Ich will so auch Raum für kleine Mitbrachten gewinnen. In Trient war gar nichts zu kaufen, u hier giebt es überhaupt nichts.

Ich bin sehr frisch u fesch u eigentlich noch immer nicht ferienmüde. Aber etwas früher abbrechen schadet ja nicht. Ich freue mich, daß es bei Euch gut geht u hoffe Euch alle froh wiederzusehen.

Mit herzlichstem Gruß

Dein Sigm

5. September 1900
Brief (3 S.) aus Riva an Martha Freud[21]

Riva 5 Sept 1900

Geliebte Alte

Der Schreiber folgt, wie Du weißt, bald nach. Laß Dir rasch von den schönen Tagen am Gardasee erzählen. Es war das Richtige hieher zu gehen. Es ist paradiesisch schön, ich verspreche Dir den Lago Maggiore für nächstes Jahr.

21 Am selben Tag schrieb Freud an Wilhelm Fließ eine Ansichtskarte mit der Goethe-Gedenktafel in Torbole; vgl. Freud (1985c), S. 464.

Es ist nicht heiß, dh. die Sonne tut wol anstatt wehe, es geht ein köstlicher Mittagswind, die Abendkühle ist ausgiebiger als in Grinzing. Viel Staub auf der Landstraße aber dafür die volle Sicherheit des Wetters. Nachdem wir die erste Nacht in einem geräuschvollen u luftlosen Hôtel im Centrum der kleinen Stadt verbracht, haben wir nächsten Vormittag das göttlichste Logis in der Dependence eines anderen Hotels 20 Min. außerhalb Riva gefunden, zwei Zimmer, das vordere mit Seeaussicht, elektrisches Licht nach Belieben, Scheinwerfer vom See her bis in's Bett, ein Garten oder besser Park herum, über den von Lovrana, u im nahe gelegenen [Hotel] Malzeiten an der Tabel des Todes, wie ich sie reichlicher u besser, leichter u appetitlicher nirgends getroffen habe. Daß Minna dabei recht gedeiht, ist wol einzusehen. Vor mir liegt ein Strauß von südlichen Bäumen, wie wir ihn in Dalmatien zusammengestellt haben. Mitzubringen ist leider wenig, ich werde die Fratzen mit Geld entschädigen.

Gestern sind wir von 12.20 bis ¾ 8^h auf dem See gewesen u haben die Küste bis Salò befahren.

Ansichtskarten folgen nach. Es war zu schön u bleibt für mündliche Mittheilung. Morgen wieder Seefahrt über den ganzen Tag nach Sirmione.[22] Übermorgen Abreise nach Meran (Freitag).

22 Vgl. dazu auch Freuds Brief an Fließ vom 14. 9. 1900; Freud (1985c), S. 465.

23 Wilhelm Czermak war Sekundararzt an der Augenklinik in Wien, seit 1895 Direktor der Universitätsaugenklinik an der deutschen Universität in Prag; vgl. Pagel (1901).

24 Friedrich Dimmer arbeitete gleichzeitig mit Freud (1. 3. 1885–31. 5. 1885) unter Ernst Fuchs an der II. Klinik für Augenkranke des Wiener Allgemeinen Krankenhauses; vgl. »Ärztlicher Bericht des k. k. allgemeinen Krankenhauses zu Wien«, Wien 1886. Er war einer der Mitbewerber um das von der medizinischen Fakultät für das Studienjahr 1885/86 ausgeschriebene Universitäts-Jubiläums-Reisestipendium, das Freud erhielt und für seinen Aufenthalt in Paris verwendete; vgl. Freud (1960a), S. 151.

Die Gesellschaft im Hotel besteht aus den nettesten Leuten, darunter viele bekannte Univ. Professoren u Hofräthe, so Czermak[23] (Wien), Dimmer[24] (Graz), Felsenreich[25], Jodl[26] (Wien), Sigm. Mayer[27] (bei dem ich hätte Assistent werden sollen), aus Prag[28]. Als Nichtprofessor u mit der nicht richtigen Frau behaftet, halte ich mich möglichst ferne.

Postverbindung glänzend, heute Briefe von Dir u den Kleinen sowie von Mama bekommen. Mit der Antonoff[29] in regelmäßigem Verkehr. Das Paket Wäsche heute aufgegeben. Du kannst mir alle Quälgeister u Geldbringer für Montag vertrösten.

Mit herzlichsten Grüßen u Küssen

Dein Sigm

Heute kleine Landpartie nach Arco.

25 Anton Felsenreich arbeitete 1882 unter Carl Braun an der gynäkologischen Klinik des Wiener Allgemeinen Krankenhauses; vgl. »Ärztlicher Bericht des k. k. allgemeinen Krankenhauses zu Wien«, Wien 1883.

26 Friedrich Jodl, Philosoph und Psychologe, lehrte an der Wiener Universität. Freud wechselte später einige Briefe mit ihm, die z. T. unveröffentlicht sind und sich in der Library of Congress in Washington sowie in der Wiener Stadt- und Landesbibliothek befinden. Mitte Oktober 1908 erhielt er von Jodl dessen »Lehrbuch der Psychologie« geschenkt; vgl. Freud (1974d), S. 196.

27 Siegmund Mayer war Professor für Medizin in Prag, hatte früher bei Ernst von Brücke als Histologe gearbeitet; vgl. Freud (1985c), S. 465.

28 In einem Brief an Fließ erwähnt Freud außerdem Franz Hillebrand, Professor für Philosophie und Psychologie in Innsbruck; vgl. Freud (1985c), S. 466.

29 Bekannte Freuds.

55 Die sogenannte Villa des Catull in Sirmione am Gardasee

Rom

1. bis 14. September 1901

Ende Februar hatte Freud sein populärstes Werk abgeschlossen: »Die Psychopathologie des Alltagslebens«. Kurz zuvor war die Niederschrift der Dora-Analyse beendet worden, das »Subtilste«, das er bisher geschrieben hatte.[1] Hier findet sich auch ein schöner Vergleich zwischen der Arbeit des Archäologen und der des Psychoanalytikers: »Angesichts der Unvollständigkeit meiner analytischen Ergebnisse blieb mir nichts übrig, als dem Beispiel jener Forscher zu folgen, welche so glücklich sind, die unschätzbaren wenn auch verstümmelten Reste des Altertums aus langer Begrabenheit an den Tag zu bringen. Ich habe das Unvollständige nach den besten mir von anderen Analysen her bekannten Mustern ergänzt, aber ebensowenig wie ein gewissenhafter Archäologe in jedem Falle anzugeben versäumt, wo meine Konstruktion an das Authentische ansetzt.«[2]

Von Mitte Juli bis zum 1. September war Freud mit seiner Familie in Thumsee bei Bad Reichenhall. Während dieser Zeit beschäftigte ihn besonders die Idee der Bisexualität. Er wollte ein Buch unter dem Titel »Die menschliche Bisexualität« veröffentlichen, woraus aber nichts wurde. Eigentlich stammte die Idee von Fließ, Freud hat sie aber weitgehend verinnerlicht und auch mit Schülern und Patienten über dieses Konzept gesprochen. Auf diese Weise gelangte sie zu Hermann Swoboda und Otto Weininger, und es kam zu

1 Freud (1985c), S. 476.
2 Freud (1905e), S. 169 f.

einem langen und unerquicklichen Plagiatssttreit, in den Freud indirekt verwickelt war.[3]

Obwohl schon mehrmals in Italien gewesen, hatte Freud bisher nie Rom besucht. In der »Traumdeutung« teilt er eine Reihe von Träumen mit, »denen die Sehnsucht, nach Rom zu kommen, zugrunde liegt«[4]. Er analysiert die Ursache für diese Sehnsucht und die Gründe, warum er bei seinen ersten Italienreisen zwischen 1895 und 1900 nie weit über den Trasimener See hinausgekommen sei.[5]

Auf seiner ersten von insgesamt sieben Romreisen begleitete ihn wieder sein Bruder Alexander.

3 Vgl. Schröter (1999); Schröter (2002); Tögel & Schröter (2002).
4 Freud (1900a), S. 199.
5 Vgl. S. 31f. dieses Buches.

1. September 1901
Postkarte aus Trento an Martha Freud

1 Sept
Hotel Trento

Hier ist es wieder sehr schön! Muß man eigentlich weggehen fragt man sich in der ersten Verwöhnung. Man muß aber morgen Mittag in Rom sein. Beim Aussteigen wurde uns hier einen Moment sehr heiß. Dann ging es. Wir haben Kastell[6] u Museum[7] gesehen, was also auch neu für mich war.

Ich lese in Zeitung soviel von Kreuzotterbissen in Bayern. Laß die Kinder vorsichtig sein. Alles geht bis jetzt vortrefflich.

Herzl Grüße
Sigm

56 *Kastell in Trento*

2. September 1901
Postkarte aus Rom an Martha Freud

Montag 2 Sept
9 h abds

Nach 2h in Rom eingetroffen, um 3h nach Bad umgekleidet u Römer geworden. Es ist nicht zu bezweifeln, daß wir bleiben. Unbegreiflich, daß wir nicht Jahre früher gekommen sind. Es war wol heiß, aber höchst erträglich u bald ein frischer Wind. Der Reisetag bis 2h sehr bedeckt. Im Hotel Milano[8] haben wir ein schönes Zimmer im 3 Stock für 8 L (4 L die Person), electrisches Licht. Ich glaube nicht recht

6 Castello del Buon Consiglio, seit dem 13. Jahrhundert Sitz der Fürstbischöfe, ab 1525 im Renaissancestil umgebaut.
7 Museo del Risorgimento, beherbergte Altertümer und Gemälde.
8 Das Hotel lag an der Piazza di Montecitorio, wenige Meter vom Pantheon und der Piazza Colonna entfernt.

57 Pantheon

58 Piazza Bocca della Verità mit dem Vestatempel

an die Malariagefahr. Verschiedenes ist hier unbeschreiblich gut, von den Weltwundern kann man auf Karte nicht reden. Auf Post nichts vorgefunden.

Herzlich
Sigm

3. September 1901
Postkarte aus Rom an Martha Freud

Dienstag 3 Sept

Mittag gegenüber Pantheon, davor habe ich mich also Jahre lang gefürchtet! Es ist geradezu liebenswürdig heiß, womit zusammenhängt, daß ein herrliches Licht sich überallhin, selbst in die Sixtina verbreitet. Sonst aber lebt man, wenn man nicht krampfhaft sparen muß, herrgöttlich. Wasser, Café, Kost, Brot ist vortrefflich. Der Wein meistens gut. Man arbeitet schwer. Heute um ½ 8^h ausgegangen, St. Peter mit Kuppel, Sixtina, Stanzen des Rafael,[9] Genüsse seltenster Art. Nachmittags wahrscheinlich Kirchen.

9 Eine Folge von drei Zimmern und einem Saal im Vatikan, die Raffael zwischen 1508 und 1520 mit Fresken ausgestaltet hat.
10 Besitzer der Pension in Thumsee, in der Freuds Familie ihren Urlaub verbrachte; vgl. dazu Gödde [in Vorbereitung].

Dein Telegramm gestern mit viel Vergnügen bekommen. Post sieht man hier abends nach.

Herzl Gruß

Sigm

4. September 1901
Postkarte aus Rom an Martha Freud

4 Sept

Bei dem Risotto habe ich endlich an Euch denken müssen! Man ist so weit, vergißt da leicht alles in Rom, hat auch keine Zeit zu schreiben. Deinen u Mathildens Brief endlich erhalten. Bitte Herrn Dr Pachmayer[10] meinen Gruß auszurichten. Daß es uns hier glänzend geht, wirst Du leicht erraten haben. Ich habe heute die Hand in die Bocca della verità gelegt mit dem Schwur, daß ich wiederkomme.[11] Übersiedlung müßt Ihr mir telegraphisch anzeigen.

Herzliche Grüße

Sigm

11 Die Bocca della Verità an der Südseite der gleichnamigen Piazza ist eine antike Marmorscheibe mit Tritonenmaske. Angeblich haben die alten Römer beim Schwören ihre Hand in deren Mund gelegt. Freud hatte auch ein Geldstück in die Fontana di Trevi geworfen; vgl. Freud (1985c), S. 494.

5. September 1901
Postkarte aus Rom an Martha Freud

früh 8^h
Donnerstag 5 Sept

Heute Nacht gab es ein Gewitter, so heftig u großartig, als hätte es Michelangelo gemacht. Es krachte als sollten wir versinken, dann Geschrei von der Straße, Glockengeläute, Feuerwehr. Die Blitze waren so schön, daß sich mir gewisse Hieroglyphen des Obelisken vor unserem Fenster tief eingeprägt haben.[12] Man hätte wirklich lesen können, wenn nicht – wie der Bauer mit der Brill'.[13] Es war den Tag über Scirocco gewesen, der gegen die Zeit des Gewitters wirklich drückend wurde. Heute ist es kühl u strahlend schön. Gestern waren wir noch zu Wagen, den man nicht entbehren kann, auf dem M. Pincio[14], dem Praterberg von Rom, wo man Serpentinen zwischen Palmen hinauffährt u dann drüben St. Peter sieht.

Es ist herrlich.
Herzl Grüße
Sigm

5. September 1901
Postkarte aus Rom an Martha Freud

I Donnerstag, 5 Sept

Dank für Deine Mittheilungen. Sorge um uns scheint überflüssig. Es ist ein großartiges Leben mit Arbeit u Genuß, bei dem man sich u Anderes wirklich vergißt. Heute zB 2 ½ St Museo nazionale[15] am Vormittag u von 3 – 7^h Wagen-

12 Auf der Piazza di Montecitorio befindet sich ein 26 m hoher ägyptischer Obelisk aus dem 6. Jahrhundert v. Chr.
13 Wie der Bauer, der meint, wenn er nur eine Brille hätte, könne er lesen.
14 Der Monte Pincio, benannt nach einer angesehenen Familie der späten Kaiserzeit, liegt zwischen der Piazza di Popolo und der Villa Borghese.

59 Blick vom Monte Pincio

15 Vollständiger Name: Museo Nazionale Romano delle Terme Diocleziane, auch als Thermenmuseum bekannt. Neben den Vatikanischen Museen die bedeutendste Sammlung antiker Kunstwerke.

fahrt in die alte Gräberstraße[16], unglaublich packend, schön, stimmungsvoll u mühelos. Am Wagen darf man nicht sparen, er kostet 2 L die Stunde. Rom belebt sich täglich mehr. Baedeker tauchen auf, Equipagen, schöne Leute, kein Platz im Café, der Corso[17] undurchdringlich. Im Hotel sind
[Fortsetzung nächste Karte]
wir nicht mehr die einzigen. Das großartige Gewitter nachts hat gut abgekühlt, es nähert sich die Regenzeit. Wir wohnen sehr zentral, etwa Schottenring gegenüber dem Abgeordnetenhaus.[18] Kurz es ist unsagbar herrlich u ich hebe kein Briefpapier auf, komme auch nicht dazu es zu kaufen. Der Tag ist so voll. Gewaltsam werde ich mich zum Friseur zwingen müssen. Komisch, daß ich in 14 Tagen schon längst im Geschirr sein soll! Ich grüße Dich, Minna, die Fratzen u Pachmayer's herzlich

Dein Sigm

16 Die Via Appia antica mit Gräberreihen und Grabdenkmälern reicher Römer zu beiden Seiten.

17 Freud meint wohl den Corso Umberto I., heute Via del Corso.

18 Von Freuds Hotel bis zum italienischen Abgeordnetenhaus, der Camera dei Deputati, waren es nicht mehr als 50 Meter.

19 Neue Freie Presse.

60 Via Appia mit Resten des Aquädukts des Claudius

61 Laokoon

6. September 1901
Postkarte aus Rom an Martha Freud

Freitag 6 Sept
Mittag

Minna's Brief früh erhalten. Habe mir gedacht, daß es nichts ordentliches in Salzburg für Euch giebt. Heute in NPresse[19] Todesanzeige von Bondy[20] gelesen u telegraphirt an Rie[21], weil ich nicht weiß, ob Fließ in Wien oder Berlin. Wolbefinden ungestört, übermüthig. Geld geht langsam weg, was durch einige Antiquenkäufe beschleunigt wird. Eben in vatikanisch Museo gewesen, Apollo v. Belvedere, Laokoon etc; etwas getödtet, worauf der Rothwein gut schmeckt. Es ist ehrlich heiß, gestern nur 26 G max, aber schön, nicht mehr schwül. Ich hoffe, Ihr habt noch schönen Herbst. Ansichtskarten sind hier schwer zu haben.

Herzl Gruß
Papa

20 Philipp Bondy, der Schwiegervater von Wilhelm Fließ.

21 Oscar Rie war ebenso wie Fließ ein Schwiegersohn von Philipp Bondy, da er dessen Tochter Melanie geheiratet hatte; Fließ war mit Ida verheiratet.

62 Moses-Statue von Michelangelo

6. September 1901
Postkarte aus Rom an Martha Freud

Freitag 6 Sept

Heute Nachmittag einige Eindrücke, an denen man Jahre lang zehren wird. Im Pantheon gewesen, wo nebenbei die Gräber von Victor Eman[22], Umbert[23], Raphael sind, dann plötzlich in der Kirche S. Pietro in Vincoli den Moses von Michelangelo[24] gesehen (plötzlich durch Mißverständnis). Endlich den Sonnenuntergang vom M. Janiculo[25] mit Aussicht über das jetzige Rom an der Stelle des Garibaldidenkmals[26]. Es ist zu herrlich u ich war noch nie so wol.

Ich grüße Euch herzlichst
Pa

22 Vittorio Emanuele II.

23 Umberto I. war ein reichliches Jahr zuvor, am 29. Juli 1900, von dem Anarchisten Gaetano Bresci erschossen worden.

63 Garibaldi-Denkmal

7. September 1901
Postkarte aus Rom an Martha Freud

Samstag 7 Sept

Heute auf dem Palatin unter den Kaiserruinen bei herrlichster Aussicht zwischen Pinien, Oleander, Orangenbäumen etc herumgewandert u bin wieder in Versuchung, dies für das Schönste zu erklären. Friseur u neue Crawate (1.50) haben das ihrige zur Hebung gethan. Äußerstes Wolbefinden, hinter dem Alex etwas zurückbleibt. Ganze Sammlung

24 Es war der erste von vielen Besuchen in dieser Kirche. Reichlich zehn Jahre später schrieb Freud eine Abhandlung über die Moses-Statue. Die Marmorfigur war Teil des Grabmals für Papst Julius II., das Michelangelo angefertigt hatte; vgl. Freud (1914b).

25 Der Monte Gianicolo liegt am Westufer des Tiber.

26 In der »Traumdeutung« teilt Freud einen Traum mit, in dem er seinen »Vater auf dem Totenbett wie Garibaldi« sieht; vgl. Freud (1900a), S. 429 bis 432.

64 Palatin

von billigen Thongefäßen mit drohenden Transportschwierigkeiten. Glut heiß, aber nicht drückend. Wollten über einen Tag nach Neapel fahren, gerade um Blick zu haben, aber aufgegeben, weil am Feiertag[27] Pompeji geschlossen ist. Steht uns also ein Reisetag bevor. Hoffe Euch nach Minna's Abreise wol u heiter.

Herzl Grüße
Pa

7. September 1901
Postkarte aus Rom an Martha Freud

7. 9. 1901

So ein ausführlicher Brief thut sehr wol. Ich habe, wie Du weißt, auch gleich telegraphirt, auch der Haller[28] schon Karte geschickt. Von uns aus könntet Ihr [es] gern warm haben. Wir sind ziemlich unabhängig von einander. Deinen

27 Mariä Geburt am 8. September.
28 Patientin Freuds.

Plan billige ich sehr, Du wirst noch einen Tag zugeben, 2 Tage in Salzburg elegant wohnen u dann ist alles gut. Auf Kurt's[29] Verlobung reagiere ich vorläufig nicht, gewagte Geschichte. – Heute 8 Tage bin ich nicht mehr in Rom. Wir sind diesmal wirklich weit auseinander. Domiziländerung mußt Du mir telegraphisch anzeigen.

Herzlich
Sigm

8. September 1901
Postkarte aus Tivoli an Martha Freud

Tivoli 8 Sept

Also Baden bei Wien. 1 St Fahrt mit einer Kleinbahn. Alles echt, Berg, Oilwald, Cypressen, tiefblauer Himmel. Feigen, Pfirsich u tiefschwarze Leute. Dazu eine Hitze, die Alex auf 93°[30] schätzt. Hier sind berühmte Wasserfälle u Tempel[31]. Wir sitzen aber noch im Wirtshaus u trinken Aqua Marcia[32], besser als Hochquell, warten auf Wein – jetzt ist er da u schmeckt wie übermangansaures Kali.

Herzl. Grüße
Pa

29 Wahrscheinlich Kurt Rie, der jüngste Bruder von Oscar Rie. Er wohnte seit 1898 in Paris; vgl. Sigmund Freud – Martha Freud, 20. 9. 1898 (LoC).

30 Fahrenheit, d. h. 34° Celsius.

31 Tempel der Sibylle (korinthisch) und Tempel der Vesta (ionisch).

32 Mineralwasser, benannt nach dem reichlich 90 km langen – zumeist unterirdischen – römischen Kanal aus dem Jahre 144 v. Chr.

9. September 1901
Postkarte aus Rom an Martha Freud

9. 9. 1901

Also letzter Brief nach Th[umsee], dann Bristol.[33] Hoffe, Ihr laßt Euch die wenigen Tage nichts abgehen. Daß ich nach Salzburg komme, bedeutet Ausgabe an Geld u *großen* Zeitverlust. Pontebba[34] ist sehr viel direkter. Hier ist es seit gestern positiv heiß geworden. In Tivoli war es trotz Berg u Baum nie recht auszuhalten. Alex ist nicht mehr frisch, vielleicht ändert sich etwas an unserem Plan. Die schönsten Bildergalerien sind noch geschlossen. Ich bin sehr wol erstaunt, daß in 8 Tagen alles vorüber sein soll, aber der Idee wieder zu arbeiten viel geneigter.

Herzlichste Grüße
Pa

10. September 1901
Postkarte aus Rom an Martha Freud

Rom 10. 9. 1901

Heinrich[35] muß auf Besuch gewesen sein? Er hat etwas auf die Karte gekritzelt, bin schon neugierig auf nächsten Brief. Möchte auch gerne von unseren 29° C etwas abgeben. Hoffentlich habt Ihr hier noch einige schöne Tage. Es geht jetzt rasch zu Ende. Wir debattiren schon über die Rückreise. Montag früh in Wien! Heute wieder die herrlichsten Sachen im Vatikan gesehen, von denen man wie im Rausch weggeht. Viel zu erzählen geben. Sei nicht böse, wenn ich gar nichts mitbringe außer alte Scherben, die Gelegenheit

33 Von Mitte Juli an war die Familie Freud in Thumsee, später übersiedelte sie nach Salzburg ins Hotel »Bristol«.
34 Die italienische Grenzstation der Eisenbahnlinie nach Villach.
35 Heinrich Graf, der Mann von Freuds Schwester Rosa.

kommt lange nicht wieder. Spar nicht diese Tage in Salzburg. Auf Wiedersehen.
Herzl Grüße
Pa

11. September 1901
Postkarte aus Rom an Martha Freud

11. 9. 1901

Eben Deine Karte erhalten, verwundert, daß sie von Heinrich nichts erzählt, der sie doch von Salzburg befördert hat. Schreibe heute zum 2ten Mal nach Salzburg. Unsere Reise läuft so: Samstag nachts in einem Zug, aber mit 2mal Schlafwagen, bis Montag früh in Wien.[36] Jetzt freue ich mich auch schon auf das Wiedersehen. Heute ganzen Tag mit Wagen auf dem Lande im Albanergebirge. Es wäre ein köstlicher Anblick für die Kinder gewesen, zu sehen, wie wir zwei auf Eseln geritten sind, 3 St. lang.
Herzl Grüße
Pa

12. September 1901
Postkarte aus Rom an Martha Freud

früh Donnerstag
12. 9. 1901

Heute reist Ihr also. Meine vorletzte Nachricht. Abreise zeige ich doch telegraphisch an. Nachts abscheuliches Gewitter, schlechte Nacht, heute Scirocco, unbeschreiblich müd u recht traurig. Also Abschiedstimmung, die ja auch

36 14. 9. ab Rom 22.10, 16. 9. an Wien (Westbahnhof) 7.50 (»Cook's Welt-Reise-Zeitung«, 12. Jg., Nr. 9, August 1901).

sein muß. Die Vormittage sind noch durch einige dringende Museenbesuche auszufüllen. Nachmittage, an denen sich überhaupt wenig thun läßt, frei.

Herzl Grüße

Pa

12. September 1901
Postkarte aus Rom an Martha Freud

Donnerstag
12. 9. 01

Ärgerlich, daß ich so wenig Nachricht von Euch habe, eine Karte jeden zweiten Tag. Morgen schreibe ich die letzte. Heute war echter Scirocco, grauer Himmel, erdrückende Luft, jetzt Regen. Ganz erschlagen, doch war der Vormittag im Museo[37] u ein Nachmittagsspaziergang sehr schön.

Auch von Minna habe ich nur Karte aus Budweis. Es wird jetzt bald alles vorüber sein. Reise Samstag nachts.

Herzl Grüße

Pa

37 Wahrscheinlich im Nationalmuseum.

Rom, Neapel

26. August bis 15. September 1902

Das wohl wichtigste Ereignis dieses Jahres war die Ernennung Freuds zum außerordentlichen Professor durch Kaiser Franz Joseph I. Aus diesem Anlaß schrieb er ironisch an Wilhelm Fließ: »Die Teilnahme der Bevölkerung ist sehr groß. Es regnet [...] Glückwünsche und Blumenspenden, als sei die Rolle der Sexualität plötzlich von Sr. Majestät amtlich anerkannt, die Bedeutung des Traums vom Ministerrat bestätigt und die Notwendigkeit einer psychoanalytischen Therapie der Hysterie mit $^{2}/_{3}$ Majorität im Parlament durchgedrungen.«[1]

Es war das einzige Jahr in Freuds beruflicher Laufbahn, in dem er nichts veröffentlichte und auch kaum an Manuskripten arbeitete. Er hatte wohl das Gefühl, den Höhepunkt seiner Karriere erreicht zu haben, ruhte sich erst einmal auf seinen Lorbeeren aus und belohnte sich mit der größten Reise, die er bis dahin unternommen hatte: Sie führte ihn bis nach Paestum südlich von Neapel. Ausgangspunkt war Königssee bei Berchtesgaden, wo Freud den größten Teil des August bei seiner Familie in der Villa »Sonnenfels« verbrachte.[2] Reisebegleiter war wiederum sein Bruder Alexander.

1 Freud (1985c), S. 503.
2 Jones (1960–1962), Bd. 2, S. 29.

Ablauf der Reise

26. 8.	Königssee – Bozen
27. 8.	Bozen – Trient – Venedig
28. 8.	Venedig
29. 8.	Venedig – Bologna – Orvieto
30. 8.	Orvieto – Rom
31. 8.	Rom – Neapel
31. 8.–2. 9.	Neapel
2. 9.	Neapel – Sorrent
2.–5. 9.	Sorrent
3. 9.	Museumsbesuch in Neapel
5. 9.	Pompeji
6.–7. 9.	Capri
9.–11. 9.	Fahrt über Amalfi und Salerno nach Paestum
12.–13. 9.	Neapel
13. 9.	Vesuv
14. 9.	Neapel – Venedig

65 Reiseroute 1902

26. August 1902
Postkarte aus Rosenheim an Minna Bernays

Rosenheim 10^{h}

Letzte Grüße aus Bayern.
Fleischl[3] u Breuer[4] waren natürlich im Zug. Paul H[ammerschlag][5] hat mir Ezes[6] in Betreff Neapel's gegeben. Die Kinder in Wien waren wieder reizend. Maus[7] hat mir Margueriten, Hase[8] Mohn überreicht. Rosa[9] hat mich mit Kindern bis auf Perron begleitet. Der Zug von Freila[ssi]ng[10] hieher ist die reine Seelenmassage. Das hältst Du nicht aus, Du mußt Personenzug fahren, ich schreibe Dir noch darüber. In Rosenheim kann man Kalbsschlegelbraten mit Kartoffeln essen. Ente ist besser.
Herzlichste Grüße
Sigm

3 Wahrscheinlich Otto von Fleischl, der Bruder von Ernst von Fleischl, ein von Freud bewunderter ehemaliger Kollege, der morphiumsüchtig und von Freud erfolglos mit Kokain behandelt worden war; vgl. Hirschmüller (1990).

4 Josef Breuer, Freuds ehemaliger Mentor und väterlicher Freund; ihre Beziehungen waren inzwischen stark abgekühlt; vgl. Hirschmüller (1978).

5 Sohn von Freuds Religionslehrer Samuel Hammerschlag. Freud war mit ihm eine Zeitlang ziemlich eng befreundet. Seit 1893 war Paul Hammerschlag mit Josef Breuers ältester Tochter Bertha verheiratet; vgl. Freud (1985c), S. 468, Anm. 1; Hirschmüller (1978), S. 48.

6 Jiddisch: Ratschläge.

7 Cäcilie Graf, die Tochter von Freuds Schwester Rosa.

8 Hermann Graf, der Sohn von Freuds Schwester Rosa.

9 Freuds Schwester Rosa Graf.

10 Bahnstation bei Salzburg.

27. August 1902
Postkarte aus Bozen an Minna Bernays

Bozen 27. 8. 02
10h

Liebe Minna
Ich bin Schlafwagen gefahren, habe dabei auf wunderbare Art meinen Doppelgänger (nicht Horch[11]) gesehen. Bedeutet das: Vedere Napoli e poi muori?[12] In Bozen regnet es, denk' Dir! Und ich habe mich elegant gemacht. Alex ist nicht hier,[13] auch keine Nachricht. Reiseausrüstung vervollständigt, auch Briefpapier. Schwarz[14] hat mir für 25 Mk 49 Kr gegeben, ich war so ehrlich, nach einer Weile 20 Kr zurückzubringen. Wenn es so weiter geht, schreib ich Dir Nachmittag einen langen Brief.
Herzl Grüße an Alle
Pa

28. August 1902
Postkarte aus Trento an Minna Bernays

Trento – Bahn, 28/8 02
8h

In ¾ Stunden überschreiten wir die Grenze.[15] Die Sonne fängt an über Trient zu scheinen. Zu Mittag bis Abend in Venedig, dann Nachtfahrt bis Orvieto. Von dort aus bin ich

11 Viele Jahre später erwähnt Freud in einem Brief an Martha einen Ludwig Horch. Wer das ist und ob er Freud ähnlich sah, konnte nicht geklärt werden; vgl. Sigmund Freud – Martha Freud, 5. 8. 1920 (FM).
12 »Siehe Neapel und stirb!« Diese Wendung wird von Goethe in seiner »Italienischen Reise« zitiert; Goethe (1948 ff.), Bd. 11, S. 189.
13 Offensichtlich hatte sich Alexander zu dem vereinbarten Treffen in Bozen verspätet.
14 Arthur Schwarz war Sekundararzt im Wiener Allgemeinen Krankenhaus und Kollege Freuds bei Theodor Meynert; vgl. Hirschmüller (1991), S. 52. Später gehörte er zu den Hörern von Freuds Vorlesungen; vgl. Gicklhorn & Gicklhorn (1960), S. 172.

66 Campanile nach dem Einsturz

auffindbar. Alles bewährt sich bis jetzt. Ich hoffe, Du hast in diesen einsamen Tagen nichts gebraucht. Von nun an werde ich Briefe u Karten numerieren.

Herzl Grüße an Alle

Pa

28. August 1902
Postkarte aus Venedig an Minna Bernays

Donnerstag 28. 8.
½ 4^h

Bei köstlichstem Cafe u Wasser Erholung nach den Strapazen der Reise. Vor uns der Trümmerhaufen des Campanile hinter Bretterzäunen.[16] Die Kirche ist schöner denn je, wie

15 Südtirol gehörte damals zu Österreich, und die Grenze zu Italien verlief südlich von Trient.

16 Am 14. Juli 1902 war der Campanile eingestürzt und hatte die Loggetta (ursprünglich eine Marmorhalle für die Mitglieder des Großen Rates, seit 1569 Wachlokal der Garde des Dogenpalastes) und die Alte Bibliothek erheblich in Mitleidenschaft gezogen.

eine junge Witwe nach dem Tod des Herrn Gemahl. Dann wollen wir auf dem Lido ein Seebad nehmen. Abends 11^h^ geht es weiter. Wagen u das Reisen überhaupt hat sich sehr gebessert. Ich denke viel an Euch u grüße Euch alle herzlichst.

Pa

29. August 1902
Postkarte aus Bologna an Minna Bernays

Bologna Freitag 29. 8. 02
2^h^25 nachts

Venedig war unglaublich schön, Bad, Gondelfahrt (das wär' für Dich das einzige Transportmittel). Nachtmal zwingt aber zu einer Nachtfahrt, die sich sehr interessant u geruchsreich gestaltet. In der prächtigen Bahnhofsrestauration kann man wieder Cafe trinken, 5^h^ Aufenthalt bis der Münchener Zug kommt.[17] Aber es ist sehr schön. Regnen thut's nicht. Und bei Euch?

Herzl Grüße
Pa

30. August 1902
Postkarte aus Rom an Martha Freud

Rom, Rosetta[18]
31. 8. 1902

Liebe Martha

Ich begrüße Dich hoffentlich wolbehalten heimgekehrt u jetzt mit der Sorge um's Haus u der Aufgabe, Minna wegzubringen, behaftet. Schäme mich, daß ich gestern ganzen

17 Der Nord-Süd-Expreß von Berlin über München nach Rom und Neapel.
18 Bekanntes Restaurant in der Nähe des Pantheons, Via Giustiniani, Ecke Via della Rosetta.

Tag nicht geschrieben habe, wir waren von 11^h–9^h in Orvieto. Heute feiern wir hier nur Wiedersehen. Es ist herrlich heiß. Wir haben das alte Zimmer im Hotel, fahren noch morgen früh Neapel.

Telegramm erhalten.

Herzl Grüße

Sigm

31. August 1902
Postkarte aus Neapel an Martha Freud

N. I
$4^{h.}$ Neapel, Sonntag
31. 8. 02

Um 2^h hier angekommen, wie heiß es in Bahn war, übergehe ich. Erste Enttäuschung. Vesuv raucht nicht, Alex hat ihn gar nicht erkannt (Wir rauchen hier englische Pfeifen). Erwartet noch kein Entzücken, der Himmel ist leider graublau u wir haben noch nicht gegessen, sitzen aber jetzt im besten Restaurant: Giardini di Torino. Dann zur Post. Wohnung noch nicht definitiv aufgenommen.

31. August 1902
Postkarte aus Neapel an Martha Freud

N. II
Giardini di Torino
31. 8.

Das Essen war großartig. Nudelsuppe, aber die habe ich refusiert, deswegen bin ich nicht nach Neapel gereist bei 32°. Dann ein Fisch, Kalbsbraten mit süßer Sauce, Fisolen als Salat,[19] 3 Käse zur Auswal u Obst, dabei Trauben, wegen

19 Bohnensalat.

67 Bucht von Neapel mit Vesuv

deren ich wirklich hergekommen bin. Das Ganze mit weißem Ischiawein 2.50 fl. – Alex ist unglücklich, weil Neapel so viel ruhiger u reinlicher ist als er's erwartet. Für bescheidene Bedürfnisse reicht's noch.

1. September 1902
Postkarte aus Neapel an Martha Freud

Montag 1 Sept 1902
N = 4[20]

Meine Theuere

Daß es in Neapel schön ist, ist ja bekannt; der Blick, bei dem ich jetzt schreibe, die ganze Bucht von der Seite des Vesuv bis zur Spitze des Posilipp[21] ist wirklich schauenswerth. Die Menschen aber sind häßlich, oft ekelhaft,

20 Die dritte Karte ist nicht erhalten.

21 Bergrücken im Südwesten Neapels.

schauen aus wie die Galeerensträflinge. Spektakel u Schweinerei sind wie im Mittelalter. Vor Allem aber ist es unmenschlich heiß, nicht genau zu erfahren, wieviel; aber gestern war es doch 33.5 C u dabei hört alle Genußfähigkeit auf. Wir gehen morgen nach Sorrent, vielleicht ist dort mit dem Seebad besser auszuhalten. Natürlich haben wir [Fortsetzung nächste Karte an Minna Bernays]

N = 5

in der Stadt wenig gesehen u nichts gekauft. Es fehlt an der Energie den Baedeker umzublättern. Eure Briefe lasse ich mir von der Post nachschicken. Das Essen, Capri liqu.[22] oder Ischia, ist allerdings glänzend u hält einen aufrecht. Geraucht wird bekanntlich englischer Tabak (Bird's eye[23]) in kurzer Holzpfeife, unendlich billiger u viel besser als Cigarren. Wir waren heute im Aquarium, sind (nicht ungestraft) unter Palmen gewandelt,[24] haben das Denkmal Konradin's[25] besucht, sonst aber nichts. Der Friseur war ein Künstler, der sich Zeit gelassen hat.

Herzlichste Grüße
Pa

68 Konradin

22 Der bekannte rote und weiße Capri-Wein.
23 Auch Roll-Cake-Tabak genannt, hergestellt aus erlesenen Virginia- und Cavendish-Tabaken.
24 Anspielung auf Goethes Roman »Die Wahlverwandtschaften«, »Aus Ottiliens Tagebuche«: »Es wandelt niemand ungestraft unter Palmen«; Goethe (1809), S. 355.
25 Standbild des mit 16 Jahren 1268 enthaupteten Konradin von Hohenstaufen, des Enkels Friedrichs II., in der Kirche Santa Maria del Carmine.

1. September 1902
Postkarte aus Neapel an Martha Freud

N = 6
Montag 1 Sept.

Heute Nachmittag ist es plötzlich weniger drückend geworden u wir atmeten auf u leben seitdem wieder. Es thut uns leid, daß wir die Abreise nach Sorrent beschlossen haben, doch bleibt es dabei. Wahrscheinlich habt Ihr dasselbe Wetter u kein Neapel dabei. Minna's Karte von Freitag erhalten.

Herzl Gruß
Sigm

2. September 1902
Postkarte aus Sorrent an Martha Freud

Sorrent
H. Cocumella[26] 2. Sept.

Endlich. Hier ist das Schlaraffen(Giraffen)Land. Ich will Euch gar nicht viel beschreiben, sonst werft Ihr mir's zu oft vor, daß ich vor dem Essen im wirklichen Meer gebadet, dann durch Tunneln hinaufgestiegen in eine Pension, für L 6 mich an köstlicher Zwiebelomelette satt gegessen u jetzt Cafe trinke unter Bäumen mit gelben u grünen Orangen, Weintrauben, Palmen udgl. Dann aber gleich auf die Post, um Nachricht von Euch zu haben.

Euer Papa

26 Das Hotel Cocumella war 1822 eröffnet worden; zur Zeit von Freuds Aufenthalt wurde es als Halbpension geführt und bot einen Garten, eine Terrasse und einen guten Badestrand.

69 Hotel Cocumella in Sorrent

3. September 1902
Brief (6 S.) aus Sorrent an die Familie
Teilweise veröffentlicht in: Freud (1955m), S. 36 f.

Sorrent 3 Sept 1902

Meine Lieben

»Kennst du das Land, wo die Citronen blühen«.[27] Wo nicht, will ich Euch beschreiben, was ich gerade von der flachen Terrasse vor unserem Zimmer im 1 Stock der Cocumella sehe: Links habe ich den Schatten von einem anderen Flügel des Hauses, u das ist gut, sonst säße ich gar nicht da. Rechts folgt auf die Einfassung der Terrasse ein Gewirr von Kronen aus dem Hotelgarten, aus dem sich 3 Pinien elegant herausheben. Dazwischen sehe ich hohe Nußbäume, wilde Feigenbäume, so mir nächste, den ich fast greifen kann,

27 Anspielung auf Goethes Gedicht »Mignon«: »Kennst du das Land, wo die Zitronen blühn, / Im dunkeln Laub die Goldorangen glühn, / Ein sanfter Wind vom blauen Himmel weht, / Die Myrte still und hoch der Lorbeer steht«; Goethe (1960 ff.), Bd. 1, S. 111. Freud hat sich mehrfach auf dieses Gedicht bezogen bzw. dessen ersten Vers zitiert.

Kastanien usw. Was aber so tiefgrün ist, ohne sich zur Höhe der Mauer zu erheben, das sind, wie ich durch Erfahrung weiß, Orangen u Citronenbäume, voll behängt mit grünen Früchten, u wenn ich aufstehe u in den Garten hinunterblicke, sehe ich auch an den hintersten Bäumen des Gartens die großen orangegelben Ballons »im dunkeln Laube glühen«. Einer dieser Bäume hat sich einen merkwürdigen Farbeneffekt verschafft, indem er sich von einer Winde mit riesigen blauen Glocken durchwachsen ließ. Das stellt Euch nur vor.

Der Wald links geht so weit bis ein ganz anständiger Berg ihn aufhält, um dessen Mitte eine Fahrstraße einen weißen Gürtel gezogen hat. Oben sind dann noch leuchtend weiße Mauern von einem Castell. Ich glaube, es ist der M. S. Angelo,[28] verweile aber nicht bei ihm, denn vor meiner dritten u höchsten Pinie wird der Blick auf einen anderen Berg frei auf dessen Spitze wirklich ein feines Wölkchen schwebt u zu dessen Füßen ein Haufen kleiner Häuser gerade eben ein Stückchen Meer sich ausbreitet. Das ist natürlich der Vesuv höchstselbst mit Torreannunciata[29], wo Pompeji ganz in der Nähe ist. Man sieht ihn heute deutlicher wie sonst, es war leider neblig in den letzten Tagen.

Endlich vor mir brauche ich nur über das weiße Dach einer russischen Villa hinwegzusehen, so liegt das blaue Meer vor mir, nur leicht kraus, bis zu einem langen, weißfleckigen Strand gegenüber, zu dem man in 5/4 Stunden Wasserfahrt gelangen kann. Dort liegt das Hundenest u der Affenkäfig Neapel, in dem es nicht zu leben war, das sich aber beleuchtet abends fast noch schöner ausnimmt als seinerzeit Wien von der Bellevue aus. Eine allerherrlichste Pinie theilt mir die Aussicht gerade in zwei gleiche Felder. Dann schließt sich nach links hinüber noch ein buckliger

28 Der Monte Sant' Angelo liegt südlich von Castellammare am Anfang der Sorrenter Halbinsel.

29 Torre Annunziata, Ortschaft unterhalb des Vesuvs.

Felsen an, der die Insel Ischia bedeutet, u käme dann nicht wieder das Haus, so müßte ich noch das nur ¾ St entfernte Capri beschreiben.

Das ist also sehr schön, aber es ist anders, als wir es uns vorgestellt. Die Beweglichkeit, sich alles anzusehen u für die Aussicht den Standpunkt zu wechseln, ist nicht dabei. Es ist heiß, furchtbar heiß, wie alle Welt sagt, erst seit 4–5 Tagen. Aber von 11–4^{h} kann man sich nicht rühren, u auch vorher u nachher nur fahren, baden, mit Barke fahren; aber wehe dem, der versucht zu gehen. Alle Ausflüge ruhen also noch, diese beiden ersten Tage in Sorrent sind mit Seebad u dolce far niente[30] hingegangen.

Immerhin noch einiges andere: Gestern waren [wir] im Theater (!), wo wir eine Operette recht geschickt gegeben von ¾10–¾1^{h} mitangesehen haben. Unter freiem Himmel natürlich, ein offener Hof als Zuschauerraum, eine freistehende Bühne, Gewächse, wie sie bei uns bei Hochzeiten u Begräbnissen ausgeliehen werden, als Seitenfüllung. Die feinste italienische Gesellschaft von Sorrent mit dem besten Benehmen dabei. Man begreift, daß die Leute gerne bei Nacht leben.

[Bisher nicht veröffentlichter Teil:]

Weiter: mit Warten auf Nachricht von Euch. Ich habe gestern Mittag mit Rückantwort telegraphirt, vom Vorort S. Agnello aus, in dem unser Hotel liegt. Heute von der Hauptpost in Sorrent.

Briefe habe ich seit Minna's Karte N3 keine, werde die Post in Neapel noch mahnen. Man spürt schon, daß man außer der Welt ist. Von Sicilien ist übrigens keine Rede mehr. Palermo prangt täglich mit 35 C in der Liste. Ich weiß also noch nicht, daß Martha heimgekehrt ist u wie. Wenn erst die Verbindung hergestellt ist, werde ich zufriedener sein. Wir

30 Süßes Nichtstun, nach dem lateinischen Ausspruch von Plinius dem Jüngeren: »Illud iucundum nil agere« (Buch 8, Ep. 9).

gedenken eine Woche hier zu bleiben u Sorrent zum Hauptquartier zu machen. Dann müssen wir doch nach Neapel zurück.

Ich grüße Euch alle herzlich u bleibe in Erwartung guter Nachrichten von Euch

Euer Papa

4. September 1902
Brief (4 S.) aus Sorrent an Martha Freud

Sorrent, 4. 9. 02

Geliebte Alte

Endlich bin [ich] im Besitz der offiziellen Mittheilung Deiner Ankunft u hoffe nun auch mehr von Dir zu hören. Der Hund auf der Post in Neapel hat natürlich die Briefe nicht nachgeschickt u so habe ich 3 Karten auf einmal bekommen. Ich werde ihn für die wenigen Tage, die noch ausstehen täglich mahnen.

Neapel marschiert jetzt an der Spitze des calore[31], gestern u vorgestern haben wir Palermo übertroffen u sind nur hinter Brindisi zurück. Aber man akklimatisirt sich. Der heutige Tag war genußreich, 4 St. auf dem Meer, nach Neapel u zurück, dazwischen das Museo[32] mit den herrlichen Sachen aus Pompeji, dem ich zweiten Besuch schuldig geblieben. Dann auf der Heimfahrt ins Bad im Wetteifer mit dem roten Ball der untergehenden Sonne, der gerade noch halb herausschaute im Capriwinkel, wie wir in's laue Wasser stiegen. Jetzt warten wir auf den Pranzo[33]. Morgen vielleicht Pompeji. Es ist schon der 4 Sept.

Unzufrieden bin ich mit den Mitzubringenden. Es gefällt

31 Der Temperaturen.
32 Museo Nazionale, eine der bedeutendsten Altertümersammlungen der Welt mit Wandgemälden aus Pompeji, Herculaneum und Stabiae.
33 Abendessen.

70 Sorrent

mir nichts, was man kaufen kann, plump u schwer u durch die Verkleinerung um allen Reiz gekommen. Auch für den reisenden Merkur habe ich mich nicht erwärmt, übrigens auch nicht im Original. Ich wäre für bestimmte Vor- u Ratschläge sehr dankbar, sonst kann's passieren, daß ich bis auf ausgekühlte Lava gar nichts mitbringe.

Wie Du aus meinen häufigen Briefen siehst, bleibt Zeit genug an das Haus zu denken. Arbeit in der Hitze ist eben etwa Undurchführbares.

Weiter geht es nicht in Italien mit den Septreisen; nächstes Jahr also England; wenn alles gut geht, aber sehr gut, dann kannst Du mit, mußt aber ordentlich mitthun können. Grüße die Fratzen, die sich übrigens keine Mühe geben, u Minna herzlich

Dein Sigm.

5. September 1902
Postkarte aus Sorrent an Martha Freud

Freitag 5/9 02

Gestern durch Euer Telegramm, die Berge aufzusuchen, etwas aufgestört. Überflüssige Sorgen. Wir sind sehr wol u leben sehr bequem, so ärgerlich die große Hitze auch ist,

71/72 *Via Mercurio in Pompeji*

die dem ganzen Italien im Sept ein Endc machen wird. Wir waren heute in Pompeji[34], wo es extra heiß war. Natürlich einzig interessant, u von dort aus habe ich das Telegramm beantwortet, auch 20 Ansichtskarten aufgegeben. Morgen wahrscheinlich Ruhetag.

Herzl Grüße

Euer Pa

6. September 1902
Brief (4 S.) aus Sorrent an Martha Freud

Sorrent. 6. 9. 02

Geliebte Alte

Endlich Deine erste Karte hieher (Cocumella) bekommen, in Neapel liegt gewiß noch etwas von früher. Eure Verwunderung über die zwei Telegramme wäre leicht auf-

34 Freud hatte seit langem davon geträumt, Pompeji zu besuchen, dessen Straßen er schon Jahre vorher auf Plänen studiert hatte; vgl. Freud (1985c), S. 250.

zuklären, aber schade um den Raum. Ich freue mich, daß es so gut geht, u [es] so gar nichts bei Euch giebt. Jetzt möchte ich auch bald von Minna's Reiseplänen hören, vielleicht kann ich sie noch in Bozen treffen, denn daß ich bis zum letzten Tage in diesem Backofen bleibe, ist doch nicht wahrscheinlich.

Genauere Pläne habe ich noch nicht. Drei Tage vor der Abreise von hier werde ich Euch telegraphisch die neue Briefadresse angeben.

Ich will aber nicht bedauert werden. Es ist eigentlich herrlich u wahrscheinlich bin ich schrecklich undankbar, daß ich über irgend etwas jammere. Dabei das hervorragende Wolbefinden durch das lange Seebad, den guten Rothwein u die schöne Ruhe, kurz: nie schlechter, bis auf das eine, daß ich nicht immer so an Wagen u Boot gefesselt sein möchte. Kein Schritt zu Fuß möglich.

Heute haben wir nach dem Besuch in Pompeji geruht, dh von 9–11^{h} gebadet u Seethiere gefangen u denken nachmittags mit der Barke einige Stunden auf 's Meer hinaus [zu fahren]. Der Vesuv raucht wieder tüchtig bei Tag u hat gestern abends zuerst wieder Feuerschein gehabt. Der Glanz ist heute unbeschreiblich, die Temperatur aber auch sehr bemerkenswerth. Ich begreife alles, was man von der Wirkung des Südens auf Character u Thatkraft sonst gehört hat. Die Sonne ist eben stärker.

Ich denke, daß ich jedenfalls Sonntag 8 Tage noch hier oder in Neapel sein werde, also bis zum 14., dann trete ich die Rückreise an, die sich wol auch über eine Woche mit Aufenthalten dehnen wird.

Laßt es Euch sehr gut gehen; ich weiß, daß Ihr nur noch eine Woche Ferien vor Euch habt.

Mit herzlichsten Grüßen für Dich u alle Fratzen (von denen ich nur einmal Brief von Mathilde u Ernst gehabt)

Dein Sigm

7. September 1902
Postkarte aus Capri an Martha Freud

Capri 7. 9. 02

Capri ist ein höchst verrückter Doppelfelsen mit kleinem Sattel dazwischen, auf dem Leitern u Serpentinen bis zur Höhe führen, wozwischen außer den gewöhnlichen italienischen Bäumen Palmen, Cactus etc. ein entsetzliches Gedränge aufführen. Wir wollten um $\frac{3}{4}8^{h}$ früh den Fahrweg nach Anacapri, der zweiten höheren Stadt gehen, sind aber um 8^{h} umgekchrt u hatten um $8\frac{1}{4}^{h}$ einen Wagen. Grund leicht zu errathen. Derselbe, weshalb wir diese Nacht nicht geschlafen haben. (Was übrigens
[Fortsetzung auf einer zweiten Karte]
bei Tage Eidechsen u Schmetterlinge sind, das sind bei Nacht Zanzari u Flöhe). Um 11^{h} vertauschten wir den Wagen mit Barke u hatten eine herrliche Fahrt längs der Küste bis zu einem Loch in einer Wand, durch das durchzukom-

men nicht leicht war, weil es un po' di mare[35] gab. Drin war es wirklich merkwürdig blau. Jetzt sitzen wir beim Dejeuner im Haus, wo überall Scheffel's[36] Bilder herumhängen u fahren um 4h nach Hause, dh nach Sorrent. Herzl Gr

Pa

73 Capri

8. September 1902
Postkarte aus Sorrent an die Familie

Sorrent 8. 9. 02

Meine Theuern

Von heute nicht viel zu erzählen, Bad u Seefahrt desto behaglicher. Temperatur ermäßigt. Morgen früh geht es auf die 2-½tägige Wagenreise, Amalfi, Salerno, Pesto[37] u Sorrent retour am Donnerstag, wo ich Briefe von Euch vorzufinden hoffe. Ich freue mich sehr mit Eueren regelmäßigen Nachrichten. Heute übrigens noch Theater. Morgen früh Telegramm für Euch. Herzlich

Pa

35 »Weil es etwas Meer gibt«; wahrscheinlich erschwerte der Wellengang die Einfahrt in die Blaue Grotte.
36 Joseph Viktor von Scheffel, der 1853 längere Zeit auf Capri lebte und malte, bevor er zu dichten begann. Für Freud mag das Assoziationen geweckt haben: Scheffel war der Verfasser des Gedichtes »Ichthyosaurus«, nach dem Freud eine Jugendliebe zwischen 1870 und 1873 genannt hatte.
37 Aus Paestum schrieb Freud am 10. 9. an Wilhelm Fließ eine Ansichtskarte (Tempio di Nettuno) mit dem einen Satz: »Einen herzlichen Gruß vom Höhepunkt der Reise«; Freud (1985c), S. 504.

74 Eingang zur Höhle der Sibylle

12. September 1902
Postkarte aus Neapel an Martha Freud

Neapel 12. 9. 02

Ich versuche es Euch noch einen Gruß ins alte Haus zu schicken, ehe Ihr übersiedelt. Eine Woche später bin ich bei Euch u die Heimat wird mir doppelt so gut gefallen nach dem langen Streifen in der Fremde. Hier ist es ebenso geräuschvoll aber nicht so heiß wie zuerst. Man lebt u schimpft. Meine nächste Adresse ist wahrscheinlich Venedig, Hotel Britannia, dann will ich Minna auflauern, dann wird es Ernst.

Herzl Gr
Pa

75 Neptuntempel in Paestum

13. September 1902
Postkarte aus Neapel an Martha Freud

Napoli 13. 9. 02

Also Ihr seid wieder zu Hause, wenn Ihr diese Karte lest u überlegt gerade die Heimreise, während ich schreibe. Wir bleiben hier einen Tag länger. Die Hitze ist gemäßigt u wir wollen noch auf Vesuv. Heute haben wir auf Tagesausflug Menge von schönen u sonderbaren Sachen gesehen, waren in der Unterwelt[38] u sind heil aber schmutzig wiedergekommen. Es ist doch eigentlich sehr schön hier. Zu Hause ist es aus anderen Gründen auch schön.

Herzl Grüße
Sigm

38 Vielleicht hatten Freud und Alexander die Höhle der Sibylle besucht, was naheliegt, hatte doch Freud zur »Aeneis«, in der Vergil die Höhle schildert, eine besondere Beziehung: Das Motto der »Traumdeutung« stammt aus diesem Werk.

Bayern, Südtirol

6. bis 20. September 1903

Es gibt kein Jahr in Freuds Erwachsenenleben, über das wir so wenig wissen wie über das Jahr 1903, aus dem nur wenige Briefe erhalten sind. Es war das Jahr der letzten persönlichen Begegnung mit Fließ[1] und der Arbeit an den beiden Büchern über den Witz und zur Sexualtheorie.[2]

Von Mitte Juli bis Anfang September war Freud mit seiner Familie in Königssee bei Berchtesgaden. Von dort aus fuhr er mit seiner Schwägerin Minna zwei Wochen durch Bayern und Südtirol. Ernest Jones berichtet darüber folgendes: »Sie verbrachten die erste Woche in München und Nürnberg, wo es so heiß war, daß sie sich nach den Bergen sehnten und nach Bozen fuhren. Da aber herrschten so oft Gewitter, daß sie wegen Minnas schlechten Gesundheitszustands nach Meran gingen, dem Lieblingskurort der weiblichen Mitglieder der Familie, und dort die restlichen Ferientage verbrachten.«[3]

Leider ist von dieser Reise in den großen Freud-Archiven nur ein Brief erhalten. Allerdings müssen Jones weitere Briefe vorgelegen haben, ansonsten hätte er nicht die zitierten Angaben machen können.

1 Freud (1985c), S. 507.
2 Freud (1905c, d).
3 Jones (1960–1962), Bd. 2, S. 38.

16. September 1903
Brief (4 S.) aus Meran an Martha Freud
Auf Briefpapier des »Savoy-Hotel Meran«[4]

16. 9. 1903

Geliebte Alte

draußen rauscht die Passer zum Einschlafen, auf den Bergen liegt dicker weißer Schnee, die rotbackigen Äpfel frieren wie wir, aber wir sind in Meran u sehr froh, wieder im Savoy aufgenommen zu sein.

Du weißt, wir sind vom direkten Bahnverkehr abgeschnitten, da das Pustertal u die Straße Salzburg–Innsbruck unterbrochen sind. Etwas von dem Wetter, das Du auf Deiner Karte aus Schellenberg[5] schilderst, haben wir auch hier verkostet. Bozen hättest Du jedenfalls nicht erkannt.

Wir warteten Tag für Tag auf die Aufhellung; wozu waren wir denn nach Südtirol gegangen? Als uns aber endlich aus den Zeitungsberichten klar wurde, daß wir es mit einem allgemeinen Wettersturz zu thun haben, sind wir rasch entschlossen gewesen, die Höhen aufzugeben u Meran dafür zu nehmen.

Eigentlich war dies von Anfang an mein geheimer Vorsatz. Die Überzeugung von Minnas geringer Leistungsfähigkeit sah ich gestärkt u die Witterungsverhältnisse haben allem Schwanken ein Ende gemacht. Ich hoffe, sie wird es nicht bereuen. Der Empfang hier war sehr herzlich, das Essen üppig u das Ganze macht den vornehmsten u behaglichsten Eindruck.

Wir waren schon vorgestern für einige Stunden hier gewesen, auf Besuch bei Frau Schlesinger.[6] Aber es geht so ab-

4 Heute eine Berufsschule für das Gastgewerbe.

5 Kleiner Ort zwischen Salzburg und Berchtesgaden.

6 Nicht eindeutig identifizierbar. Es könnte sich um Julie Schlesinger handeln, die Gesellschafterin von Josefine Auspitz, einer Freundin von

76 Meran

wärts mit der armen Frau, daß ich Minna bei ihr nicht einquartieren will. Sie würde sich mehr schaden, als sie der Alten nützen kann. Sie läßt Dich natürlich herzlich grüßen. Der Verkehr mit ihr ist, wie Schult[7] selbst klagte, ganz unmöglich geworden.

Freuds wichtigster Patientin aus der ersten Hälfte der 1890er Jahre; vgl. Winter (1927), S. 73 f.
7 Nicht identifiziert.

Während es uns also so gut geht, hast Du, wie ich weiß, leider alle nothwendigen u überflüssigen Beschwerden der Situation auf Dich geladen. Die Reise unter diesen Umständen muß nicht behaglich gewesen sein. Bei Martin war es gewiß doch nur derselbe[8] wie bei Frl[9] u Ernstl? Ich hatte für sicher angenommen, daß Du nach Bristol gehen wirst; dorthin ist auch mein Telegramm zum Hochzeitstag[10] gekommen. Nun wie war Wolf-Dietrich?[11] Hoffentlich anständig.

Dank dem schlechten Wetter haben wir recht billig gelebt. Zu kaufen gab es auch nichts Rechtes. Mitbringen werde ich nur, wenn Du mir angeben könntest, was. Als Aufforderung lasse ich diese Bemerkung aber nicht gelten; ich weiß, daß mich eine Antwort auf diesen Brief nicht mehr erreicht. Die Rückkehr wird wol so bleiben, wie wir es ausgemacht haben, spätestens Sonntag früh in Wien, wobei ja noch mit den Verkehrsverhältnissen gerechnet werden muß. Über Innsbruck–München (Rosenheim)–Salzburg ist der Weg auch heute frei.

Du mußt nicht glauben, daß ich von der Reise nichts gehabt, obgleich ich nichts Neues gesehen. In Bozen konnte man immerhin jeden Tag stundenlang gehen, die Luft war köstlich erfrischend; jedenfalls diese Woche weniger mühselig als die erste, in der wir uns mit der Hitze in München u Nürnberg herumgeschlagen haben.

Ich hoffe, Du kommst nun schnell in Ordnung, behältst die heitere Stimmung aus den Ferientagen u bändigst die Fratzen, bis ich nach Hause komme.

Mit herzlichsten Grüßen für Dich u an alle

Dein Sigm

8 Wahrscheinlich derselbe Katarrh.

9 Wohl eine Hausangstellte der Familie Freud.

10 14. September.

11 Nicht identifizert.

Griechenland

28. August bis 10. September 1904

Griechenland nimmt unter allen Kulturen, für die Freud Interesse hatte, eine Sonderstellung ein. Nicht daß die Bewunderung der klassischen Antike für einen bürgerlichen Intellektuellen der Donaumonarchie ungewöhnlich gewesen wäre, doch haben griechische Literatur, Mythologie, Kunst und Philosophie Freuds Werk mehr beeinflußt als das jedes anderen Wissenschaftlers seiner Generation.[1]

Für ihn waren die Griechen ein »höchst begabtes«[2] und »kulturüberlegenes Volk«[3] – eine Einstellung, die sich durch seine Briefe und Schriften von der Schulzeit bis zum Spätwerk zieht: So führte er als Schüler ein Tagebuch in Altgriechisch,[4] die Begriffe für Schlüsselkonzepte der Psychoanalyse wie Ödipuskomplex und Narzißmus sind der griechischen Mythologie entlehnt, und Theodor Gomperz' mehrbändiges Werk »Griechische Denker«[5] nannte Freud im Rahmen von Hugo Hellers Umfrage aus dem Jahre 1906 unter den zehn »guten Büchern«[6].

Aber Freud kannte die griechische Kultur nicht nur aus Büchern. Den Antikenabteilungen der von ihm besuchten Museen hat er immer besonders viel Zeit gewidmet, und ein bemerkenswerter Teil seiner großen Antiquitätensamm-

1 Vgl. z. B. Tourney (1965).
2 Freud (1939a), S. 167.
3 Freud (1905e), S. 210.
4 Jones (1960–1962), Bd. 2, S. 40.
5 Gomperz (1896–1909).
6 Freud (1960a), S. 267 f.

lung besteht aus griechischen Plastiken und Keramiken.[7] Im Mai dieses Jahres plante er einen Aufsatz über den »Sexualcharakter der antiken Baukunst«, zu dessen Ausarbeitung es dann nicht kam.[8]

Nachdem er im Sommer sechs Wochen mit seiner Familie in der Villa »Sonnenfels« in Königssee bei Berchtesgaden verbracht hatte,[9] faßte er dort Mitte August den Entschluß, mit seinem Bruder Alexander »an der Adria herumreisen«[10] zu wollen. Wo genau es hingehen sollte, war zunächst unklar, doch wiesen die Überlegungen in Richtung Korfu.

Ablauf der Reise

28. 8.	Königssee – Salzburg – Graz
29. 8.	Triest – Ausflüge nach Opicina und Miramare
30. 8.	Triest
31. 8.–3. 9.	Schiffspassage: Triest – Brindisi – Saranda – Korfu – Patras – Athen
4.–6. 9.	Athen
6. 9.	Athen – Korinth – Patras
7.–8. 9.	Schiffspassage
9. 9.	Triest
10. 9.	Wien

7 Etwa 150 der insgesamt noch existierenden 1750 Stücke sind griechischen Ursprungs.

8 Grubrich-Simitis (1993), S. 151.

9 Ende Juli schließt er hier die »Drei Abhandlungen zur Sexualtheorie« ab; Freud (1985c), S. 510; Jones (1960–1962), Bd. 2, S. 29.

10 Freud (1985d), S. 281.

77 Reiseroute 1904

28. August 1904
Postkarte aus Salzburg an Martha Freud

I.
Salzburg 28. 8. 04.

10^{h} Grenze passirt. Hier wenig Zeit, Geld gewechselt, Cigarren, Karten, kleiner Imbiß, Fahrkarte, dann geht es nach Graz. Wetter bedeckt, nicht kühl, eher schwül. Nächste Nachricht aus Graz.

Herzl Grüße
Pa

28. August 1904
Postkarte aus Graz an Martha Freud

2)
Sonntag, 7½ ab
Graz Elephant

Tag hat sich gehalten, nach glücklich bestandener Fahrt wieder einmal bei diesem soliden Tier zu Gast,[11] um die Lücken der Ernährung auszufüllen. Anfang war glänzend, Pilsner ist sehr gut. Um ½12^{h}!! geht es weiter nach Triest.[12]

Gruß an die neuen Gäste.[13]
Herzlich
Pa

11 Es konnte nicht geklärt werden, bei welcher früheren Gelegenheit Freud im Hotel Elephant gespeist hatte. Ende Mai 1898 war ein »Kongreß« mit Wilhelm Fließ in Graz im Gespräch; vgl. Freud (1985c), S. 342–344.

12 23.29 ab Graz, 6.30 an Triest (»Cook's Continental Time Tables, Tourist's Handbook and Steamship Tables«, London: Thomas Cook & Son 1904, S. 72).

13 Um welche Gäste es sich handelt, konnte nicht ermittelt werden.

29. August 1904
Postkarte aus Triest an Martha Freud

3)
Montag 29. 8. 04
Triest 8½^{h}

Nach sehr bequemer Fahrt in ganzem Coupé mit Meeresaussicht (2 Kr à Person) hier angekommen, Hotel buon pastore, Toilette gemacht u jetzt Café Specchi [Café mit Pinzes]. Tag nicht drückend, vorläufig wenigstens. Dann Besuch beim Lloyd, Erkundigungen usw. Nächste Karte wird die erwarteten wichtigen Entscheidungen bringen.

Herzlich Grüße
Pa

29. August 1904
Postkarte aus Opicina[14] an Martha Freud

4)
Op[i]cina ober Triest
29. 8. 04 12^{h}

Heute ereignisvoller; zuerst hat man uns Angst gemacht, daß man für Corfu Paß braucht, dann hat uns der griechische Consul wieder beruhigt. Dann hat Alex Erkundigung bei einem bekannten Spediteur eingezogen, der höchst geehrt über unseren Besuch uns nicht auslassen wollte, uns geraten hat, die Hinfahrt nach Athen zu machen, wo wir freilich nur 2 Tage bleiben könnten. In Corfu soll nicht viel los sein. Wir überlegen noch. Sehr verlockend. Unterdes hat er uns hieher dirigirt, elektrische Zahnradbahn auf den Karst mit entzückendster Aussicht auf die Stadt wie Torsato bei Fiume[15]. Hier wollen wir Mittagessen.

Herzl Grüße
Pa

14 Ort oberhalb von Triest.
15 Heute Rijeka.

29. August 1904
Postkarte aus Triest an Martha Freud

5)
29. 8. 04

Wir reisen mit »*Urano*«[16] Dienstag 10½ früh.[17]
Brindisi – Mittwoch nacht *10½*
Corfu – Donnerstag 1½ mittag
Patras Freitag 4½ früh
Athen Samstag 4^{h} früh

Bitte nur nach Athen postlagernd zu schreiben, von wo Montag 11^{h} Rückreise antreten.

Telegramm sehr erwünscht »*Freud*, Lloyddampfer Urano«, Brindisi [oder Corfu, Patras]

Herzliche Grüße
Sigm

16 Die »Urano« war ein Dampfer des Österreichischen Lloyd, der die Eillinie des Levante- und Mittelmeerdienstes nach Konstantinopel bediente.

17 Laut Fahrplan sollte die Hinfahrt so verlaufen: Dienstag: 10.30 ab Triest, Mittwoch: 22.30 an Brindisi, 24.00 ab Brindisi; Donnerstag: 11.00 an St. Quaranta, 12.00 ab St. Quaranta, 13.30 an Korfu, 15.30 ab Korfu; Freitag: 4.30 an Patras, 7.00 ab Patras; Samstag: 10.00 an Piräus (»Cook's Continental Time Tables, Tourist's Handbook and Steamship Tables«, London: Thomas Cook & Son 1904, S. 178).

78 Plakat des Österreichischen Lloyd

29. August 1904
Postkarte aus Miramare[18] an Martha Freud

6)
Montag 29. 8. abds

Miramare herrlich.

Das Seebad in Barcola[19] war so schön, daß unser Entschluß eine Weile wankend wurde zu Gunsten der Wiederholung solcher. Bäder aber bald überwunden u jetzt bin ich schon im Besitz von unglaublich schäbigen u schmierigen Drachmenscheinen à 25, 5, 2 u 1 Δραχμη Natürlich wird mir die Trennung von Euren Nachrichten nicht leicht; ich hoffe Ihr schreibt nach Athen u telegraphirt selbständig nach Corfu. Von Athen telegraphire ich sofort mit Rückantwort, das Ganze ist halt ein Abenteuer u Alex der Herrscher.

Herzliche Grüße
Sigm

30. August 1904
Postkarte aus Triest an Martha Freud

30. 8. 04
½10 h

Vor Einschiffung herzl Gruß.

Fahren schließlich nach Athen, weil Corfu jetzt zu heiß sein soll. Corfu nur 3 Vormittagsstunden. Im Telegramm bitte Professor F., wird auf Visitkarte ausgefolgt. Wolbefinden, gestern nicht heiß, heute mehr.

Sigm

18 Freud war früher schon mehrfach in Miramare gewesen. Seine Besuche galten hauptsächlich der ägyptische Sammlung im dortigen Schloß. Diese Sammlung war berühmt und wurde oft in einem Atemzug mit den ägyptischen Sammlungen des Louvre und des British Museum sowie den Sammlungen von Turin, Leiden, Berlin, Wien, München, Florenz und Neapel genannt; vgl. Reinisch (1885), S. VIII.
19 Nordwestlich von Triest.

79 Schloß Miramare bei Triest

31. August 1904
Postkarte von Bord der »Urano« an Martha Freud

Mittwoch, 31/8 6^{h} früh
Urano

Das Meer ist herrlich, das Schiff geht absolut ruhig. Leider ist es ein alter Kasten mit kleinen Kabinen zu 3 Personen. Ich bin um 5^{h} aufgestanden u habe die Sonne aufgehen gesehen. Jetzt wird das Deck gescheuert. Die Kost ist glänzend, man ißt u verdummt, fühlt sich enorm wol. Einzig sichere Erholung wenn das Meer brav ist. Heute werden wir bis zur Nacht keine Küste sehen, wir fahren die Adria hinab. Diese Karte geht in Brindisi ans Land.

Herzl Grüße
Sigm

1. September 1904
Brief (4 S.) von Bord der »Urano« an Martha Freud
Auf Freuds Briefpapier

Urano 1 Sept 04
½ 9 h früh
irgendwo zw. Brindisi u Corfu

Meine Theuere

Ich danke sehr für das Telegramm, das ich gestern zu ungewöhnlicher Stunde (2 h nachts) in Brindisi erhalten habe. Wir sind nämlich verspätet angekommen. Auch schon mit 4 St. Verspätung, weil die Ladung nicht fertig war, fortgefahren. Die Lloydwirtschaft muß man sich nicht allzu exakt vorstellen; in einem unzufriedenen Moment haben wir die Formel gefunden: Österreichische Schlamperei, gepaart mit italienischer Gewissenlosigkeit. Unsere zeitweilige schlechte Laune entschädigt sich damit, daß wir ein altes Schiff mit wenig Neuem u Comfort angetroffen haben, aber sie hält nicht an gegen den himmlischen Wind u das göttliche Meer.

Es ist ja auch gar nicht notwendig, daß man sich nie des Comforts entwöhnt. Ich versuche wie es sich im Wind ohne Briefbeschwerer auf der Reservesteuerbank schreibt. Aber zu einem harten Seemansleben gehörte offenbar eine andere Kost, nicht diese üppigen zwei Malzeiten mit ihren ausgezeichneten Vorspeisen (Oliven, Acciuge,[20] Mortadella), von denen man schon mehr nimmt als man für die ganze Malzeit Platz hat. Es kommt also zu keiner Abhärtung oder Askese u zwischen dem Essen u Nichtsthun u dem Wohnen klafft eine Differenz.

Das Meer ist seit vorgestern früh etwas bewegt vom Südwind, was seinen Anblick hebt, aber das Schiff geht so ruhig, daß man selbst wie auf seinem heimischen Parquete speist.

20 Anchovis.

So einsam habe ich mir die Adria nicht vorgestellt. Von gestern früh bis nachts in Brindisi trafen (sahen) wir ein einziges Segelschiff. Kein lebendes Wesen sonst, auch keinen Delphin, Wal-, Thun- oder Haifisch. Jetzt ist es ebenso, aber wir kommen noch am Vormittag in lebhafte Gewässer. Man thut gar nichts, das ewige Schauen auf die kleinen Wellen mit weißen Kämmen u das fortgesetzte leise Stoßen, eigentlich Vibriren des Schiffes narkotisiren die unruhigen Geisteskräfte. Es ist sehr fad, aber man kommt nicht dazu sich zu langweilen. Dafür kann man sich vom Lauf der Himmelskörper überzeugen, den ich nie entdeckt hätte u nur aus der Schule kenne. Den ersten Sonnenaufgang habe ich morgens 5^{h} belauscht, heute verschlafen weil wir die ganz nächtliche Landungsepisode in Brindisi wach mitgemacht haben. Die Gesellschaft gibt natürlich viel Stoff zur Ausfüllung der von den Malzeiten leer gelassenen Stunden. Unter den Passagieren befindet sich Prof. Dörpfeld[21], der Gehilfe Schliemann's[22] u Leiter aller deutschen Ausgrabungen. Ich sitze nicht in seiner Nähe u da es eine Schiffsliste nicht gibt oder sie nicht aufliegt, so ist bekannt werden nicht leicht. Ich freue mich aber ihn zu sehen. Unter den Damen gibt es einige »Löwinnen aus Vanilleeis«, die 4mal im Tage die Toilette wechseln. Wie sie das in den Kabinen machen, ist mir unbegreiflich. So thun übrigens auch einige Amerikanerinnen, die sich sehr fröhlich u ungenirt benehmen u wie Alex. behauptet, als Eccentrias für Affen engagiert sind. Die meisten gehen nach Athen u zwar von Patras

21 Wilhelm Dörpfeld, der Begründer wissenschaftlich geführter Ausgrabungen, wurde besonders durch seine Arbeit in Troja, Mykene und Olympia bekannt.

22 Heinrich Schliemann entdeckte die vor- und frühgriechischen Mittelmeerkulturen, insbesondere Troja und Mykene. Schon 1899 hatte Freud an Fließ geschrieben: »Ich habe mir Schliemanns ›Ilios‹ geschenkt und mich an seiner Kindheitsgeschichte erfreut. Der Mann war glücklich, als er den Schatz des Priamos fand, denn Glück gibt es nur als Erfüllung eines Kinderwunsches«; Freud (1985c), S. 387.

mit der Eisenbahn, während wir den Peloponnes umschiffen u erst in Piraeus landen wollen, was Oli[23] Euch erklären soll. Auf der Rückfahrt werden wir's aber auch so machen u durch ein Stück Griechenland (von Athen nach Korinth dabei) mit der Eisenbahn fahren. Wir gewinnen dabei einen Tag für Athen. Die Lloydschiffe wollen nicht durch den engen Kanal von Korinth. Jetzt wird es so laut u auch windig, daß ich mit herzlichen Grüßen schließe.

Sigm

80 Hafen von Brindisi mit dem Kastell Friedrichs II.

1. September 1904
Ansichtskarte aus Korfu an Martha Freud

1 Sept

Ähnlich Ragusa, sehr schön, oben gewesen, kurz. Aufenthalt.

2. September 1904
Postkarte von Bord der »Urano« an Martha Freud

vor Patras 2 Sept
früh

Gestern abds hat es ziemlich gerollt u gestoßen, wir blieben fest, haben sehr gut auf Deck geschlafen. Jetzt fahren wir zwischen dem Peloponnes u dem Südrand des Festlandes (Oli) im schmalen Wasser, zu beiden Seiten Land.

23 Freuds Sohn Oliver.

Berge, nicht nahe genug, um sie zu verstehen oder genießen zu können. Heute letzter Seetag, dann morgen Mittag Piraeus. Vorher ist nur noch Seebewegung versprochen worden. Wolbefinden natürlich groß.

Herzl.

Pa

2. September 1904
Brief (4 S.) von Bord der »Urano« an die Familie
Auf Freuds Briefpapier

Golf v. Korinth. 2 Sept 04
10 h abds

Meine Lieben

Gestern war wol der amüsanteste Tag der Reise. Zwei Halten, die ersten in einem türkischen Nest, Santi quarante[24] (40 Heilige) in dem Häuser u Ruinen aus byzantinischer Zeit sich nicht deutlich unterscheiden. Der Hafenort von Epirus[25] mit echten Türken, Carawanen, die im Schatten der einzigen Platane lagerten – die türkische Flagge mit dem Halbmond, Albanesen mit weißem Spitzhut, wie ihn die antiken Statuen tragen, Lammsfellen, Barkenführer, die aussahen wie der Jason mit dem Argonautenzug usw. usw. Eine verschleierte türkische Dame in Begleitung einer unverschleierten, märchenhaft häßlichen Dienerin u einem jungen Mädchen stiegen zu uns ein, u kaum daß ihre Begleitung das Schiff verlassen hatte, entschleierte sie sich u ließ sich wenigstens von ferne bewundern. Es muß ihr sehr lange abgegangen sein.

Um 4 h hielten wir in Corfu, wir haben noch immer Verspätung u halten den Fahrplan nicht ein. Natürlich ist es der Vorstellung, die ich mir gemacht hatte nicht entfernt

24 Das heutige Saranda in Albanien.

25 Heute ist Igoumenitsa der wichtigste Hafen von Epirus.

ähnlich. Das Bild der Stadt, die auf dem flachen Theil der riesigen Insel liegt hat durch die zwei alten Festungen aus venetianischer Zeit sehr viel Ähnlichkeit mit Ragusa. Wir ruderten an's Land, nahmen einen Führer u giengen durch die Straßen spazieren. Die ersten griechischen Schilder in großen Buchstaben u ich lasse Martin[26] versichern, es dauert eine Weile, bis man die Aufschriften sich umbuchstabiert hat. Unterdes ist man schon in einer anderen Straße ΧΕΝΟΔΟΧΙΟΝ = Gasthaus. Wir steigen endlich – bei dem Antiquar ließ mich Alex. nicht verweilen, angeblich weil keine Zeit war – auf die Fortezza vecchia[27] u hatten von dort aus einen bekanntlich unbeschreiblich schönen Blick über Meer, Insel, einen Binnensee, stille Oilgärten usw. Cypressen, Feigen usw verstehen sich von selbst. Was wir »brennende Liebe« heißen wächst als Unkraut wild. Es war übrigens heiß zum Schlagtreffen, u wenn wir nicht im Alter Rendezvous mit ihm haben, ist der Ausgang dieser Besteigung ein Beweis für die außerordentliche Besserung meiner Constitution. In Corfu war auch die erste Gelegenheit sich zu überzeugen, daß man für gewisse unglaublich schmierige Zettel etwas bekommt z. B. Briefmarken u Correspondenz-Karten. Das Geld ist übrigens das schmutzigste hier; sonst ist alles in Corfu sehr reinlich, freundlich. Für einen Aufenthalt von fast 8 Tagen hätte es übrigens nicht hingereicht.

Das Achilleion[28] ist ein ganzes Stück weit von der Stadt halbwegs auf einem Berg; wir haben uns mit einem Blick im Fernrohr begnügt.

An dem sehr gesellig verbrachten Abend begann das Meer merkwürdig auszusehen, der Boden schwoll einem entgegen wie das Wasser dem Goetheschen Fischer[29], um

26 Freuds ältester Sohn.

27 Die Festung Korfus.

28 1890 von Kaiserin Elisabeth von Österreich erbautes Schloß, das Kaiser Wilhelm I. 1907 erwarb; heute Museum.

29 Goethes Gedicht »Der Fischer«, das folgendermaßen beginnt:

sich dann wieder tückisch zurückzuziehen. Gleichzeitig war alles feucht-klebrig vor Scirocco, so daß wir, sonst sehr wol u heiter, zur Vorsicht bis 4^{h} früh auf dem Deck schliefen. [Eben fällt mein Blick auf die Conturen von Kephallonia u Zante[30]].

Übrigens schläft man so ausgezeichnet. Wir waren eine gemischte Gesellschaft an dem Tag: Wiener nur wir, ein Capitain, der nach Constantinopel beordert ist, u die Erzieherin eines jungen, sehr jungen u sehr lustigen athen. Mädchens, das ihre griechische Mutter frozzelt, weil sie 100 Kilo wiegt, sehr gut deutsch spricht u in Wien war. Ferner eine norddeutsche Reisegesellschaft mit den bekannten Scherzen u Eigentümlichkeiten, einige sehr nette Leute, darunter ein junger akademischer Windbeutel aus Straßburg, dann ein Triestiner, ein Haufen Engländer, die sich zumeist als Amerikaner entpuppen, während die zuerst für Amerikaner gehaltenen dann Engländerinnen aus Smyrna[31] sind, eine vereinzelte reiche Amerikanerin mit ihrem französischen Leibarzt, eine Jungtürkenfamilie, eine Armenierin aus Tiflis[32], im Zwischendeck Türken, Albanesen usw.

Heute früh ist in Patras der größte Theil dieser bunten Menge ausgestiegen, um mit der Bahn nach Athen zu fahren. Und jetzt fängt es merkw. Weise an zu regnen, ganz wie bei uns! Aber kein Scirocco versichert der Captain, das Schiff geht auch ganz ruhig. Ich muß schließen, sonst wird dieser Brief nicht nur tintig, sondern auch naß u ist dann ganz unlesbar. Er wird in Piraeus aufgegeben.

Herzl Grüße, was macht Ihr?

Pa

»Das Wasser rauscht', das Wasser schwoll, / Ein Fischer saß daran, / Sah nach dem Angel ruhevoll, / Kühl bis ans Herz hinan.« Goethe (1960 ff.), Bd. 1, S. 116.

30 Zwei Inseln vor der griechischen Westküste.

31 Das heutige Izmir (Türkei).

32 Das heutige Tbilissi, die Hauptstadt Georgiens.

3. September 1904
Postkarte aus Athen an Martha Freud

1)
Athen 3 Sept
7^h abds

Endlich in Athen ¾1 ^{h} angekommen.[33] Schön, Luft staubig. Großartig, unbeschreiblich schön die Einfahrt. Die Akropolis. Hotel Athen sehr gut, essen dort, Pension 10 frcs. Sofort zur Post, nichts gefunden. Dann in Stadt. Schon viel gesehen. Theseustempel[34] unvergeßlich, überhaupt höchst merkwürdig. Jetzt hungrig.

Gruß
Pa

4. September 1904
Postkarte aus Athen an Martha Freud

Akropolis
Sonntag 4 Sept
10^h

Das schönste Hemd zum Besuch der Akropolis angezogen, auf der wir seit 2 St herumsteigen. Sie übertrifft alles was wir je gesehen u was man sich vorstellen kann. Wir fürchteten lähmende Hitze u jetzt regnet es, so daß wir uns in den Vorraum des leider geschlossenen Museums flüchten mußten.

Alex sitzt in einem Marmorthron, der gewiß einem Archonten[35] gehört hat, ich schreibe neben einem Pferd aus dem Festzug von Phidias. Die Aussicht von der Burg ist auch herrlich

Grüße
Papa

33 Mit fast drei Stunden Verspätung.
34 Eher bekannt als »Hephaiston« neben der Agora.
35 Höchstes Amt im alten Athen; auf zehn Jahre gewählt.

81 Hephaiston in Athen

5. September 1904
Postkarte aus Athen an Martha Freud

Montag 5. 9. 04

Kaum Mühe wert zu schreiben, denn *morgen* Mittag fahren wir selbst. Plan mit Eisenbahn über Korinth nach Patras. Dort geht Schiff abends denselben Weg zurück.

Heute das Museum. Der größte Eindruck war natürlich gestern ganzer Tag auf Akropolis, auch durch erfreuliches Telegramm u die schönen japanischen Siege[36] gehoben. Eigentlich sehr wenig Zeit für Athen. Brief hoffe heute zu beheben.

Herzlichste Grüße
Pa

36 Sieg der Japaner in der Schlacht bei Liaujang am 4. September. Der russisch-japanische Krieg war am 5. Februar 1904 wegen des Konflikts um die Mandschurei ausgebrochen. Beendet wurde er durch den Friedensvertrag von Portsmouth am 5. September 1905.

5. September 1904
Postkarte aus Athen an Martha Freud

5. 9. 04

Darf keine Karte übrigbehalten.

Die Hunde haben hier keine Maulkörbe, wol aber die Ziegen. – Die Briefkästen sind selten, aber von österreichischen nicht zu unterscheiden. Der Café ist unglaublich gut, wirklicher Café. – Die Kriegsnachrichten[37] müssen wir aus den griechischen Extraausgaben erraten. – Das billigste war die Zeit, wir kommen an demselben Tag an, an dem wir weggefahren sind, haben also gar nichts versäumt u noch 35 Minuten gewonnen.[38]

Herzl Grüße
Pa

82 Thron des Priesters für Dionysos Eleuthereus

37 Über den russisch-japanischen Krieg.
38 Diese Bemerkung bezieht sich auf die Tatsache, daß in Griechenland 1904 noch der Julianische Kalender galt, der dem Gregorianischen um 13 Tage hinterherhinkt, was genau die Reisedauer von der Abreise in Königssee bis zur Ankunft in Wien ausmacht.
39 Ab Athen 11.30, an Patras 19.10 (»Cook's Continental Time Tables, Tourist's Handbook and Steamship Tables«, London: Thomas Cook & Son 1904, S. 152).
40 Dienstag: 22.00 ab Patras; Mittwoch: 11.00 an Korfu, 13.00 ab Korfu, 14.30 an St. Quaranta, 16.00 ab St. Quaranta; Donnerstag: 3.00 an Brin-

6. September1904
Postkarte aus Athen an Martha Freud

Dienstag früh
9h

Alles zur Abreise gerüstet, noch kleine Einkäufe (dh. Fortsetzung des Handels mit den Antiquitäten), dann Packen, Essen. Um 12h geht der Zug. Um 7h Patras[39], um 10h das Schiff.[40] Ich telegraphire in Patras. Gestern Deinen u Mamas Brief erhalten, sehr gefreut, hoffe es kommt kein zweiter. Verkehr ist doch arg, das ärgste daran.
Herzl Gruß
Sigm

6. September 1904
Ansichtskarte aus Patras an Martha Freud (Abb. 83)

½ 4h 6/9 darüber gefahren, Reise schön.[41]

83 Kanal von Korinth

disi, 6.00 ab Brindisi; Freitag: 16.00 an Triest (»Cook's Continental Time Tables, Tourist's Handbook and Steamship Tables«, London: Thomas Cook & Son 1904, S. 178).

41 Am gleichen Tag um 19.10 trafen Freud und Alexander in Patras ein. Das Schiff legte 22.00 Uhr ab, und am 9. 9. nachmittag waren sie wieder in Triest. Ab Triest gab es 21.55 einen Nachtzug nach Wien, der am 10. 9. um 5.35 auf dem Wiener Südbahnhof eintraf (»Cook's Continental Time Tables, Tourist's Handbook and Steamship Tables«, London: Thomas Cook & Son 1904, S. 72).

Oberitalien, Schweiz

3. bis 23. September 1905

Im Sommer des Jahres 1905 erschienen zwei wichtige Bücher Freuds: »Der Witz und seine Beziehung zum Unbewußten« und die »Drei Abhandlungen zur Sexualtheorie«. Die Vorarbeiten zu beiden Werken reichen bis in die zweite Hälfte der 90er Jahre zurück. Vor ihrer Veröffentlichung nutzte Freud die Osterfeiertage, um mit seinem Bruder Alexander in Südtirol nach einem Sommerquartier Ausschau zu halten.[1] Letztlich entschloß sich die Familie dann wieder für Aussee. Von Mitte Juli bis Anfang September teilte Freud seine Zeit »zwischen Beeren- und Schwämme suchen und Tarokspiel«. Er sei »gegen alle Wissenschaft indifferent«, verkündet er in einem Brief aus diesem Sommer.[2]

Am 3. September verließ er das Feriendomizil und fuhr mit seiner Schwägerin Minna fast drei Wochen durch Oberitalien und die Schweiz.

1 Jones (1960–1962), Bd. 2, S. 29, 40.

2 Jones (1960–1962), Bd. 2, S. 29; Sigmund Freud–Emma Eckstein, 25. 8. 1905 (LoC).

Ablauf der Reise

3. 9.	Aussee – Innsbruck
4. 9.	Innsbruck – Bozen – Rovereto
5. 9.	Rovereto – Verona – Mailand
6. 9.	Mailand – Lago di Como – Bellagio
7.–9. 9.	Bellagio
8. 9.	Ausflug nach Lugano
9. 9.	Bellagio – Isola Madre – Isola Bella – Isola dei Pescatori – Pallanza
10. 9.	Pallanza – Stresa
10.–12. 9.	Stresa
12. 9.	Stresa – Mailand – Genua
12.–23. 9.	Genua
17.–18. 9.	Ausflug nach Rapallo
23. 9.	Rückkehr nach Wien

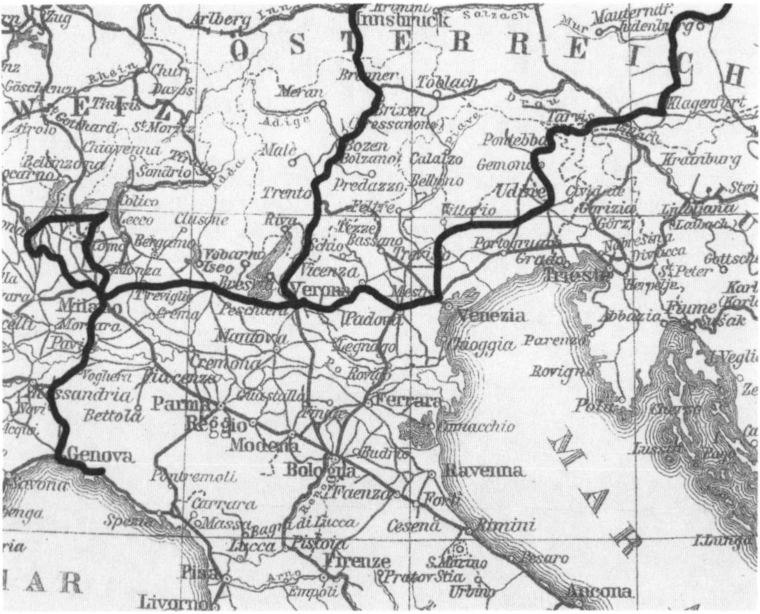

84 Reiseroute 1905

4. September 1905
Postkarte aus Innsbruck an Martha Freud

Innsbruck
Montag 4. Sept

Hotel Europa[3] ganz nett. In Innsbruck regnet es zwar, aber milde. Reiseplan Mittags nach Bozen,[4] dort 3 St Aufenthalt, dann abends nach Rovereto u morgen weiter bis Mailand.

[Zusatz von Minna Bernays:]
Hier Haare brennen lassen und einen Riemen richten lassen, auch Sigis Tasche löst sich auf, sonst Alles in schönster Ordnung.
Herzliche Grüße

4. September 1905
Postkarte aus Bozen an Martha Freud

Bozen Greif[5]
4.Sept

Noch einmal der Greif. Auf dem Brenner kam die Sonne zum Vorschein u nun ist es schön u heiß. Nach lustigen Abenteuern rasten wir hier von 4–7^{h}. Dieselben werden erst morgen berichtet.

[Zusatz von Minna Bernays:]
Ich glaube die Wäsche wirkt noch jenseits der Alpen, so schön ist es. Sigi sehr wohl und fidel.

3 Am Südtiroler Platz.
4 12.04 ab Innsbruck, 16.03 an Bozen (»Cook's Continental Time Tables, Tourist's Handbook and Steamship Tables«, London: Thomas Cook & Son 1905, S. 70).
5 Eines der besten Hotels am Platz.

85 Waltherplatz in Bozen, vom Hotel Greif aus gesehen

86 Rosengarten bei Bozen

4. September 1905
Ansichtskarte aus Bozen an Anna Freud (Abb. 86)

Tante u Papa, die hier in der Sonne sitzen u den Rosengarten[6] sehen können, wünschen Euch etwas schöneres Wetter.

5. September 1905
Postkarte aus Verona an Martha Freud

Verona Dienstag 5 Sept
11h

Ersten Gruß aus Italien nach kleiner Malzeit vor dem Zug nach Mailand.[7] Alles geht gut bisher. Wetter herrlich. Minna ziemlich frisch. Hoffen in Mailand Brief [zu] finden.
Gruß Pa

6 Eine Gruppe von Dolomitengipfeln östlich von Bozen.
7 11.00 ab Verona, 14.00 an Mailand (»Cook's Continental Time Tables, Tourist's Handbook and Steamship Tables«, London: Thomas Cook & Son 1905, S. 140).

87 Arena di Verona; von Freud gekauftes Foto

88 Bellagio

7. September 1905
Ansichtskarte aus Bellagio an Rosa Freud (Abb. 88)

7. Sept. 05

Un saluto da Bellagio[8]
Sigm Minna

7. September 1905
Postkarte aus Bellagio an Martha Freud

Villa Serbelloni
Bellagio 7 Sept

Endlich das Schöne an der Reise nach dem garstigen Mailand. Der Comosee ist herrlich. Villa an Villa, Ort an Ort. Hier um 8^{h} abds angekommen.[9] Herrliche Vegetation über dem Ort, diese Villa mit Aussicht auf 2 Seen, ganze Pracht wie Ragusa.

[Zusatz von Minna Bernays:]
Sigi endlich ganz befriedigt, in Mailand war er wie mit dem alten K. im Streit um die Badehülle; es war aber auch gräß-

8 Auf der Rückseite der Ansichtskarte aufgedruckt.
9 17.30 ab Mailand, 19.00 an Como (»Cook's Continental Time Tables, Tourist's Handbook and Steamship Tables«, London: Thomas Cook & Son 1905, S. 139); von Como bis Bellagio dauerte die Fahrt sicher noch etwa eine Stunde.

lich; hier unbeschreiblich nettes einfaches Hotel, urdeutsch. Das Stubenmädchen sagt immer: das bring ich Ihnen *gerne*.

8. September 1905
Postkarte aus Bellagio an Martha Freud

Freitag 8 Sept

Nach sehr genußreichem Tag heute Reise über den Luganosee, wo kurzer Aufenthalt, bis wahrscheinlich Pallanza am Lago Maggiore. Wetter herrlich aber meist bedeckt. Gestern abend schwül, Einkäufe in sehr bescheidenen Grenzen. Die ganze Reise ebenso zahm als schön von der Großstadt an, so daß ich mich getraue, sie mit Dir zu wiederholen. Verkehr sehr lebhaft, aber noch nicht die Überfüllung. Um 8^{h}½ gehen wir auf's Schiff.

Herzl. Grüße

[Zusatz von Minna Bernays:]
Gestern die herrlichsten Sachen gesehen, zum Schreiben läßt Sigi mich natürlich nicht kommen.

9. September 1905
Postkarte von der Isola dei Pescatori an Martha Freud

Auf Isola dei pescatori
Samstag 9 Sept

Nachdem wir die beiden Zauberinseln madre u bella gesehen haben, erwarten wir hier ein Mittagessen in kleinem italienischen Restaurant, während die Barke vor uns wartet.

[Zusatz von Minna Bernays:]
Gestern ein voller Reisetag von Bellagio nach Pallanza. 4 verschiedene Dampfboote und zwei Dampfbahnen, wir

vertragen es brillant, unser Gepäck minder. Hier ist meschugge Trumpf! Wetter immer herrlich. Nachts leichter Regen. Wir schreiben heute noch unsren Reiseplan.

Tausend Grüße

Minna

10. September 1905

Postkarte aus Pallanza an Martha Freud

10 Sept früh
Pallanza

Es ist hier endlich die bekannte Ausstattungsoperette gewesen. Heute erster ganz klarer Tag. Hitze war außer in Bahn immer sehr erträglich. In einer Stunde fahren wir mit dem Schiff nach Stresa, wo wir die 2 letzten Tage der Seenfahrt zubringen wollen. Minna ist sehr wol u frisch, hat seit der Ankunft in Mailand keinen Zustand gehabt. Ich genieße es sehr u hoffe, daß Euch in Aussee noch ein paar schöne Tage beschieden sind.

Herzliche Grüße

Pa

10. September 1905

Postkarte von Minna Bernays aus Baveno an Martha Freud

Baveno 10. 9.

Liebstes Herz!

Gestern beim Nachtmahl Dein Telegramm. Sehr gefreut. Wertheims[10] haben wir heute früh telegrafiert. Ich glaube kaum, daß es zusammengeht. Heute früh sind wir von Pallanza fort, zu Schiff nach Stresa, man weiß nicht was das Schönste ist. Dort sind wir in einem kleinen deutschen Ho-

10 Bekannte Freuds.

tel, die großen »Kästen« umgehen wir in heiliger Scheu. Zur Jause sind wir nach Baveno gegangen, auch herrlich. Unser Plan ist: Dienstag über Mailand nach Genua, wo wir Nachricht zu finden hoffen. Sigi sehr wohl. Sieht glänzend aus.

Tausend Grüße
Minna

11. September 1905
Postkarte aus Stresa an Martha Freud

H. Alpino
11 Sept

Da sind wir auf einen Berg über Stresa gefahren, der italienisch Rigi heißt. Natürlich sind wir auf halber Höhe 840 m geblieben, im Hotel Alpino, die weitere Fußpartie sparten wir uns. Aber der Lago Maggiore liegt wie auf einer Landkarte vor uns mit Inseln, Ortschaften u Bergen u das Dejeuner war ganz gut, die Luft ist würzig.

[Zusatz von Minna Bernays:]
Alles war schöner, als man es beschreiben kann, das Herrlichste der kühle Sonnenschein. Gestern noch ausführliches Telegramm von Wertheims, daß sie vom 13. an in Vitznau sein werden.

Tausend Grüße
Minna

12. September 1905
Postkarte aus Mailand an Martha Freud

Mailand 12. 9.

Zeit vergeht, die Seentour ist um, war sehr schön, heut nun geht es nach Genua zum Meer. Gestern mit Deinem Telegramm sehr gefreut, aber Brief in Pallanza noch nicht bekommen, nachbestellt. Zustand beider Theile der beste,

89 Truogoli di Santa Brigida, bekannter Platz in Genua

wenn man sich über das bischen Reue, daß Ihr es nicht so gut habt, erhoben hat.

Herzl Grüße

Pa

13. September 1905
Postkarte aus Genua an Martha Freud

Genua Mitt[woch] 13. Sept

Gestern abds nach arger Tunnelfahrt hier angekommen,[11] umgesehen, alles Stein, lauter Herrengassen u Plätze mit Palazzi, dazu Hafen, Forts, das Meer, Friedhof, alles groß-

11 15.30 ab Mailand, 18.36 an Genua (»Cook's Continental Time Tables, Tourist's Handbook and Steamship Tables«, London: Thomas Cook & Son 1905, S. 136). Freud wohnte im Hotel Continental.

12 Stadteil im Westen Genuas mit schönen Parks und Villenanlagen, vielbesuchter Ferien- und Erholungsort.

artig elegant, fast trotzig. Wie wir es weiter einrichten noch nicht sicher, nachmittag nach Pegli[12], dazu glorreiches Wetter. Wo seid Ihr?

13. September 1905
Ansichtskarte aus Genua an Martha Freud (Abb. 89)

13. 9. 05

Natürlich bei schönem Wetter.

17. September 1905
Brief (4 S.) aus Rapallo an Alexander Freud
Auf Briefpapier vom Grand Hotel Savoia
Veröffentlicht in: Freud (1960a), S. 263 f.

Rapallo[13] 17 Sept 1905

Lieber Alex

Wenn ich Dir bisher nicht geschrieben, brauchst Du nicht empfindlich zu sein. Ich habe auch für Aussee nichts anderes als Postansichtskarten produzirt, u dieser Brief – der erste seit der Abreise – ist bereits in Vorahnung der Rückkehr ins gemeine Menschenleben entstanden. Man kommt nämlich zu nichts, die himmlische Sonne u das göttliche Meer – Apollon u Poseidon – sind Feinde aller Leistungen. Ich merke, was uns sonst noch aufrecht erhalten, war das bischen ernste Pflicht, mit dem Baedeker in der Hand neue Gegenden, Museen, Paläste, Ruinen zu verificiren; da dies hier u diesmal wegfällt, gehe ich ganz im Wolleben unter.

Also vom Meer. Der Strand ist feiner Schlamm, in dem man ¼ Stunde weit zu Fuß spazieren gehen kann, Kopf über

13 Die Eisenbahnfahrt von Genua nach Rapallo dauerte 1905 eine Stunde; Freud wohnte im Grand Hotel Savoia.

Wasser, u ein Stück weiter sind herrliche Klippen, wie wir sie in Capri kennen gelernt, Bassins, in die man sich hineinsetzt, schräg geneigte Teppichfelsen, auf denen man wie ein Böcklinsches Unthier[14] sich wälzt, ganz einsam u ohne mögliche Zeitschätzung. Da ich allein bin, betreibe ich den Fang nicht ernsthaft. Aber am ersten Tag habe ich einen Polpo[15] gekitzelt, der nicht aus dem Wasser wollte, dann mich an Seeigeln zerstochen, mich von Medusen brennen lassen, Seeanemonen vergeblich ablösen wollen u die klugen Krabben gejagt, denen die italienischen Seemistbuben auch hier die Beine ausreißen. Mit dem Bad vergeht der Vormittag. Ich finde so viel Geschmack daran, daß ich ernsthaft daran denke, nächstes Jahr Viareggio, das ich heuer nicht sehen werde, zum einzigen Reiseziel zu nehmen.

Vom Land kann man nicht reden, ohne ein Dichter zu sein oder andere zu citiren. Es wächst hier alles, wie zum Beispiel in Sorrent, nur in Palmen ist geradezu Luxus, man darf auf die »gnädige« Strafe neugierig sein.[16] Isola Madre[17] – freilich aus einer anderen Szenerie – war das Juwel der Seenreise, hier am Meer stört nur eines, daß man nicht wie jener Mr. Brown mit Schweinen zu handeln begonnen hat, als man übel beraten seinen Beruf wälte, oder nicht [als] ein Spinola[18] oder sonstiger Genueser Nobile zur Welt gekommen ist. Der Neid stört oft den Genuß der Parke u Landsitze.

14 Arnold Böcklin stellte oft mythologische Gestalten in geheimnisvollen Landschaften dar. Sicher erinnerte sich Freud auch an die Bilder Böcklins in der Münchner Schack-Galerie, die er sieben Jahre zuvor besucht hatte; vgl. Brief vom 4. August 1898 an Martha Freud.

15 Tintenfisch.

16 Am 1. September 1902 hatte Freud bereits auf einer Postkarte an Minna Bernays auf Goethes »Wahlverwandtschaften« angespielt: »Es wandelt niemand ungestraft unter Palmen«.

17 Insel im Lago Maggiore.

18 Marqués de los Baldazes Ambrosio; spanischer General, 1559 in Genua geboren. Er unterstützte mit selbstgeworbenen Truppen Erzherzog Albrecht von Österreich bei der Belagerung Ostendes.

Genua kennst Du ja, es ist imposant, solid, fast trotzig, reinlich, wolhabend; höchst bemerkenswert ist die Verbreitung der deutschen Sprache in Hotels u Geschäften, Martha hätte hier Ruhe, wie sie es in Venedig wollte. Mehr deutsche Schilder in Genua jedenfalls als in Triest oder Prag. Von öffentlichen Interessen beschäftigt hier nur der Terromoto[19] in Calabria. Austria existiert in den Zeitungen nicht mehr, wie wir ja wissen.

Ende der Woche bin ich zurück, um meine Buchhonorare ärmer, bald kommt der letzte Oelbaum, Arancia[20], Magnolia usw.

Herzliche Grüße in Deine nordische Verbannung
Dein Sigm

19. September 1905
Postkarte aus Genua an Martha Freud

Genua 19. 9. 05

Rast auf der Heimreise. Minna absolvirt hier eine erste Migräne seit Aussee. Eine Wendung im Wetter hat uns das Signal zur Umkehr gegeben. Heute Nacht furchtbarer Sturm mit Hagel. Natürlich gibt es nicht viel mit. Bei langsamer Reise könnten wir doch Donnerstag oder Freitag zu Hause sein u bis Montag privatisiren. Erwarte heute Antwort auf mein Telegramm, das Verbindung widerherstellt.

Herzl Grüße
Pa

19 Die Region Calabrien war im Sommer von einem schweren Erdbeben heimgesucht worden; besonders betroffen waren die Städte Vibo Valentia, Catanzaro und Cosenza.
20 Pomeranze (Orangen-Agrume) mit dunkelgrünen, sehr aromatischen Blättern. Die getrockneten unreifen und stark gezuckerten Früchte gelten als magenstärkendes Mittel; Genua ist berühmt für sie.

90 Rapallo

Toskana, Rom

12. bis 26. September 1907

Im Jahr 1906 hatte Freud keine Reise unternommen, sondern zwei Monate mit seiner Familie in Lavarone und am Gardasee verbracht. Es gefiel ihnen so gut, daß sie Lavarone auch in diesem Jahr als Urlaubsdomizil wählten. Von dort aus unternahm er, abgesehen von einem Tagesausflug nach Padua,[1] keine weiteren Touren. Diesmal blieben sie nur einen Monat und verbrachten die Zeit von Mitte August bis Mitte September in St. Christina im Grödner Tal bzw. am Ossiacher See.[2]

Am 12. September reiste Freud in die Toskana. Unterwegs stieß Minna, aus Karlsbad kommend, zu ihm. In Florenz trafen sie Max Eitingon[3], der ebenfalls nach Rom fuhr.

Interessant ist, daß Freud auf dieser Reise den Entschluß faßte, die Mittwochs-Gesellschaft[4] aufzulösen und als Wiener Psychoanalytische Vereinigung neuzugründen. Seine Entscheidung teilte er den Mitgliedern der Gesellschaft in einem Brief aus Rom mit.[5] Sicher spielten bei diesem Schritt auf dem Wege der Institutionalisierung der Psychoanalytischen Bewegung die Begegnungen mit Max Eitingon und

1 Vgl. Freud, Martin (1957), S. 122.

2 Freud (1974a), S. 85 ff.

3 Max Eitingon (1881–1943) hatte Freud im Januar 1907 zum erstenmal besucht. Er wurde später zu einem der wichtigsten Geldgeber der psychoanalytischen Bewegung und finanzierte z. B. die 1920 gegründete psychoanalytische Poliklinik und das psychoanalytische Institut in Berlin.

4 1902 hatte Freud die Psychologische Mittwochs-Gesellschaft gegründet, einen Kreis von Kollegen und Anhängern, die sich regelmäßig in seiner Wohnung trafen, um psychoanalytische Themen zu diskutieren.

5 Freud (1955g).

Carl Gustav Jung eine Rolle. Letzterer hatte Freud im März 1907 gemeinsam mit Ludwig Binswanger zum erstenmal besucht.[6]

Martha weilte während dieser Zeit in Reichenau am Semmering.

Ablauf der Reise

12. 9.	Annenheim – Bozen
15. – 16. 9.	Bozen – Florenz (Fiesole)
16. 9.	Florenz – Orvieto
17. 9.	Orvieto – Rom
17. – 26. 9.	Rom
26. 9.	Rom – Wien

6 Freud (1974a), S. 26; Freud (1992b), S. XXXVI

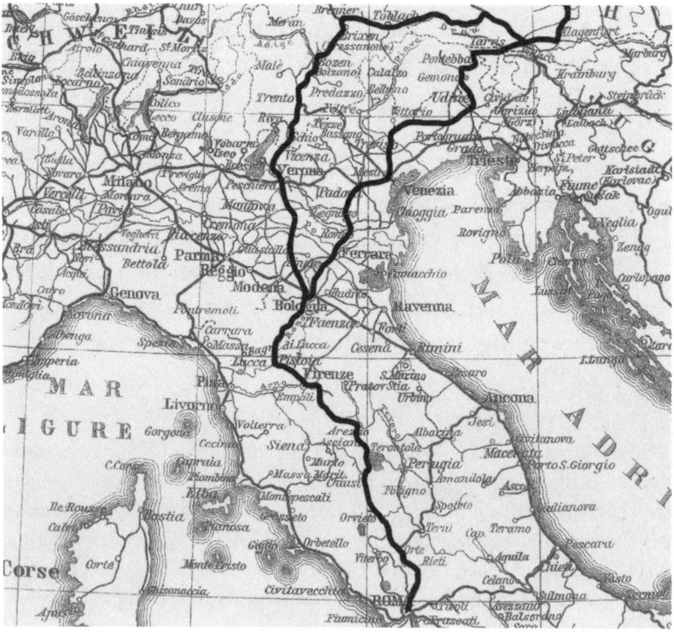

91 Reiseroute 1907

12. September 1907
Postkarte aus Bozen an Martha Freud

Bozen 12. Sept 07

Eben beim Mittag. »Greif« schmeckt sehr schön. In Franzensfeste[7] Minna getroffen, die sehr gut aussieht u sich recht erholt hat. Vorläufig sind wir da, das Weitere wird sich finden; ich habe noch keine Pläne. Es ist schön heiß in Bozen, keine Angst vor schlechtem Wetter.
Herzl Grüße
Papa

[Zusatz von Minna Bernays:]
Tausend Grüße, liebstes Herz. Freue mich, daß Sigi mir Gutes erzählt. Finde ihn sehr frisch. Karlsbad wieder bis zuletzt reizend. Hier auch herrlich!
Herzlichst
Deine Minna

13. September 1907
Postkarte aus Bozen an Martha Freud

Bozen 13. 9. 07

Also das ist das Dir durch ein Telegramm bereits angezeigte Definitivum. Minna reist mit mir morgen früh nach Rom, wo wir nachts ankommen. Es ist auch mir zuerst als ein Wagstück erschienen, aber bei näherer Überlegung muß man zugeben, daß Bozen–Rom nicht weiter ist als Wien–Bozen, die Reise nicht besonders beschwerlich, wenn man in den direkten Wagen von München kommt u daß Rom in der zweiten Septhälfte bereits ein sehr milder Aufenthalt

7 Eisenbahnknotenpunkt der Pustertalbahn.

ist. So hoffe ich, es wird alles gut gehen. Sie freut sich sehr damit, ich bin auch sehr zufrieden, nun nicht allein zu sein.

Ich grüße Dich herzlich

Dein Sigm

15. September 1907
Postkarte aus Florenz an Martha Freud

N=I

Sonntag 15. 9. 07

Ich frühstücke auf der Straße neben dem Dom allein. Es ist noch sehr früh u die lärmende Stadt noch ganz ruhig. Minna versucht noch im Hotel zu schlafen. Sie hat die sehr beschwerliche Reise über die Appeninen gut vertragen, aber ich glaube doch, sie wird sich mit Florenz begnügen u nicht nach Rom mitgehen. Seitdem sie gestern in der Zeitung die Nachricht vom plötzlichen Tod der Frau Dub[8] gelesen, ist ihre Stimmung herabgesetzt. Es ist doch nicht die Art Leistung, die für sie geeignet ist, hier zu fahren. Ich bleibe schon allein u gehe nach ihrer Abreise zunächst nach Orvieto, dann nach Rom. Den heutigen Tag wird sie noch sehr genießen, denn sie hat sich gestern mit der Ankunft kindisch

[Fortsetzung auf nächster Karte] N=II

gefreut. Der Abend war fast kühl. Heute ist es natürlich auch noch nicht heiß. Im Restaurant Melini[9] haben wir eine Göttermalzeit für L 4.20 (zusammen) eingenommen.

Um mich braucht Dir nicht bang zu sein. Ich habe meine volle Elasticität u Reisefreudigkeit u genieße alles sehr. Mein Magen scheint sich hier brav benehmen zu wollen. Wenn ich allein bin, werde ich doch verschiedenes arbeiten müssen u so den Weg zu der für die Aufnahme der Arbeit

8 Bekannte von Minna.

9 Restaurant einer berühmten Weinkellerei.

notwendigen Stimmung wider finden. Ich hoffe, Ihr habt es schön in Reichenau u Dein Telegramm war nicht bloß vorsätzliche Zufriedenheit.

Herzliche Grüße an Alle

Papa

16. September 1907
Postkarte aus Florenz an Martha Freud

Florenz 16 Sept 07

Minna reist heute 10 h 40 ab, übernachtet in Verona u ist morgen in Meran. Ich reise nachmittags nach Orvieto wo ich Euer Telegramm erwarte u bin morgen in Rom.

Wir hatten großes Wetterglück, gar nicht heiß. Minna war sehr entzückt von dem kurzen Aufenthalt u meint, daß er die Reise reichlich lohnt. Besonders die Partie nach Fiesole war zauberhaft schön. Der Sonntag schloß Einkäufe, zu denen die Anlässe verwirrend groß sind, aus. Ich bin neugierig wie es Euch in Reichenau gefällt u wie lange Ihr bleibt. Eilt nicht mit dem Heimkommen.

Herzliche Grüße

Papa

17. September 1907
Postkarte aus Rom an die Familie

Rom 17. 9. 07

Meine Lieben

Angekommen, Briefe empfangen, Telegramm im Hotel u dann selbst telegraphirt. Froh, daß ich irgendwo zu Hause bin. Das Handgepäck kostet an einem Reisetag mehr als das Essen. Minna hat mir schon nach Orvieto ihre gute Ankunft in Verona telegraphirt. – Wie ich zu dem Ruf der Waghalsigkeit komme, weiß ich wirklich nicht. Was ich hier

thue, ist mir noch nicht klar. Lesen u Schreiben wird gewiß dabei sein, sonst viel sehen. Ich begrüße Euch herzlich in Wien u schreibe sehr bald, vielleicht noch abends.
Euer Papa

17. September 1907
Brief (4 S.) aus Rom an die Familie

Rom, 17. Sept. 07 abends

Meine Lieben
Endlich habe ich mirs behaglich eingerichtet u kann Euch den ersten Brief vom ersten Abend schreiben. Nicht so behaglich wie zu Hause freilich, aber auf diese Art lernt man, wie ich's ja auch von Euch gesehen habe, das Haus schätzen. Ich habe mich sehr gefreut zu hören, daß Reichenau so gelungen war, auch die Briefe meiner beiden zärtlichen Töchter waren sehr schön; warum die mittlere Tochter u die Herren Söhne gar keine Zeit zum Schreiben fanden, weiß ich nur zu errathen.

Ich glaube, Ihr seid jetzt alle geimpft u in der Spannung, ob es aufgehen wird.[10] Von morgen an werde ich im Café regelmäßig die Neue Presse lesen u so wenigstens einige Tage später erfahren, was in Wien vorgeht. Die italienischen Zeitungen sind mir ganz gleichgiltig, es steht überhaupt wenig vom Ausland in ihnen, höchstens jetzt von Marocco.[11]

In Florenz haben wir plötzlich, die Tante u ich, den

10 Österreich hatte schon 1801 per Gesetz die Pockenimpfung eingeführt.

11 Am 1. September kam es auf Grund der instabilen politischen Lage in Marokko und wegen christenfeindlicher Ausschreitungen zu panischen Reaktionen unter der europäischen Bevölkerung. Viele flüchteten auf Charterschiffen. Am 11. September hatte dann der französische General Benoît Drude einen erfolgreichen Vorstoß gegen die aufständischen Marokkaner bei Taddert unternommen.

Dr. Eitingon begegnet, der unser erster Gast aus Zürich war u die Tante hat ihn sofort aufgefordert, mir in Rom Gesellschaft zu leisten, d. h. auf mich Acht zu geben, als ob ich so ein leichtsinniger Weltbummler wäre. Zum Glück reist er in Gesellschaft u diese sowie der Respekt werden ihn, wenn er nach Rom kommt, hoffentlich abhalten, meine Ruhe oftmals zu stören. Florenz war sehr schön, die Tante hat wiederholt erklärt, daß es ihr um die lange Reise gar nicht leid tut. Besonders ein Ausflug nach Fiesole mit Wagen (es fährt allerdings auch eine Electrische hin) hat selbst meiner Verwöhnung mit Schönheit in Italien imponirt. Dort wollte sie gerne mit mir bleiben. Fiesole liegt auf einem Hügel, der die volle Aussicht auf Florenz hat u von dem aus man den Arno wirklich wie ein Silberband sieht, eingebettet in Pinien, Oilbäume, Cypressen, Lorbeer u was sonst noch; man versteht, warum der alte Böcklin sich gerade dort die Villa geschafft hat,[12] die uns der Kutscher gezeigt. Dieser kannte den Namen sehr wol u schätzte ihn als Maler sehr hoch, also viel höher als der deutsche Kaiser, der ihn bekanntlich nicht mag. Fiesole hat auch Ausgrabungen, es war doch eine alte Etruskerstadt, viel älter als das erst 39 v. Chr. gegründete Florenz; ich konnte also die Tante in ein (römisches) Theater führen u ihr eine großartige (jetzt ganz trockene) Badeanstalt – Thermen – zeigen; doch wollte ich nicht bleiben, weil es mich nach dem herben Ernst von Rom hinzog, u so trennten wir uns, da sie mit Recht annahm, daß sie von meinen Wegen in Rom nur die wenigsten mitmachen würde.

Dieses Rom ist eine sehr merkwürdige Stadt, das haben schon viele gefunden. Ich wohne im Herzen etwa wie auf dem Stephansplatz, aber anstatt des Doms steht hier die großartige Säule des Kaisers Marc Aurel,[13] der durch seinen

12 Arnold Böcklin lebte von 1895 bis zu seinem Tod 1901 in Fiesole.

13 Nach dem Vorbild der Trajanssäule mit Reliefdarstellung der Kämpfe Marc Aurels gegen die Markomannen und andere germanische Stämme verziert.

Tod wenigstens ein Wiener geworden ist.[14] Etwas seitwärts von dieser Piazza Colonna hat sich an der Stelle, wo die Kaiserleichen verbrannt wurden, ein kleiner Hügel gebildet, auf dem jetzt das Postament gebaut ist u auf dieses geht die Aussicht aus meinem Fenster. Ich hoffe es hier sehr schön zu haben, aber mit Einkaufen u Mitbringen wird nicht viel werden. Rom hat außer den paar Nachbildungen, wie Ihr sie schon habt, nichts Besonderes zum Verkaufen. Höchstens daß es gelingt, wenn Ihr mich durch Eure Wünsche orientiert. In Florenz war mehr Gelegenheit u Verlockung. Die Schmuckketten, die Mama so dunkel vorschweben, sind dort greifbar zu haben u wenn der Sommer nicht soviel gekostet hätte ... Aber ich war geizig. Auch für mich, außer Notizbuch u Crayon[15] habe ich nichts von Florenz weggetragen. Es waren dort zwei antike Gläschen aus farbigem Glas, zum Verlieben einfach, kosteten jedes *bloß* 200 L. Ich glaube, sie stehen noch jetzt im Laden. Auch in Orvieto habe ich sehr wenig gekauft, weil wenig zu haben war. Diese Stadt müßt Ihr Euch vorstellen wie ein ins Riesige vergrößertes Luserna[16], schön also nicht. Mitten unter diesen grauen Steinhaufen steht dann eine bezaubernde Kathedrale, die in allen Farben prangt. Mein Freund Mancini[17] will seinen Oil- u Weingarten, in dem noch ungezählte Etruskergräber auszuheben sind, verkaufen. Das gäbe eine amüsante u gesunde Beschäftigung, aber wir müssen wol noch alle anders arbeiten.

Ich erwarte Eure Briefe u grüße Euch u die Mama herzlich
Euer Papa

14 Marc Aurel starb 180 n. Chr. in Vindobona, dem heutigen Wien.
15 Blei- bzw. Drehstift.
16 Gemeinde in Südtirol in der Nähe von Trient.
17 Wahrscheinlich ein Antiquitätenhändler oder Archäologe, den Freud bei einem früheren Rom-Besuch kennengelernt hatte.

18. September 1907
Postkarte aus Rom an die Familie

Rom 18. 9. 07

Meine Lieben

Heute nur eine Karte. Ich habe ganzen Vormittag auf dem Forum Romanum gesucht[18] u bin jetzt nach dem Sehen so angenehm müde. Es regnet wider ein wenig, aber nur ganz wenig. Leider kann ich Euch von dem Besten hier, den Trauben u Feigen nichts mitbringen. Ich bin neugierig auf Eure Impfnachrichten.

Herzliche Grüße
Pa

19. September 1907
Postkarte aus Rom an die Familie[19]

Rom 19. 9. 07

Erwarte ungeduldig die Äußerung Eurer Wünsche für Mitgebrachtes, um die Nachmittagsspaziergänge in den Straßen, während alle Sammlungen geschlossen sind,[20] nützlich zu verwerten. Heute war ich beim Garibaldi, der vom

18 Freud hatte sich an diesem Tag Christian Huelsens Buch »Die neuesten Ausgrabungen auf dem Forum Romanum« gekauft (Bibliothek des Freud Museums London).
19 Gleichfalls am 19. 9. schrieb Freud aus Rom an C. G. Jung: »Ich lebe hier in Rom ganz einsam, in irgendwelchen Phantasien und gedenke erst in den letzten Tagen des Monats heimzukehren. Meine Adresse ist Hotel Milano. Ich habe mit Beginn der Ferien die Wissenschaft tief begraben und möchte jetzt wieder zu mir selbst kommen und etwas aus mir herausholen. Dafür ist die unvergleichliche Stadt der richtige Ort. Wenngleich meine Hauptarbeit getan sein dürfte, so will ich doch mit Ihnen und den jüngeren mittun, so lange es geht. [...] Eitingon, den ich in Florenz getroffen, ist jetzt hier und wird mich wahrscheinlich bald besuchen«; Freud (1974a), S. 98.
20 Am 20. September waren alle römischen Museen geschlossen aus Anlaß des Jahrestages des Einzugs der italienischen Truppen im Jahre 1870.

92 *Piazza Colonna*

93 *Forum Romanum mit Ausgrabungen von 1900*

M. Janiculus[21] die schönste Aussicht auf sein befreites Rom hat. In die Villa Borghese zu kommen ist mir noch nicht gelungen. Herr Eitingon soll heute abds die Einsamkeit unterbrechen, reist morgen ab. – Auch St. Peter habe ich noch nicht widergesehen. Was macht man aber mit einem Feiertag[22] wie morgen in der Fremde?

Herzlich
Pa

19. September 1907
Postkarte aus Rom an Mathilde Freud

Rom 19. 9. 07

Eben Deinen Brief vom 17. erhalten, mit allen Nachrichten sehr zufrieden. Schreibe Dir direkt zum Dank für Deine Mühe. Komme gerade todmüde vom Palatin zurück, einem

Sie hatten die Stadtmauer an der Porta Pia durchbrochen und waren in Rom eingezogen, das an das Königreich angegliedert und dessen Hauptstadt wurde. Der Widerstand der päpstlichen Armee war nur noch symbolisch.

21 Vgl. zweite Postkarte an Martha Freud vom 6. September 1901, S. 142.

22 Jahrestag der Einnahme von Rom.

in der Welt einzigen Fleck; schade, daß ich mit niemand darüber reden kann. Morgen verliere ich einen Tag; alles geschlossen wegen Einnahme von Rom 1870 (Porta Pia[23], wie bei uns im Vorjahr). – Das Essen, mit dem ich mich unterbrochen, riecht u schmeckt so gut, alles hat seinen Charakter. Leider komme ich hier zu nichts; man hat nie Zeit in Rom, immer zuviel zu thun. Kaum angekommen, muß ich wieder fort.

Herzl Grüße, ich schreibe abds ausführlich.

Dein Pa

20. September 1907
Postkarte aus Rom an Mathilde Freud

Rom 20. 9. 07

Heute war ein schwerer Tag. Vor dem Volksgewühl bin ich am Nachmittag auf die alte Gräberstraße Via Appia geflüchtet u habe herrliche Beleuchtungen bei der Rückfahrt gehabt. Gestern abend ist Dr Eitingon von ½ 9–½ 12 nachts mit mir herumspaziert u seither fühle ich nächtlich die Ein-

23 Vgl. Fußnote 20.

samkeit noch viel mehr. Wir werden es doch so einrichten, daß ich immer jemand von Euch, Dich natürlich zuerst auf die Reise mitnehme, natürlich können wir nicht gleich mit Rom anfangen. Deinen Brief mit Einschluß von Eckstein[24] u Karte von Mama erhalten.

Herzliche Grüße

Pa

21. September 1907
Brief (4 S.) aus Rom an die Familie
Veröffentlicht in: Freud (1960a), S. 276 f.

Rom, 21. Sept. 07

Meine Lieben

Wundert Euch nicht über die spärlichen Briefe, ich habe Euch schon verraten, daß man in Rom beständig von seinen Aufgaben erdrückt ist u zu nichts kommt. Heute war es wieder herrlich; Villa Borghese, dh ein großer Park mit Schloß u Museum, der noch vor kurzem einem der römischen Fürsten gehört hat, jetzt aber Eigentum der Stadt u allgemein zugänglich ist, denn der gute Fürst hat sich verspekulirt u mußte Alles für 3 Millionen L verkaufen. Spottbillig nebenbei; im Museum[25] befindet sich so ziemlich der schönste Tizian, genannt Himmlische u Irdische Liebe, für den die Amerikaner allein soviel gegeben hätten. Das Bild kennt Ihr gewiß, die Bezeichnung hat keinen Sinn, was das Bild sonst bedeutet, weiß man nicht; genug, daß es sehr schön ist.

Schöner als dieser Park braucht keiner zu sein, nur müßt Ihr Euch anstatt der saftigen Wiesen dürren Boden vor-

24 Bezieht sich wahrscheinlich auf Friedrich Eckstein, den Bruder seiner Patientin Emma Eckstein, mit dem Freud befreundet war. Ein weiterer Bruder, Gustav, war ein Mitarbeiter Karl Kautskys; vgl. Appignanesi & Forrester (1994), S. 191.

25 Galleria Borghese.

stellen, wenigstens jetzt ist er so. Die Bäume sind von der vornehmsten Art, Pinien, Cypressen, Palmen, allerlei unbekanntes Zeug, dazwischen große Spielplätze, von unzäligen Kindern gefüllt, steinerne Tische u Bänke, auf denen kleine Leute ihre Malzeiten verzehren, ein See mit einer Insel, auf welcher ein Äsculaptempel steht, allerlei andere künstliche Ruinen u Tempelnachbildungen, also ein Schönbrunn, das sich herabläßt, ein Prater zu sein. Zu Schönbrunn paßt auch, daß hie u da fremde Thiere ihre Wohnungen haben, Gazellen, Fasane, auch einen Affen habe ich bemerkt, dem die Gassenbuben das Leben sauer machen. Pfauen gehen frei herum u führen ihre Küchlein, die noch sehr unscheinbar sind, spazieren. Es ist natürlich allerlei im Garten verboten, aber nicht mehr als notwendig ist, u ich glaube bemerkt zu haben, daß sich's jeder behaglich macht u keiner sich an Verbote hält. In dem Theil, der der Privatgarten des Fürsten war, steht auch hie u da ein echtes Stück Altertum, ein schöner Sarkophag, eine Säule, eine gebrochene Statue. So vergißt man nicht, daß man in Rom ist.

In einer Allee sieht man eine Statue von Victor Hugo, die von den Franzosen im Dienste der Verbrüderung der Nationen geschenkt worden ist. Er sieht aus wie Verdi, Joachim[26] u so weiter. Diese Statue hat den guten Kaiser Wilhelm nicht ruhen lassen, u so hat er aus Concurrenzneid die Statue von Goethe durch Eberlein[27] machen u in demselben Garten aufstellen lassen. Sie ist ganz geschickt u nichts Hervorragendes. Goethe ist zu jugendlich; er war ja über 40, als er zuerst nach Rom kam,[28] steht auf einem

26 Der Geigenvirtuose Joseph Joachim war am 15. August, also einen Monat vor Freuds Besuch in Rom, in Berlin gestorben. Er trug wie Hugo einen Vollbart.

27 Von dem Berliner Bildhauer stammen u. a. Standbilder von Kaiser Wilhelm I., Bismarck und Richard Wagner.

28 Goethe war bei seinem ersten Rom-Besuch 47 Jahre alt, Freud 45, als er sich zum erstenmal in der Ewigen Stadt aufhielt.

Säulenschaft, vielmehr einem Kapitell, u das Postament ist von 3 Gruppen umgeben: Mignon mit dem Harfner,[29] der vielleicht das Beste ist, Mignon selbst hat ein leeres Gesicht, Faust in einem Buch lesend, dem Mephisto über die Achsel schaut, Faust wider gut, der Teufel ganz fratzenhaft, ein Judengesicht mit Hahnenkamm u Hörnern, und eine dritte Gruppe, die ich nicht verstehe, vielleicht Iphigenie u Orest, aber dann sehr unkenntlich.

Im Museum selbst sind nicht nur Antiken, sondern auch modernere Skulpturen, die Fürstin Pauline Borghese, bekanntlich eine Schwester von Napoleon, als Venus von Canova, berühmte Gruppen von Bernini und Anderes. Die Antiken sind alle ergänzt, was die Beurtheilung sehr erschwert. Neuere Funde werden jetzt schonender behandelt, ich freue mich darum auf das Museum in den Diocletianthermen, das ich morgen besuchen will.

Das Schwerste in Rom, wo nichts leicht ist, bleibt das Einkaufen. Bisher war ich sehr bescheiden, heute ist der Anfang mit einigen Marmorschalen gemacht worden. Die Mittwochsherren[30] werden es nobel haben. Mama oder Tante würden gewiß noch allerlei Anderes zu kaufen finden. Dieser Marmor ist nun echt u nicht bemalt, dafür auch etwas theurer. Eurer Wünsche bin ich noch immer gewärtig.

Ich hoffe, daß Euch die Impfblattern nicht so schwer geworden sind wie dem Onkel[31] u grüße Euch herzlich, sowie Mama u alle im Hause.

Euer Papa

Wetter entzückend, höchstens 21° um die Zeit, wo man ruht, Vollmond, klarer Himmel.

29 Gestalten aus Goethes Roman »Wilhelm Meisters Lehrjahre«.

30 Bezieht sich auf die Mittwochs-Gesellschaft (vgl. Einführung zu dieser Reise und Fußnote 4). Wahrscheinlich waren die Marmorschalen als Aschenbecher gedacht; vgl. auch Freud (1962–75a).

31 Unklar, wer gemeint ist, vielleicht Alexander.

94 Goethe-Denkmal

95 Hugo-Denkmal

21. September 1907
Postkarte aus Rom an Martha Freud
Veröffentlicht in: Freud (1960a), S. 278

Rom 21. 9. 07

E quindi uscimmo per[32] riveder le stelle.[33]

Wer kennt das? Bis zum Abend war ich bei den Todten in einem römischen Columbarium, in christlichen u dann in jüdischen Katakomben. Es ist kalt, finster u nicht schön drunten. In den jüdischen sind die Inschriften griechisch, auf vielen Tafeln ist der Leuchter zu sehen. Menora[34], glaube

32 Bei Dante steht »par«.

33 Schlußzeile aus Dantes »Hölle«, XXXIV. Gesang, Vers 138: »Und steigend wir dann wiedersahn die Sterne!«; »Dantes Göttliche Komödie«, übersetzt von Otto Gildemeister, Stuttgart/Berlin: Cotta'sche Buchhandlung 1924.

34 Der siebenarmige Leuchter der Juden.

ich, heißt er. Die Führerin – ich war der einzige Gast – hatte die Schlüssel zum Ausgang vergessen, u so mußten wir nochmals ganz zurück oder unten bleiben. Ich habe mich fürs erstere entschieden.

Herzlich

P

22. September 1907
Brief (4 S.) aus Rom an die Familie
Veröffentlicht in: Freud (1955m), S. 54 f.

Rom 22. 9. 07

Meine Lieben

Auf der Piazza Colonna, hinter der ich wohne, wie Ihr wißt, versammeln sich jeden Abend ein paar tausend Menschen. Die Abendluft ist wirklich köstlich, Wind ist in Rom kaum bekannt. Hinter der Säule ist ein Gerüst für Militärmusik, die also jeden Abend spielt, und am anderen Ende des Platzes wird auf dem Dache eines Hauses eine Leinwand aufgezogen, auf welcher eine Società Italiana di Fotoreclami Bilder projiziert. Eigentlich Reklamen, aber um das Publikum zu bestechen, sind zwischen zwei Annoncen immer Bilder eingeschoben von Landschaften, Kongonegern, Gletscherbesteigungen usw. Das würde aber nicht hinreichen; somit wird die Langweile durch kurze kinematographische Vorführungen unterbrochen, wegen welcher sich die großen Kinder, u Euer Vater mit dabei, die Reklamen u eintönigen Photographien ruhig gefallen lassen. Mit diesen Leckerbissen sparen sie freilich, ich habe schon wiederholt dasselbe Stück mit ansehen müssen. Kehre ich dann um, so macht mich eine Art Spannung in der Menge aufmerksam, daß ich wider hinsehe, u wirklich hat eine neue Vorstellung begonnen, bei der ich also noch bleibe. Bis 9 h pflegt so der Zauber zu wirken, dann fühle ich

96 Katakomben

mich doch zu einsam im Gewühl u gehe auf mein Zimmer, um Euch zu schreiben, nachdem ich eine Flasche frischen Wassers bestellt habe. Die anderen, die zu Zweien oder zu undici dodici[35] lustwandeln, bleiben, solange Musik u Lichtbilder anhalten.

In einer Ecke des Platzes treibt noch eines jener qualvollen Transparente, die periodisch aufblitzen u verschwinden, sein Unwesen. Fermentin heißt es, glaube ich. Als ich vor 2 Jahren mit der Tante in Genua war, hieß es »Tot«, war irgendein Magenmittel u wirklich unerträglich. Indes stört Fermentin die Leute nicht. Insoferne ihre Geselligkeit ihnen Freiheit läßt, stehen sie so, daß sie nach rückwärts hören u nach vorwärts sehen, u fühlen sich ausgefüllt. Natürlich sind sehr viele kleine Kinder unter ihnen, von denen manche Frauen behaupten würden, sie gehören schon längst ins Bett. Fremde u Einheimische vermengen sich da

35 Ein damals populärer Schlager aus der Operette »Boccaccio« von Franz von Suppé.

in ungezwungenster Weise. Die Gäste des Restaurants hinter der Säule u der Conditorei auf der einen Querseite des Platzes genießen mit, außerdem sind Strohsessel in der Umgebung der Musik zu haben, u das Volk sitzt gerne auf der Steineinfassung des Monuments. Ich weiß im Augenblick wirklich nicht, ob ich nicht einen Brunnen auf dem Platz vergessen habe; er ist so groß. Mitten durchzieht ihn die Fortsetzung des Corso Umberto, von dem er eigentlich eine Erweiterung ist. Da fahren also Wagen u eine elektrische Tranvia[36], aber die thun nichts Böses, denn ein Römer weicht keinem Fuhrwerk aus, u die Kutscher scheinen von dem Recht den Fußgänger zu überfahren, nicht in Kenntnis gesetzt worden zu sein. Wenn die Musik eine Pause macht, wird lebhaft applaudirt, auch von denen, die nicht zugehört haben. Von Zeit zu Zeit entsteht ein fürchterliches Geschrei in der sonst eigentlich vornehm ruhigen Menge, das sind 6–10 Zeitungsjungen, die mit der Abendausgabe einer Zeitung, atemlos wie der Herold von Marathon, auf den Platz stürzen, in der Fiktion, daß sie durch ihre Nachrichten einer bereits unerträglich gewordenen Erwartung ein Ende bereiten. Wenn sie einen Unglücksfall auszubieten haben, Todte u Verwundete, so fühlen sie sich als Herren der Situation. Ich kenne diese Zeitungen u kaufe selbst täglich zwei zu 5 cnt; sie sind also billig, aber ich muß beklagen, daß nie etwas drin steht, was einen vernünftigen Menschen von draußen interessiren könnte. Gelegentlich entsteht auch etwas wie ein Auflauf, alles Bubenhafte stürzt in die oder jene Gegend hin, aber man muß nicht fürchten, daß etwas vorgefallen ist; sie kommen dann wieder zurück. Die Frauen in dieser Menge sind sehr schön, insoweit sie nicht Fremde sind, die Römerinnen sind merkwürdiger Weise auch noch schön, wenn sie häßlich sind, und das sind eigentlich nicht viele von ihnen.

36 Straßenbahn.

Die Musik höre ich sehr deutlich in meinem Zimmer, die Bilder sehe ich natürlich nicht. Gerade jetzt applaudiren sie wider.

Herzliche Grüße Euer

Papa

22. September 1907
Postkarte aus Rom an Mathilde Freud

Rom 22. 9. 07

Eben Brief von den drei Töchtern erhalten. Ich antworte ja nicht mit auf die Fragen, weil ich weiß, daß sich bis dahin die Situation immer voll geändert hat. Nur von meinem Magen will ich berichten, daß er sich sehr gut verhält u mich gar nicht beschäftigt. Heute ist Sonntag u damit entfällt die Nachmittagsbeschäftigung kleine Einkäufe vorzubereiten. Auch ist es zum ersten Mal etwas heiß. Ich werde den Tag nach der Ruhepause auf dem M. Pincio verbringen, was nicht sehr beklagenswert ist. Heute 8 Tage hoffe ich bei Euch zu sein. Erstes Laichen also.

Herzliche Grüße

Pa

23. September 1907
Postkarte aus Rom an die Familie
Veröffentlicht in: Freud (1960a), S. 280

Rom 23 9. 07

Liebe Kinder

Ich habe mir nach der Schilderung die Piazza Colonna genau angesehen – man soll es eigentlich vorher thun – u muß einiges korrigieren. Es ist freilich ein schöner Springbrunnen darauf, auf dessen Einfassung die Leute sitzen, dafür fährt keine Elektrische durch, sondern nur Stellwagen. So schwer ist das richtige Beobachten. Heute war übrigens zum ersten Mal keine Platzmusik.

Herzliche Grüße

Papa

23. September 1907
Postkarte aus Rom an Martha Freud

Rom 23. 9. 07

Deinen Brief auf Redlich's[37] Anfrage heute erhalten. Hoffe Ihr seid ganz in Ordnung u gut aus den Blattern heraus. Hier Wetter immer schöner. Leben schwer u herrlich, Einsamkeit complet. Museen wider überwältigend. Gegen Nachmittag nach der langen Mittagspause versuche ich kleine Einkäufe. Große wären leichter. Neue Presse lese ich täglich im Café. Mein Magen ist absolut gut. Ausrüstung bewährt sich, nur der Hut macht, glaub' ich, bereits Aufsehen.

Herzliche Grüße

Dein Sigm

24. September 1907
Brief (7 S.) aus Rom an die Familie
Veröffentlicht in: Freud (1960a), S. 280–284

Rom 24 Sept 07

Meine Lieben

Wenn ich bis zu Ende geblieben wäre, wäre es ja auch 1^{h} geworden. Also das muß ich Euch erklären, sonst versteht Ihr's nicht.

37 Gemeint ist wahrscheinlich der Wiener Arzt Emil Redlich, der Mitte der achtziger Jahre gemeinsam mit Freud am 1. Öffentlichen Kinder-

Da meine Abende so öde sind, habe ich mir längst vorgenommen einmal ins Theater zu gehen, aber auf etwas Bekanntes gewartet. Heute abend war im Theater Quirino[38] Carmen. Das fing um die Zeit an, um die ich sonst auf mein Zimmer gehe, 9^{h}. Jetzt versteht Ihr den Anfang. In der Garderobe hatte ich 10 Min vor Beginn noch Nr I; für 2,60 L bekam ich einen Parquetsitz zweite Reihe, ganz in der Mitte, also furchtbar nobel, das Theater füllte sich langsam, sehr voll wurde es überhaupt nicht. Es hat unten ein ins Parterre – Platea – sich verlaufendes Parquet, herum 3 Stöcke Logen. Die Mitte des dritten Stockes ist als Galerie ausgespart. Nicht sehr elegant, auch das Publikum nicht; entweder ist das vornehme Römertum noch abwesend oder es geht nicht in dies Theater. Ich glaube aber nicht, daß die anderen viel feiner sind. Der Bühnenvorhang trägt allerlei Annoncen: Nähmaschinen, Wäsche, Möbel auf Raten, auch ein römischer Dr Stern[39] empfiehlt sich für Stotterer u versichert glänzende Erfolge. Das Orchester, in einer Ebene mit den Fauteuils u durch nichts von ihnen getrennt, war fast leer, als ich kam. Nur ein gewissenhafter älterer Herr probte seine Geige u hatte offenbar zu Hause nicht Zeit gehabt, sie zu stimmen u zu putzen. Allmählich kamen andere, die jüngeren richteten sich beim Niedersetzen sofort den Hosenstreif; sie zogen Instrumente hervor, die sie putzten, zusammensetzten und auf denen sie schreckliche Geräusche produzierten. Einige hatten sich nach meiner Vermutung, außerdem Pfeifchen von der Straße mitgebracht, die sie unter dem Vorwand Stimmung zu machen benutzen konnten. Es kommen doch allmählich 30 Perso-

krankenhaus gearbeitet hatte; vgl. Leupold-Löwenthal (1986), S. 131; Freud (1985c), S. 475.

38 Etwa 400 Meter von Freuds Hotel entfernt.

39 Möglicherweise Hugo Stern, der 1919 an der laryngologischen Klinik in Wien ein phonetisches Laboratorium einrichtete und den Begriff »Phoniatrie« prägte.

nen zusammen, mit mehr oder weniger Haaren; eine unter ihnen war ein Mädchen, wenigstens jung u schwarz, wenn auch nicht hübsch, das sich an eine große vergoldete Harfe wie aus einem Bilderbuch setzte. Die Schwester dieser Harfnerin, der Ähnlichkeit nach, saß in der sonst leeren ersten Reihe Parquet vor mir, auch stand die Künstlerin offenbar mit allen jüngeren Mitgliedern des Orchesters recht gut. Ein einziger von den Künstlern schaut wie ein etwas versoffener nach Italien versprengter Bayer [aus], sonst waren es gute romanische Köpfe. Jeder hatte über seinem Stand etwas wie ein Blechhäferl, über das ein grüner Tuchfetzen hing. Ich hoffte, es würde sich elektrisches Licht hinter dem unheimlichen Apparat entzünden. Dann erschien ein Mann, der eine schwere Last Bücher schleppte, auf denen allen Carmen stand; er theilte sie, ich glaube ohne besondere Protektion oder Auswal, an die Musiker aus. Endlich erschien der Kapellmeister, groß u elegant, nicht schlank genug, mit dem Aussehen eines Vertrauen einflößenden Oberkellners. Er blieb auf seinem Stehplatz, den Rücken gegen das Publikum, eine ganze Weile vollkommen unbeweglich stehen. Er brauchte das offenbar für später. Es war die Ruhe vor dem Sturm. Dann ging es plötzlich los, Licht entzündete sich wirklich, alle die anscheinenden Müßiggänger im Orchester arbeiteten brav, selbst das Fräulein zupfte an seiner Harfe u lachte nur in den Pausen. Die Dekoration mit der Manufacturas di Tabagos war recht charakteristisch, die Soldaten u Gassenbuben (von denen ich einige bereits persönlich zu kennen glaubte) hatten es natürlich leicht, spanischer auszusehen als bei uns. Ein erster Schreck ergriff mich, als das erste Frauenzimmer erschien, das ich für Carmen hielt, bis ich mich besann, das sei ja die brave Micaëla. Denn sie war sehr lang u dünn, ihre Nase desgleichen, die Zähne lang u bloß, u eine fuchsrote Perücke, kurz, sie sah aus wie die zur Abschreckung auf Reisen geschickten Engländerinnen, u ihre Person quälte mich so lange, bis ich die auffällige Ähnlichkeit mit der armen Vilma Robitsek[40] gefunden hatte. Der zweite nachhaltigere Schreck kam bald nach, denn als die Glocke geläutet hatte, erschienen die so sehnsüchtig erwarteten Cigarrenarbeiterinnen, jede eine Cigarette im Mund, aber so ausgesucht häßlich, als hätte sie ein Spital, ein Versorgungshaus u ein Dienstbotenvermittlungsbureau beigesteuert. Daß sie rauchten, war das einzig menschliche an ihnen, das theilten sie aber mit dem Publikum. Als ich ankam, rauchte der gewissenhafte Violinist eine Virginia, im Zuschauerraum wurde frei geraucht, u in den Gängen that dann selbst ich mit, dem eine unausrottbare Erziehung das Rauchen im Theater sonst erschwerte.

Endlich erschien Carmen. Ich begrüßte in ihr eine alte Bekannte, Ihr hättet sie auch erkannt. Es war Käthchen Reif[41] mit ihrem runden Gesicht, Stumpfnäschen u ihren kolossalen Formen. Vielmehr war es, was auch zu den Jahren besser stimmte, ihre Mutter, die alte Frau Dr. Gintl[42], an die Mama sich gut erinnern wird. Die Ähnlichkeit war so groß, daß ich mich wiederholt nach Heinz[43] umgesehen habe; er trat aber nicht auf. Die Mutter von Frau Dr. Reif war übrigens wirklich Opernsängerin. Es ist sonderbar, daß die Leute, die so dick sind, kleine Stumpfnasen haben; eine längere Nase kann einem also viel körperliches Ungemach ersparen. Carmen hatte übrigens eine starke Stimme u ein sehr lebhaftes, mir oft aufdringliches Spiel. Für die Zärtlichkeit schien der Koloß nicht recht geeignet, u als sie später tanzte, um Don José zurückzuhalten, fiel es ungraziös aus. »Wie wär es doch so amüsant, wenn fliegen könnt' der

40 Möglicherweise eine Verwandte von Alfred Robitsek, der bei August Kekulé studiert hatte und zwischen 1910 und 1925 eine Reihe von psychoanalytischen Beiträgen publizierte; vgl. Freud (1993b), S. 60.

41 Else Katharina Reif-Gintl.

42 Gemeinsame Bekannte aus der Verlobungszeit.

43 Käthchen Reif hatte einen Sohn namens Heinz.

Elephant«[44]. Aber das Böse glaubte man ihr, sie konnte die boshaftesten Gesichter schneiden. Der Gegensatz zwischen der bösen Carmen u der tugendhaften Micaela wird in Wien meist durch die Kleidung ausgedrückt, indem Carmen rot, Micaela aber blau angezogen erscheint. Hier bedienten sie sich zur Darstellung des Gegensatzes nicht der Farben, sondern des Umfangs. Es war kein Zweifel, daß an der Bösen mehr daran war als an der Guten. Don José war etwas ältlich u widerum zu dick; ich habe noch keinen schlanken José gesehen, obwol das gar nicht in seiner Rolle liegt. Er war meist betrübt u nahm alles sehr ernsthaft, hatte eine schöne Stimme. Auch sein Spiel war übertrieben; anfangs nahm er von Carmen nicht mehr Notiz, als ob ihm eine Fliege um's Zeitungsblatt summen würde, obwol sie ihn fast bei den Haaren beutelte; im dritten Akt wurde er sehr rabiat. Eine glänzende Maske war der Escamillo, leider brummte er nur, so daß man sein Couplet erst aus der Wiederholung des Chors erkannte. Daß sie mit dem, dem Toreromarsch also, nicht zurückgehalten haben, läßt sich erraten. Der Kapellmeister theilte nach beiden Seiten ordentlich aus, u ich bekam die Ohren voll genug. Die herrlichen Melodien sind eigentlich gut zur Geltung gekommen, aber es wurde alles ein wenig vergröbert, ins Lärmende gezogen, auch einige Späße, die mir neu waren, kamen hinzu. Vorzüglich waren ferner der Offizier u der Oberschmuggler, mit der richtigen Freude am Verkleiden gemacht u köstlich anzuschauen.

In den langen Pausen verläßt man den Zuschauerraum, geht in den Gängen spazieren u raucht; wenn man nichts mitgebracht hat, kann man im Theater selbst kaufen. Ich habe noch den dritten Akt, in dem ich die Musik beim

44 Das Originalzitat lautet: »Sehr niedlich wär's und int'ressant / Wenn fliegen könnt' der Elephant« (»A. Oberländer-Bilderbuch«. Braun & Schneider: München o. J.); für diesen Hinweis danken wir Christoph Michel.

Kartenaufschlagen so liebe, mitgemacht. In dem fiel mir auf, daß Carmen der armen Micaela, die da erscheint, rückwärts die Schärpe aufhebt u sich mit den anderen über ihre Toilette lustig macht. Solche Gemeinheiten werden ihr in Wien nicht geduldet. Nach diesem Akt ging ich fort; es war zwölf Uhr, jeder Akt mit Pause eine Stunde. Ich konnte mir das Ende ja denken, Don José war schon sehr wütend gewesen u hatte die Carmen zweimal zu Boden geworfen. Die Nachtluft war dann so köstlich; ich ging mit der Sicherheit des Römers die nächsten Wege nach Haus.

Schade, daß man hier nicht dauernd leben kann. Von diesen kurzen Besuchen hat man nichts als ungestillte Sehnsucht u die Empfindung der Unzulänglichkeit auf allen Seiten.

Ich grüße Euch herzlich u sehe Euch ja bald nach diesem letzten langen Brief

Papa

24. September 1907
Briefkarte aus Rom an Martha Freud
Veröffentlicht in: Freud (1960a), S. 284

Rom 24. 9. 07

Freute mich sehr mit Deiner Karte. Das Schränkchen muß doch eine Überraschung gewesen sein. Es gilt als Mitgebrachtes für Dich. Ein kleiner Spiegelrahmen muß auch gekommen sein. Ich bin auch schon reisemüde, denke Donnerstag abds zu reisen u Samstag früh anzukommen,[45] es hängt nur von meinen kleinen Einkäufen ab, die noch nicht weit gediehen sind. Denk Dir nur meine Freude, als ich nach so langer Einsamkeit heute im Vatikan ein bekanntes

45 Am 26. September ab Rom 23.10, am 28. September an Wien-Westbahnhof 7.50 (»Cook's Welt-Reise-Zeitung«, 18. Jg., Nr. 10, September 1907).

97 Gradiva

liebes Gesicht sah; das Erkennen war aber einseitig, denn es war die Gradiva[46], hoch oben an einer Wand. Das Wetter wird immer herrlicher, die Stadt immer großartiger. Gestern habe ich die Wäsche gegeben.

Herzliche Grüße
Dein Sigmund

Montag, 30. will ich die Arbeit anfangen.

46 Freuds Schrift »Der Wahn und die Träume in W. Jensens ›Gradiva‹« war gerade erschienen; vgl. Freud (1907a). Der Held in Wilhelm Jensens Erzählung verliebt sich in das Relief in den Vatikanischen Museen. Zu Weihnachten 1908 bekommt Freud von Karl Abraham eine Kopie dieses Reliefs geschenkt; vgl. Freud (1965a), S. 71.

24. September 1907
Postkarte aus Rom an Mathilde Freud

Rom, 24. 9. 07

Nun wird es bald Ernst. Ich habe meine Einkäufe beendigt u gehe morgen an Eure, dann ein Tag für Abschiedsbriefe u vorüber ist der Traum. Heute habe im Vatikan den Laokoon wiedergesehen[47] u alle die großen Götter. Man muß es den Päpsten lassen, sie haben ihre überwundenen Gegner schön beigesetzt. Und der Welt von Kraft u Schönheit, die man dort verläßt, ist das neue Rom nicht ganz unwürdig. Ich gehe jetzt schon wie ein Eingeborener durch die Straßen.
Herzl. Grüße
Pa

25. September 1907
Postkarte aus Rom an Martha Freud

Rom 25. 9. 07

Heute stehe ich bereits in Unterhandlung wegen des direkten Billets nach Wien, auch habe ich den Führer durch Rom aus dem Wagen verloren. Vormittags in u auf der Engelsburg, von wo die entzückendste Stadtansicht, die ich kennen gelernt habe, dann wieder im Vatikan die Sixtinische Capelle wiedergesehen usw. Keinen Brief von Euch vorgefunden, wahrscheinlich Sonntagsdienst. Noch ein Nachmittag für kleine Einkäufe. Ich grüße Euch herzlich in Erwartung des baldigen Wiedersehens.
Pa

47 Am 6. September 1901 war Freud zum erstenmal in den Vatikanischen Museen und hatte damals auch die Laokoon-Gruppe gesehen; vgl. erste Postkarte vom 6. September 1901 an Martha Freud, S. 141.

98 Blick über den Tiber mit Engelsburg und Petersdom

25. September 1907
Postkarte aus Rom an Martha Freud

Rom 25. 9. 7 abds

Das ist die letzte Karte, die ich Euch schreibe, die noch Aussicht hat, vor mir anzukommen. Eure Wünsche sind zu spät geäußert, als daß ich sie hätte berücksichtigen können. So bekommt Ihr etwas ganz anderes, wenigstens die Mädchen. Was ich für die faulen Buben habe, kommt eine Woche später mit der Post. Ebenso kommen im Laufe der Zeit meine großartigen Antiquitäteneinkäufe, der Schönste erst in einem Monat.

Auf Widersehen
Papa

[Zusatz am linken Kartenrand:]
Scirocco in Nacht u letztem Tag

England

30. August bis 15. September 1908

1859, als Freud drei Jahre alt war, emigrierten seine erwachsenen Halbbrüder Emanuel und Philipp nach Manchester. Der Kontakt zum Wiener Zweig der Familie wurde dadurch nicht unterbrochen, es bestand eine rege Korrespondenz, und die beiden kamen von Zeit zu Zeit nach Wien. 1875 besuchte Freud zum erstenmal seine Halbbrüder. Damals konnte er bereits Englisch sprechen und lesen und war ausgesprochen anglophil eingestellt. Er dachte öfter darüber nach, diese Reise zu wiederholen. So wollte er 1902 mit Martha nach England fahren, doch die Pläne zerschlugen sich.[1] Erst 1908 bot sich wieder eine Gelegenheit.

Den ersten Teil der Sommerferien 1908, von Mitte Juli bis Ende August, verbrachte Freud mit der Familie und seinem neuen Freund Sándor Ferenczi in Berchtesgaden. Anfang September fuhr er allein über Köln, Amsterdam, Den Haag und Hoek van Holland nach Harwich. Er verbrachte dann mit Emanuel, der für ihn fast ein Vaterersatz war, eine Woche in St. Anne's, verwöhnt durch gutes Essen und angenehme Gesellschaft. Am Mittwoch den 9. September nahm Freud den Zug von Manchester und kam zum erstenmal in seinem Leben nach London. Hier blieb er, ganz allein, eine Woche und erkundete zu Fuß die Sehenswürdigkeiten der Stadt.

Auch danach tauchte der Wunsch immer wieder auf: 1911, nach dem Tod von Freuds Halbbruder Philipp, und 1912. Im Anschluß an den 6. Internationalen Psychoanaly-

1 Sigmund Freud–Martha Freud, 4. 9. 1902 (LoC).

tischen Kongreß in Den Haag wollte Freud erneut England besuchen, doch diesesmal scheiterte die Reise an der Visafrage. Und schließlich war es Freuds Krebserkrankung, die nach 1923 alle weiteren Pläne ausschloß.

Als die Nazis in Deutschland an die Macht kamen, emigrierten Freuds Sohn Ernst und seine Familie von Berlin nach London. Der »Anschluß« Österreichs und Freuds eigene Emigration sind eine Art Schlußsatz seiner lebenslangen Beziehung zu England. Als er und Martha am 6. Juni 1938 in Victoria Station in London eingetroffen waren, fuhr sie Ernest Jones quer durch die Stadt in ihr Quartier: »Ich fuhr am Buckingham Palace und Burlington House[2] vorbei zum Piccadilly Circus und die Regent Street hinunter, wobei Freud eifrig jedes Wahrzeichen der Stadt mit Namen nannte und seiner Frau zeigte.«[3] Endlich war er zusammen mit ihr angekommen, eine späte Entschädigung für die vielen Reisen ohne sie und die Einsamkeit in London 1908.

Das während des Aufenthalts in London entstandene Manuskript »Bemerkungen über Gesichter und Männer« wird hier zum erstenmal veröffentlicht und ausführlich von Michael Molnar kommentiert.

Ablauf der Reise

30. 8.	Berchtesgaden – Köln
31. 8.	Köln – Den Haag – Amsterdam
1. 9.	Amsterdam – Hoek van Holland – Harwich – Blackpool
1.–7. 9.	Blackpool
5. 9.	Ausflüge nach St. Anne's und Southport
7. 9.	Blackpool – Manchester – London
7.–15. 9.	London
15. 9.	London – Harwich – Hoek van Holland
16. 9.	Berlin

2 Sitz der Royal Society, deren Mitglied Freud war.

3 Jones (1960–1962), Bd. 3, S. 270.

99 Blackpool

4. September 1908
Ansichtskarte aus Blackpool an Anna Freud (Abb. 99)

Freitag 4 Sept 08

Liebe Anna
Bestelle Du diesmal alle Grüße an Groß und Klein im Dietfeldhof. Vielleicht bring ich Euch einmal an einen solchen Strand.
Papa

[Zusatz von Emanuel Freud:]
Gruß an alle von Onkel Emanuel

[Zusatz von Bertha Freud:][4]
Hearty greetings from Bertha.

5. September 1908
Postkarte aus Southport an Mathilde Freud

Gruß von Southport, wo Onkel E[manuel] so lange gewohnt hat. Sehr schön.
Pa

4 Bertha Freud (1859–1940), Emanuel Freuds zweite Tochter.

5. September 1908
Brief (4 S.) aus St. Anne's an die Familie
Auf Freuds Briefpapier

St. Anne's o. s.[5]
5. 9. 08

Meine Lieben

Ich komme hier nicht viel zum Schreiben u kann nur das wirklich wichtige mittheilen, alles andere spare ich uns auf die Erzählung auf.

Ich habe heute Minnas zweiten Brief bekommen, den von den blauen Nasen u berichte daher auch zuerst über das Wetter, daß es gestern schön war, heute auch nicht regnet, aber kühler u windig ist, so daß ich froh bin, eine projektierte Seefahrt nach der Isle of Man durch meinen Einspruch vereitelt zu haben. Es gefällt mir hier nämlich viel besser als anderswo; es ist köstlich still u vornehm; gestern waren wir fast ganzen Tag bis auf die Malzeiten in Lytham u Blackpool. Daß man sich so nahe dem Meere, das man immer vor Augen hat, sehr wolfühlt, werdet Ihr uns gerne glauben. England ist überhaupt zum Reisen, Essen; mit Menschen verkehren ist hier mehr Vergnügen als anderwärts. Die Cigarren sind hier wie in Holland nach den elenden baierischen Kräutern eine wahre Erholung.

Ich gedenke hier bis 8 oder 9 zu bleiben, Dienstag oder Mittwoch dann über Manchester nach London zu gehen, von wo aus ich auch meine Abreise telegraphisch mittheilen werde. In London werde ich allein sein, John ist auf Reisen abwesend[6] und Emanuels Familie bereitet sich zu einer Art Übersiedlung nach Berlin vor. Näheres kann ich Euch erst später angeben.

5 St. Anne's on Sea, Urlaubsort ungefähr 8 km südlich von Blackpool an der Nordwestküste Englands. Es war Freuds zweiter Aufenthalt, nachdem er den Ort bereits 1875 besucht hatte.

6 John Freud (geb. 1855) war der älteste Sohn Emanuel Freuds und Sigmund Freuds erster Spielgefährte in Freiberg. Er ist später verschollen, und dies ist die letzte Erwähnung; vgl. Fußnote 10 zum Brief vom 12. September 1908.

Dein Geschenk an Marie habe ich übergeben, daß ich den Mädchen nichts gebracht habe läßt sich von Berlin aus gutmachen. Von Einkäufen ist hier natürlich keine Rede, wird auch in London nicht viel werden. Das Einzige, was ich noch für mich brauche sind Crawaten. Deine schönen weißen u farbigen sind nämlich auf dem Schiff durch Eindringen des Seewassers von einer Ecke des Koffers aus zu Grunde gegangen. Dies das einzigste Reisemalheur bis jetzt. Dem Panama konnten die tramparts auch nicht gutthun, und tragen konnte man ihn bisher nicht.

Die Geldangelegenheiten sind hoffentlich durch meinen letzten Brief geregelt. Es ist vielleicht vorsichtiger, wenn Du sogleich an Alex schreibst, daß er Dir 1000 Kr für Deine Ankunft bereit hält, sonst kann es ja geschehen, daß er gerade um diese Zeit nicht in Wien ist.

Wenn Minna schon in Meran ist, so schicke ihr diesen Brief nach; ich kann ihr nichts mittheilen, solange ich ihre Adresse nicht weiß. Wenn das Wetter hier so anhält, so hoffe ich noch auf eine kurze Entschädigung von südlicher Sonne nach Zürich. Ich dürfte England doch am 15–17 verlassen.

Ich grüße Dich und alle kleinen herzlich u hoffe selbst auf gute Nachrichten.

Dein Sigm

7. September 1908
Brief (2 S.) aus St. Anne's an die Familie
Auf Freuds Briefpapier

St. Annes 7. 9. 08

Meine Lieben

Ich habe soeben 3 Briefe bekommen, von Minna u Mathilde u danke Euch sehr dafür. Ich kann hier nicht viel schreiben. Die Zeit wird vom Plaudern u Spazierengehen an der See aufgezehrt, von London aus wird es mehr. Von Holland aus habe ich keine Karten ausgeschickt.

Es thut mir sehr leid, daß Ihr so unter dem Wetter leidet;

100 *Freuds Bruder Philipp*

hier ist es fast schön, warmer Wind. Den Aufschub in Holland hat nicht der Sturm im Kanal sondern die Ungeduld verursacht, die Rembrandts zu sehen, die etwas wirklich ganz Unvergleichliches, ein einziger Eindruck sind.[7]

Ich erzäle u debattire hier den ganzen Tag auf Englisch. Alles Nähere mündlich. Natürlich wird dazwischen ausgezeichnet gegessen. Ein solches Wolbefinden habe ich lange nicht genossen, mich auch sonst verändert, ich sage nicht wie[8].

Mittwoch früh reise ich nach Manchester um Philipp zu sehen u bin dann abends in London, wo ich bis 15ten abds. bleiben kann bis zur gemeinsamen Abreise. Soviel steht jetzt fest. Die Londonadresse telegraphire ich Euch sofort. Bis dahin schreibt nur 61 Bloomst, ausgezeichnete Verbindung. Die Abreise wird gemeinsam sein u wider über Harwich gehen.

7 In der 1910 erschienenen Auflage der »Psychopathologie des Alltagslebens« beschreibt Freud seinen »Irrtum«, den direkten Zug nach Hoek van Holland verpaßt zu haben. So verbrachte er eine zusätzliche Nacht in Holland und konnte sich seinen Traum erfüllen und die Rembrandt-Bilder im Mauritshuis in Den Haag und im Reichsmuseum in Amsterdam ansehen; vgl. Freud (1901b), S. 180 f.
8 Freud hatte sich den Bart abnehmen lassen.

Von Manchester nach London sind [es] mit einem schnellen Zug nur 3 ½ St. Wenn Alex nicht in Wien ist, soll sich Mama die 1000 Kr gegen meinen Check von Rie verschaffen. Hin- u hersenden gienge auch, wenn es sofort geschieht u. Checkbuch samt Couverts nicht schon eingezahlt ist.

Herzliche Grüße
an Alle von
Papa

10. September 1908
Brief (2 S.) aus London an die Familie
Auf Freuds Briefpapier

London W. C.
Fords Hotel 10. 9. 08

Meine Lieben

Da bin ich also in London, erstaunt, daß es so schön u behaglich ist. Ich kann die Zeit nicht mit Schreiben verbringen, lasse alles für mündliche Mittheilung. Ich muß mich unterrichten, damit ich weiß, was ich hier thun kann. Aber es ist herrlich, dazu heute noch ein wunderschöner Tag, wie in diesem schlechten Sommer selten. Ich habe mit dem Hotel Glück gehabt, ein kleines, sehr ruhig gelegenes Haus, aber vornehm, geradezu behaglich. Wenn die Einsamkeit nicht so drückend wäre, würde ich wirklich wünschen länger zu bleiben. Wahrscheinlich werde ich doch froh sein, Dienstag 15 abds wider nach Harwich abzureisen, wo ich Emanuel treffe. Es soll natürlich *Geheimnis* bleiben, daß er auf Monate nach Berlin kommt.[9]

9 In seinem Brief vom 5. September hatte Freud geschrieben: »Emanuels Familie bereitet sich zu einer Art Übersiedlung nach Berlin vor. Näheres kann ich Euch erst später angeben.« Emanuel scheint Überraschungen geliebt zu haben. Schon während des I. Internationalen Psychoanalytischen Kongresses in Salzburg im April 1908 war er unerwartet aufgetaucht.

Ich war um 10^h schon im British Museum u habe bis 12^h in egypt. Altertümern geschwelgt, länger hielt ich es nicht aus, werde aber gegen 3^h wieder hingehen.

Ich wollte ganz nahe Wohnung nehmen, London ist aber voll u so wohne ich genau ½St. vom Museum entfernt, übrigens fast an derselben Straße Oxford St, die etwa ¾ St. lang ist. Sie ist bis jetzt das einzige, was ich von London kenne, eine verzehnfachte Kärntnerstraße. Mit dem Kaufen wird es nichts werden. Man ist erdrückt u verwirrt. Von der Pracht, Reinlichkeit u Eleganz kann ich Euch keine Vorstellung geben, auch nicht wie leicht einem hier alles gemacht wird. Die Engländer sind ein gutmütiges, eigentlich großmütiges Volk. Nebenbei sind die Cigarren ausgezeichnet u. heute kaufe ich nur noch eine kleine Kürbispfeife.

Von Manch'r hieher bin ich in 3½ St gefahren, ohne einmal anzuhalten. Vor einigen Jahren waren es noch 6–7 St. Ich erwarte Eure Briefe hieher mit Berücksichtigung des Termins der Abreise am 15. Alles über Manchester kommt mir regelmäßig zu.

Mit herzlichen Grüßen
Euer Papa

12. September 1908
Brief (4 S.) aus London an die Familie
Auf Freuds Briefpapier

London 12. 9. 08

Meine Lieben

Ich habe zu Mittag Euern combinirten Brief, Mama, Mathilde, Martin u Anna erhalten u bin so dankbar für alle Nachrichten, daß ich am selben Tage ohne rechten Stoff antworte. Der Vorwurf, daß Ihr von mir auf dieser Reise nichts wißt ist ungerecht, wird durch die Entfernung u die Unsicherheit meiner weiteren Pläne entschuldigt. Ich habe auch weniger zu schreiben als Ihr glaubt. Die Eindrücke von London lassen sich nicht so einfach wiedergeben; die spare ich mir für gelegentliche Erzälung auf und Erlebnisse habe ich keine. Ich bin so oft es geht im Museum, verschmähe die ungezälten Trams, weil der halbstündige Weg so interessant ist u komme dann nach Haus, die Malzeiten einzunehmen, nach Briefen zu sehen u sie zu beantworten. London als Stadt ist eine zu großartige Aufgabe für einige Tage u nachdem ich die Hauptsachen in der City gesehen, rühre ich das andere nicht an. Morgen Sonntag werde ich kaum etwas anderes thun können als im Hydepark, von dem ich sehr nahe bin, spazieren gehen u dort Pfeife rauchen.

Die Einsamkeit in dem Getümmel ist natürlich unerträglich. Ich würde, so behaglich ich hier untergebracht bin, lieber heute als morgen abreisen u weiß, daß dies mein letzter Versuch ist, allein die Freiheit zu genießen. Es war schon in Rom voriges Jahr kaum auszuhalten. Dafür kann aber London nichts, daß der Einzige, den ich hier treffen könnte, sich gerade auf Reisen befindet.[10] Nun muß ich bis Dienstag abds. aushalten – also noch dieselbe Zeit, die ich schon hier bin, aber gewiß keine Stunde länger. Ich habe Emanuel versprochen, bis Dienstag 15 auf sie zu warten u dann mit ihnen nach Berlin zu gehen, wo ich einen Tag bleiben kann. Nun scheint es, daß sie nicht fertig werden, es schweben Verhandlungen zwischen Manchester u London, die durch die außerordentlich rasche Briefverbindung erleichtert werden. Auch ich kann Euch noch nicht sagen, ob ich nach Berlin gehe u muß Euch bitten, Briefe doch gleich nach Zürich zu richten. Ich fürchte, sie werden mich nicht auslassen.

Mama wird sich dafür interessieren, daß ich heute meine Wäsche bekommen habe; sie war ich glaube etwas theuer.

10 Es ist unklar, auf wen sich diese Bemerkung bezieht. Am 5. September hatte Freud erwähnt, daß John auf Reisen ist. Sollte in der Tat hier John gemeint sein, würde das bedeuten, daß dieser damals in London gewohnt hat.

Ich wollte ihn beilegen, finde ihn nicht. 4 S. 2 d für 4 Hemden, 9 Sacktücher, 4 Paar Socken, 3 Unterhosen; so hat es mein Gedächntis bewahrt. 1 Hemd kostet also 60 h. Die Malzeiten sind scheint mir einfach, alles gut, aber wenig; aber vielleicht bin ich durch St. Annes verwöhnt oder mir fehlt der rechte Appetit allein.

Kurz ich werde satt u spüre das Essen nicht. Thee u Café sind schlecht, ich trinke das recht gute Wasser. Für den Abend hatte ich den Besuch der Ausstellung oder eines Theaters vor, aber mir fehlt jedesmal die Lust dazu. Ich bereite mich lieber fürs Museum vor. So gehts wenn man alt wird u die Schaulust deutlich abnimmt. Das Bedürfnis nach Menschen bleibt aber. In Zürich werde ich mich aussprechen können.

Nochmals, gar nichts Mitgebrachtes, ich bin nicht im Stande, hier einzukaufen; es gibt übrigens in Wien alles was man hier sieht, von exotischen Dingen abgesehen.

Mit herzl. Grüßen u Dank für Eure Mittheilungen

Papa

13. September 1908
Ansichtskarte aus London an Mathilde Freud (Abb. 101)

13. 9. 08

ich kann Dir nicht schreiben, was die Kosten der Anlage waren, will Dich nicht ungenügsam machen.

Gruß

Pa

101 Thames Embankment

13. September 1908
Brief (4 S.) aus London an die Familie
Auf Freuds Briefpapier

London 13. 9. 08

Meine Lieben

Nach dem gestrigen Anfall vom Heimweh hatte ich heute einen behaglichen Vormittag im Hydepark, von wo ich eben zurückkomme. Wenn ich beschreiben soll, so müßte ich zuerst alle Eure Vorstellungen vergrößern, die vom Prater, Augarten, Schwarzenbergpark etwa verzehnfachen oder noch mehr. Dann habt Ihr unermeßliche Wiesen, zwischen denen Wege laufen von Ringstraßenbreite für Radfahrer, Reiter u Wagen; Motors sind ausgeschlossen u darum ist es so köstlich still. Die Wiesen sind durch ein Eisengitter abgegrenzt, über das Kinder mit einem Schritt steigen können u sollen, denn natürlich braucht Ihr nicht auf den Straßen zu bleiben, sondern könnt ins Gras u dort spielen, laufen, liegen, schlafen, ganz wie Ihr wollt. Große schattige Bäume stehen in Alleen längs der Wiesen oder in Gruppen und einzeln auf ihnen; überall Stühle darunter, die nichts kosten, ganze Reihen von Stühlen wie in einem Theater an besonders schönen Stellen. Denn das Grün ist leicht wellig anzusehen wie im Türkenschanzpark. Mitten durch ein richtiger Teich »Serpentine« genannt, auf dem man rudern kann, an gewissen Stellen selbst am Morgen u Abend frei baden. Auf einem anderen Teich lassen die Kinder Segelschiffchen treiben, füttern Wildenten, die Hunde bellen entweder die Enten an oder ihre Herren, von denen sie mit Aportelholen beschäftigt sein wollen. Verboten ist nichts u doch geht alles höchst anständig zu. Die märchenhaft schönen englischen Babies u ihre oft ebenso fabelhaft häßlichen Nurses sind die Hauptbevölkerung; dankbar Groß und Klein, Alt u Jung, Geputzt und Armselig. Frauen und Mädchen sind nicht gerade schön, gehen aber mit großem Selbstbewußtsein und werden von den Herren sehr respektvoll oder sehr zärtlich behandelt. Zu Eingang des Parkes traf ich heute einige Volksversammlungen um Männer geschart, die Fahnen aufgerichtet hatten u so im Freien predigten oder agitirten. Hoffentlich für sehr heilige Zwecke. Policemen hören zu, es fällt keinem ein, die Ansammlung zu zerstreuen.[11] Da die Londoner Entfernungen jetzt vor meinem Schritt schon schwinden, fand ich mich plötzlich in den Kensington Gardens, die den Hydepark fortsetzen u stieß dort auf das Albertmemorial, das riesige Denkmal, das die Königin ihrem früh verstorbenen Mann gesetzt hat. Der Princeconsort sitzt unter einem gothischen Zelt sozusagen, um dessen Sockel ein Fries von Skulpturen läuft, das alle Dichter, Maler, Bildhauer, Musiker in möglichster Portraitähnlichkeit zeigt.[12] Unser Goethe ist sehr gut getroffen, Schiller weniger; ob der alte Cheops, der die Pyramiden gebaut hat und Hiram vom Tempel in Jerusalem ähnlich sind, ist schwer zu sagen. Wie rasch so eine Sammlung unvollständig wird ist doch sehr merkwürdig. Uns fehlt natürlich heute R. Wagner, der damals noch Hunger litt. Der Park reicht bis an ein weitläufiges Haus, das der Kensington Palast sein muß, in dem Queen Victoria geboren ist, denn eine Statue vor dem Haus beruft sich darauf und stellt sie 50 J. später als junges Mädchen dar wie sie bei der Thronbesteigung war. In der Nähe erinnert ein Obelisk ganz plötzlich an Speke den Entdecker des Victoria Nyanza u der Nilquelle.[13] In den Hauptstraßen

11 Speakers Corner, an der Nordostecke des Hyde Park, wurde 1872 als ein Ort eingerichtet, an dem Redner zu jedem möglichen und unmöglichen Thema frei argumentieren und agitieren können.
12 Das Albert Memorial wurde 1876 enthüllt und ist Prinz Albert von Sachsen-Coburg (1819–1861), dem Gemahl von Königin Victoria, gewidmet. Der Prinz sitzt unter einem Baldachin und um dessen Fundament reihen sich 178 Figuren, die Persönlichkeiten aus Kunst und Wissenschaften darstellen. Weitere Figuren symbolisieren die Kontinente Europa, Asien, Afrika und Amerika sowie Industrie, Handel, Landwirtschaft und Ingenieurkunst.

102 Albert Memorial

tobt es trotz des Sonntags, aber doch mäßiger, sowie in Wien an einem lebhaften Wochentag.

So, genug für heute.

Herzl. Grüße

Papa

13 John Hanning Speke (1827–1864) war ein britischer Forschungsreisender, der 1858 den Viktoriasee und 1860 den Somerset-Nil entdeckte. Freud hatte zwölf Jahre früher in einem Brief an Wilhelm Fließ seine Entdeckung der Ätiologie der Hysterie mit der Entdeckung der Nilquellen verglichen. Nachdem Krafft-Ebing seine Theorie mit einem »wissenschaftlichen Märchen« verglichen hatte, schrieb Freud: »Und dies, nachdem man ihnen die Lösung eines mehrtausendjährigen Problems, ein caput Nili aufgezeigt hat!«; vgl. Freud (1985c), S. 193. In seiner Schrift »Zur Ätiologie der Hysterie« greift er diesen Vergleich wieder auf: »Ich halte dies [die sexuelle Ätiologie der Hysterie] für eine wichtige Enthüllung, für die Auffindung eines caput Nili der Neuropathologie«; vgl. Freud (1896c), S. 493.

13. September 1908
Manuskript

13 Sept 08

Bemerkungen über Gesichter u Männer
National Portrait Gallery

Shakespeare[14] schaut ganz besonders, ganz unenglisch aus. Jacques-Pierre[15].

Im Allgemeinen läßt sich den Leuten nicht ansehen, daß sie etwas sind, noch weniger was sie sind.

Am ehesten sehen Könige u Adlige etwas gleich, aber die Herrichtung mag daran viel Schuld tragen. Ihr Anteil ist bei alten Portraits ein weit geringerer, man schämte sich damals nicht seiner charact. Häßlichkeit. Natürlich muß man dem Maler Rechnung tragen. An einigen Bildern leicht zu sehen, wie er ein Gesicht verdirbt.

Die großen Helden haben oft Kindergesichter, so Nelson[16] u Wolfe[17]. Die wirkl Heldenmienen, die an den Zeus von Phidias anknüpfen sind Künstler, Lord Leighton[18],

14 National Portrait Gallery Catalogue Number 1, unbekannter Künstler; das sogenannte »Chandos Porträt« William Shakespeares (1564 bis 1616). – Alle Porträt-Nummern in den folgenden Fußnoten beziehen sich auf: »National Portrait Gallery: Complete Illustrated Catalogue«, zusammengestellt von K. K. Yung, hrsg. von Mary Pettman, London: National Portrait Gallery, 1981; wenn es mehrere Möglichkeiten gibt, ist die weniger wahrscheinliche in eckige Klammern gesetzt.

15 Jacques-Pierre, fiktiver Ursprung von Shakespeares Namen. Freud kam auf diesen Zusammenhang durch einen »sehr gebildeten alten Herrn, Prof. Gentilli, der jetzt in Nervi lebt«; Freud (1993e), S. 11.

16 Horatio Nelson (1758–1805), Vize-Admiral, Sieger der Schlacht bei Trafalgar; Nr. 394 von Lemuel Francis Abbott; Nr. 785 von L. Acquarone nach Leonardo Guzzardi; Nr. 73 von Friedrich Heinrich Füger; Nr. 879 von Henry Edridge.

17 James Wolfe (1727–1759), General, Eroberer von Quebec; Nr. 48 von J. S. C. Schaak [Nr. 688; Nr. 713a; Nr. 1111].

18 Frederick Leighton (1830–1896), Maler; Nr. 1049 von George Frederick Watts.

103 Shakespeare

104 Darwin

Tennyson[19], Bulwer[20]. Schauspieler haben etwas unselbständiges. Am wenigsten merkt man an den Gesichtern großer Ärzte u Naturforscher, nur Darwin[21] hat eine herrliche Eigenphysiognomie, aber gerade nicht die des Forschers. Philosophen sind meist ausgemergelt mager, das Abstrakte ist zu sehen. Locke[22], selbst Newton[23].

An nur einem Gesicht Sydney Smith[24] ist der Humor

19 Alfred Tennyson (1809–1892), Dichter; Nr. 1015 von Watts.
20 Edward Bulwer-Lytton (1803–1873), Schriftsteller; Nr. 1277. Dieses Porträt von Henry William Pickersgill entspricht allerdings nicht Freuds Beschreibung als heroisch. Deshalb ist es wahrscheinlicher, daß Freud Watts' Porträt des gleichnamigen Vizekönigs von Indien, Edward Bulwer-Lytton (1831–1891), meint; Nr. 1007.
21 Charles Robert Darwin (1809–1882), Naturforscher, formulierte die Evolutionstheorie; Nr. 1024, ein eindrucksvolles ¾-Porträt auf dunklem Hintergrund von John Collier.
22 John Locke (1632–1704), Philosoph; Nr. 114 von Michael Dahl; Nr. 550, nach Godfrey Kneller.
23 Isaac Newton (1642–1727), Physiker; Nr. 558, John Vanderbank zugeschrieben.
24 Sydney Smith (1771–1845), Prediger und Parlamentsreformer; Nr. 1475 von Henry Perronet Briggs.

105 Smith

106 Castlereagh

auch der Inhalt der Züge wie des Lebens u der Werke. Matras[25]

Fox[26] hat eine unglaublich gemeine Physiognomie. Pitt[27] ein wirkliches Königsgesicht, eher ein König als die George[28], etwa wie Kaiser Joseph –

25 Das Wort »Matras« scheint von Freud später entweder nach dem Wort »Werke« oder »Physiognomie« hinzugefügt worden zu sein. Josef Matras (1832–1882) war ein Wiener Schauspieler und Komödiant. 1879 wurde er geisteskrank und kam in ein Asyl. Falls Freud tatsächlich ihn meinte, mag er eine gewisse Ähnlichkeit mit Sydney Smith entdeckt haben.

26 Charles James Fox (1749–1806), Politiker der Whigs; Nr. 743 von Karl Anton Hickel, der auch Nr. 745 malte, ein Gruppenbild des Unterhauses, auf dem ebenfalls Fox dargestellt ist.

27 William Pitt (1759–1806), britischer Premierminister; Nr. 135 a; Nr. 120 [Büste]; Nr. 1240 [Büste]. Pitt und Fox sind auch auf dem Gruppenbild des Unterhauses von Hickel »William Pitt addressing the House of Commons on the French declaration of war, 1793« zu sehen. Freud mag dieses Bild gemeint haben, da es den Kontrast zwischen den politischen Gegnern eindrucksvoll widerspiegelt.

28 Bezieht sich auf die Könige George I, George II, George III und George IV, die in Großbritannien zwischen 1714 und 1830 herrschten. Von ihnen gab es mindestens zehn Porträts in der Galerie.

107 Marlborough

108 Mill

Castlereagh[29] die große Ähnlichkeit mit dem jungen Bonaparte.

William III[30] gescheit u pervers wie Walter Fürst[31]. Auffällig die Schönheit einiger Feldherrn: Marlborough[32]. Die besten Gesichter haben die Adligen.

Es ist natürlich, daß man den Leuten nichts ansieht als das Maß ihrer – groben Sublimierung: Philosophen, Geistliche, nicht Ärzte u Gelehrte, die bei ihrer Arbeit grobe Befriedigung beibehalten haben können.

Gesicht ist Rasse, Familie u constit. Anlage, wovon nur letzterer Faktor interessant ist, eigentlich meist Rohmate-

29 Lord Castlereagh (Robert Stewart) (1769–1822), Staatsmann; Nr. 891 von Thomas Lawrence [Nr. 1141; Nr. 891; Nr. 316 a].
30 William III (1650–1702), König von England (1689–1702); Nr. 580 nach William Wissing; Nr. 1026, unbekannter Maler.
31 Walter Fürst, nicht ermittelt. Sollte sich Freud auf die Figur des Walter Fürst in Schillers »Wilhelm Tell« beziehen, wird er an eine Darstellung aus Schillers Drama gedacht haben.
32 John Churchill, 1st Duke of Marlborough (1650–1722), Offizier und Staatsmann; Nr. 501 wahrscheinlich von John Closterman nach John Riley; Nr. 553 nach Godfrey Kneller; Nr. 902 von Godfrey Kneller.

109 *Shelley*

110 *Byron*

rial, vom Erlebten ist zu wenig drin, am wenigsten von Berufswal.

Scheint daß Helden-Eroberernaturen sich häufig begnügen müssen Dichter u Künstler zu werden, weil sie Weg nicht frei finden.

Geborene Dichter scheinen die kindisch gebliebenen zu sein: Goldsmith[33], Shelley[34].

33 Oliver Goldsmith (1728–1774), Schriftsteller; Nr. 130 Atelier von Joshua Reynolds; Nr. 828 nach Joshua Reynolds.
34 Percy Bysshe Shelley (1792–1822), Dichter; Nr. 1234 von Amelia Curran; [Nr. 1271 von Alfred Clint nach Amelia Curran].
35 John Stuart Mill (1806–1873), Sozialphilosoph; Nr. 1009 von Watts. Schon in einem Brief an seine Verlobte vom 15. November 1883 hatte Freud über Mill geschrieben: »Das ist im Ganzen ein Punkt bei Mill, in dem man ihn einfach nicht menschlich finden kann. Seine Selbstbiographie ist so prüde oder so unirdisch, daß man aus ihr nie erfahren könnte, daß die Menschen in Männer und Weiber geteilt sind und daß dieser Unterschied der bedeutsamste ist, der unter ihnen besteht.« Freud (1960a), S. 82.
36 Alexander Pope (1688–1744), Dichter; Nr. 112 von Charles Jervas; Nr. 1179 Jonathon Richardson zugeschrieben; Nr. 561 Jonathon Richardson zugeschrieben; Nr. 299 von William Hoare; Nr. 873 von William Hoare.

– Mill[35] u Pope[36] erquickte Geistlichengesichter – asexuell – Die berühmten Frauen principiell unschön.

– Die europ Typen kehren natürlich überall wider. Lord Leighton = Krafft-Ebing sehr ähnlich.

– Nur der Humor verrät sich in den Zügen, scheint constitutionell.

Gelehrte u Forscher so häufig ganz unbedeutend.

Shakespeare ist ein typischer Kopf sowie Homer – Gomperz[37] – Em. Loewy[38] – Hartel[39] – Sokrates.

Einige Leute schauen ganz originell aus, nur wie sie selbst. Nicholas Bacon[40] ist ein brutal jovialer Akromegale –

Byron[41] hat sich offenbar sehr hergerichtet.

37 Theodor Gomperz (1832–1912), klassischer Philologe, Autor von »Griechische Denker – eine Geschichte der antiken Philosophie«. 1879 hatte Freud einige Artikel für Gomperz' Mill-Ausgabe übersetzt. Er kannte Gomperz persönlich und behandelte dessen Frau Elise und den Sohn Heinrich.

38 Emanuel Löwy (1857–1938), Professor für Archäologie an der Universität Rom. Er war ein lebenslanger Freund Freuds und beriet ihn hinsichtlich seiner Antiquitätensammlung. Ein Schüler Löwys, Ernst Gombrich, hat ebenfalls auf Löwys Ähnlichkeit mit Sokrates hingewiesen; Brein (1998), S. 63.

39 Wilhelm Ritter von Hartel (1839–1907), Philologe, Rektor der Wiener Universität und Direktor der Hofbibliothek, von 1900 bis 1905 Bildungsminister.

40 Nicholas Bacon (1509–1579), Lordsiegelbewahrer; Vater von Francis Bacon; Nr. 164, unbekannter Maler.

41 George Gordon Byron (1788–1824), Dichter; Nr. 142 von Thomas Philips; hier ist Byron mit albanischer Tracht und Kopfbedeckung dargestellt.

Zum Manuskript »Bemerkungen über Gesichter u Männer«

Von Michael Molnar

Am Sonntagmorgen des 13. September ging Freud im Hyde Park und in Kensington Gardens spazieren. Unterwegs war er bereits auf eine »Porträtgalerie« gestoßen, nämlich das Albert Memorial, das »alle Dichter, Maler, Bildhauer, Musiker in möglichster Portraitähnlichkeit zeigt. Unser Goethe ist sehr gut getroffen, Schiller weniger [...]« Nachdem Freud in sein Hotel zurückgekehrt war, entschloß er sich später offenbar doch, die National Portrait Gallery zu besuchen. Wahrscheinlich hat er die »Bemerkungen« nicht während des Galeriebesuchs niedergeschrieben, eher sind es Transkriptionen oder Ausarbeitungen kurzer Notizen, die er vor Ort gemacht hatte, denn das Manuskript besteht aus anderthalb Seiten auf dem normalerweise von Freud benutzten großformatigen Papier. Auf diesem Format läßt sich nur an einem Tisch schreiben; auch ist das Manuskript nicht gefaltet.

Da Freuds »Bemerkungen« Aussehen und Beruf in Beziehung setzen, kann man vermuten, daß das Arrangement der Bilder seine Beobachtungen beeinflußt hat. Die National Portrait Gallery wurde 1856 als ein visuelles Archiv zur Britischen Geschichte gegründet. Sie war – und ist – geordnet nach Epochen und Berufen. So haben Militärführer oder Staatsmänner oder Schriftsteller ihre eigenen Räume und bieten dem analytischen Beobachter ein ideales Laboratorium von Berufstypen.

Freud hat seine »Bemerkungen« nie für den Druck überarbeitet, doch spiegeln sie einen Aspekt seines Forschungsinteresses wider, das er damals verfolgte, zum Beispiel in der Schrift »Die ›kulturelle‹ Sexualmoral und die moderne Nervosität«[42]: den

42 Freud (1908d).

Ursprung der Zivilisation in der Sublimierung oder Ablenkung unterdrückter Sexualtriebe. Er schrieb: »Man nennt diese Fähigkeit, das ursprünglich sexuelle Ziel gegen ein anderes, nicht mehr sexuelles, aber psychisch mit ihm verwandtes, zu vertauschen, die Fähigkeit zur *Sublimierung*.«[43]

Ein Moment der »Bemerkungen« ist eine Charaktertypologie auf der Grundlage der Art und Effektivität der Sublimierung. Gleichzeitig versucht Freud, dem eine genetische Komponente entgegenzusetzen: »Wir stellen uns vor, daß es zunächst durch die mitgebrachte Organisation entschieden ist, ein wie großer Anteil des Sexualtriebes sich beim Einzelnen als sublimierbar und verwertbar erweisen wird [...]«[44]

Obwohl nicht ausgearbeitet, weisen bestimmte Elemente der »Bemerkungen« auf zukünftige Entwicklungen hin, so die ersten Zeilen, in denen Freud seinen Zweifel an Shakespeares Identität formuliert. In den zwanziger Jahren kehrte Freud unter dem Einfluß von Thomas Looneys Buch über Shakespeare und Edward de Vere[45] in einem Brief an Lytton Strachey zu diesem Thema zurück.[46]

Freuds Kommentare zu Dichtern lassen sich in Beziehung setzen zu seiner Schrift »Der Dichter und das Phantasieren«, die gerade erschienen war.[47] Hier werden Phantasie und dichterisches Schaffen als Analogie zum kindlichen Spiel verstanden. Es bedarf nur geringer Sublimierungsleistung, um für des Dichters perverse

43 Freud (1908d), S. 150.
44 Freud (1908d), S. 151.
45 Looney (1920).
46 Freud (1960a), S. 399–401. Im selben Brief erwähnt Freud auch seine Zweifel, die ihm am Sarkophag von Elizabeth I in der Westminster Abbey kamen: »Als ich vor vielen Jahren vor dem Sarkophag dieser Königin in Westminster stand, schlossen sich bei mir einige Gedanken zusammen [...]« Dieser Besuch muß ebenfalls während seines London-Aufenthalts 1908 stattgefunden haben, obwohl er in den Briefen nach Hause nicht erwähnt wird.
47 Freud (1908e).

kindliche Wünsche eine Form zu finden, die von der Erwachsenenwelt akzeptiert wird. Deshalb bleibt auch die Form kindlich.

Dasselbe gilt für Helden und Feldherren: »Es ist natürlich, daß man den Leuten nichts ansieht als das Maß ihrer – groben Sublimierung«, schreibt Freud in seinen »Bemerkungen«. Eine Konsequenz dieser Feststellung lautet: Je stärker die Sublimierung, desto weniger unterscheiden sich die Gesichter. Der lebendige Ausdruck in den Gesichtern von Dichtern und Feldherren hebt sich deutlich ab von der starren Mimik der Ärzte und Wissenschaftler, deren aufwendige Sublimierung die ursprünglichen Spuren transformierter Triebe verwischt hat. Vielleicht hält Freud auch deshalb bedeutende Frauen für »prinzipiell unschön« – davon ausgehend, daß weibliche Schönheit ein Ergebnis der Spuren kindlicher Wünsche ist und daß jede berufliche Karriere eine Absage und Unterdrükkung dieser Wünsche voraussetzt.

Ein interessanter Aspekt der »Bemerkungen« ist der Versuch, Charakter und Gesicht in psychoanalytischer Terminologie zu verbinden. Den Begriff des Charakters skizziert Freud in seinen »Drei Abhandlungen zur Sexualtheorie«: »Was wir den ›Charakter‹ eines Menschen heißen, ist zum guten Teil mit dem Material sexueller Erregungen aufgebaut und setzt sich aus seit der Kindheit fixierten Trieben, aus durch Sublimierung gewonnenen und aus solchen Konstruktionen zusammen, die zur wirksamen Niederhaltung perverser, als unverwendbar erkannter Regungen bestimmt sind.«[48] Die lebendigsten Gesichter sind jene, in denen die Sublimierung am wenigsten gewirkt hat. Folglich maskieren oder reduzieren sekundäre »Konstruktionen« nur die Unterscheidbarkeit von Merkmalen.

Die »Bemerkungen« enthalten sowohl psychoanalytische Beobachtungen als auch empirische Deduktionen. So meint Freud zum Beispiel, daß der Grund für die Ähnlichkeit von Königen und Adligen in der Aufmachung liege: »die Herrichtung mag daran viel Schuld tragen«. Doch es findet sich keine Argumen-

48 Freud (1905d), S. 141.

tation und keine eigentliche Schlußfolgerung. Einer solchen am nächsten kommt die Formulierung: »Gesicht ist Rasse, Familie u constit. Anlage, wovon nur letzterer Faktor interessant ist, eigentlich meist Rohmaterial, vom Erlebten ist zu wenig drin, am wenigsten von Berufswal.« Dieser Kommentar, der sich mitten in den Notizen befindet, könnte eine Art Zwischenbilanz sein, nachdem Freud einige Räume der Galerie gesehen hatte; eine spezifische Beziehung zwischen Gesicht und Beruf deutet sich darin nicht an.

Die »Bemerkungen« waren eine Urlaubsarbeit und das Ergebnis einer Besichtigungstour. In dieser Beziehung sind sie mit Freuds Arbeit »Der Moses des Michelangelo« vergleichbar. Beides sind idiosynkratische Versionen von Kunstkritik und suchen in einem statischen Abbild einen dynamischen Faktor. Eine weitere Ähnlichkeit ist die Situation der Einsamkeit. Der »Moses« entstand in »drei einsamen Septemberwochen« 1913 in Rom, die »Bemerkungen« schrieb Freud am Ende von fünf einsamen Tagen in London nieder. Als wären beide Arbeiten gleichsam gezeugt durch eine Zeit der Isolierung von der Sprache und den menschlichen Beziehungen, in denen Freud normalerweise lebte und arbeitete.

14. September 1908
Brief (2 S.) aus London an Martha Freud
Auf Freuds Briefpapier

London 13. 9. 08

Meine geliebte Alte

Telegramm nach B[aden] hast Du hoffentlich noch dort erhalten. Ich kann Dir also als bekannt mittheilen, daß ich morgen 15 abds nach Harwich – Hook of Holland abreise, auf dem Schiff Emanuel u die beiden Frauen treffe. Pauline kommt nach (Du wirst nicht vergessen, daß seine Reise weiter ein Geheimnis ist), daß wir am 16 abds in Berlin anzukommen hoffen, u daß ich dann sehr bald wahrscheinlich am 17 nach Zürich abreise, wo ich am 18 eintreffen kann. Ich bitte Dich also die nächsten Briefe nach Zürich an Dr. C. G. Jung Z[ürich]-Burgh[ölzli] zu richten. Ankunft in Zürich telegraphire ich Dir wider, von Berlin wird eine Karte genügen. Mizzi werde ich natürlich sehen u endlich Theddis Bekanntschaft machen.[49]

Wenn die Zeit reicht besuche ich auch Abraham.[50] Du siehst, ich komme in der Welt herum.

Ich hoffe Du hast Dich ganz aus der Geldverlegenheit gerettet u irgendwoher die 1000 Kr bekommen, die ich dann einlösen kann. Das Wetter ist hier herrlich, wäre ich nicht so einsam gewesen, so wäre der Londoner Aufenthalt

49 Mizzi, Kosename von Freuds Schwester Marie Freud (1861–1941). Sie hatte im selben Jahr wie Freud geheiratet, und zwar ihren Cousin Moritz. Theodor, genannt Theddi (geb. 1904), war ihr viertes Kind. Freud hatte Berlin 1901 das letztemal besucht, so daß er seinen Neffen nicht kannte. Theodor ertrank 1923 im Alter von 18 Jahren.

50 Freud besuchte Karl Abraham während seines Berlin-Aufenthalts dann doch nicht. Am 29. September 1908 entschuldigte er sich in einem Brief mit Verpflichtungen gegenüber seinen Geschwistern Emanuel und Marie; Freud (1965a), S. 62.

51 Thomas Gainsborough (1727–1788), Porträt- und Landschaftsmaler.

52 Joshua Reynolds (1723–1793), Porträtmaler.

53 William Hogarth (1697–1764), Maler.

sehr genußreich geworden. Ich bringe nichts mit als Erinnerungen. Hoffe Euch alle aber mit dem Geld, das übrig bleibt, zu entschuldigen.

Grüß mir alle Fratzen u sorge für ihre Schulbedürfnisse. Mir ist wieder heimatlich zu Mute, seitdem ich die Abreise von England sicher sehe.

Herzliche Grüße
Dein
Sigm

Heute National Gallery
Gainsborough[51], Reynolds[52], Hogarth[53] etc.

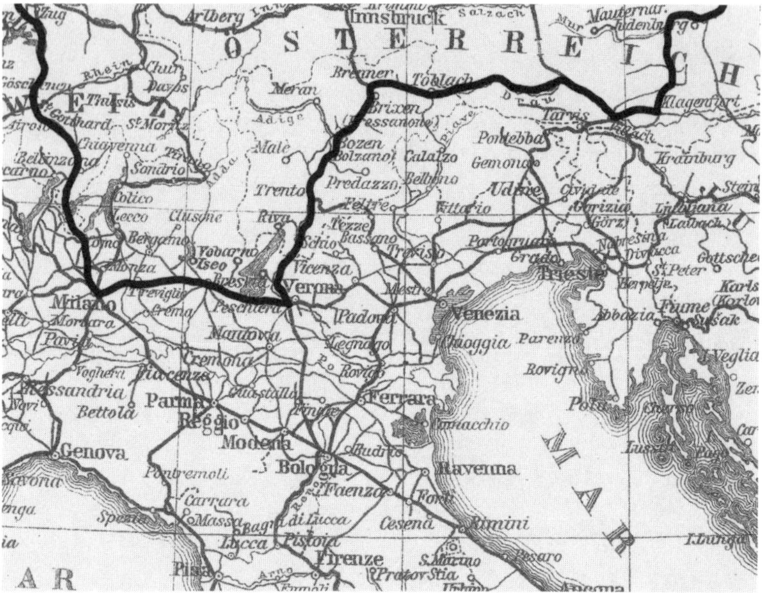

111 Reiseroute 1908

Schweiz, Oberitalien

18. bis 28. September 1908

Auf der Rückfahrt von England wurde Freud von seinem Halbbruder Emanuel begleitet. Sie reisten über Berlin und besuchten am 16. und 17. September Freuds Schwester Marie.[1] Am 17. abends reiste Freud von Berlin nach Zürich weiter, wo ihn C. G. Jung am Bahnhof abholte. Beide wollten etliches besprechen, wozu Jung auch nach Wien hätte kommen können, doch zog Freud die Möglichkeit eines Besuchs in Zürich vor, weil ihm Jung »auch etwas zeigen« könne.[2]

Auf der Reise durch Oberitalien wurde er von Minna begleitet. Martha war zu Hause in Wien.

Ablauf der Reise

17.–18. 9.	Berlin – Zürich
18.–21. 9.	Zürich mit Ausflügen auf den Pilatus und den Rigi
21. 9.	Zürich – Mailand – Desenzano – Salò
21.–26. 9.	Salò, am 25. Ausflug nach San Vigilio
26. 9.	Salò – Bozen
26.–28. 9.	Bozen
28.–29. 9.	Bozen – Wien

1 Marie war mit einem Cousin namens Moritz Freud verheiratet. Von ihm hatte Freud den Teppich erhalten, der seine analytische Couch bedeckte; vgl. Tögel (2001), S. 73. Vgl. Freud (1965a), S. 62; Jones (1960–1962), Bd. 2, S. 72.

2 Freud (1974a), S. 179.

18. September 1908
Brief (3 S.) aus Zürich an Martha Freud

Burghölzli 18. 9. 08

Geliebte Alte

Nur ein paar orientirende Worte: Es ist nach 12h nachts. Ich hatte Jung auf dem Bahnhof bald so wenig erkannt, wie er mich. Er hat sich den Schnurrbart abnehmen lassen, was ihm nicht einmal gut steht. Wir sind dann mit dem Auto um den See hieher gefahren. Herrlicher Tag, Pilatus, Rigi u x Schneeberge am Horizont. Prächtige Wälder hier herum, die sogar Schwämme versprechen wenn man Zeit für sie hat; entzückende Aussicht auf See, Berge u Stadt, ½ St. Entfernung mit elektrischer Bahn. Ich bin ganz Gast, mit einer Genüßlichkeit, die sich bis auf Briefmarken, ich fürchte auch auf Telegramm erstreckt. Die Frau[3] hat es sich nicht nehmen lassen, die Tage auch hier zuzubringen. Sie thaut hier auf, läßt herzlich grüßen u nimmt an allen Gesprächen Antheil. Es macht sich alles sehr befriedigend. Ich bleibe bis Montag abds hier, fahre dann nach Desenzano, wo ich Minna treffen will, um mit ihr noch die letzten Tage am Gardasee zu verbringen.

Von Berlin ist sehr viel Schönes zu erzälen. Zum Schreiben komme ich hier nicht viel, wie ich merke. Alle Eure Briefe vorgefunden, lasse Mathilde u Oli sehr danken u grüße Euch alle.

Herzlichst Papa

112 Pilatus

3 Emma Jung, geb. Reichenbach.

113 Vierwaldstätter See mit Rigi

114 Rigibahn

19. September 1908
Postkarte aus Zürich an Marie Freud

Herzliche Grüße von Burghölzli als Gast bei den nettesten Wirten.
Sigm

20. September 1908
Brief (2 S.) aus Zürich an die Familie

Sonntag 20. 9. 08
Burghölzli

Meine Lieben

Heute kein Brief von Euch, sonst ein wirklich genußreicher Tag. Vor- u Nachmittag die herrlichsten Spaziergänge auf den Zürichberg und um den See bei schönem Wetter. Im Ganzen 7 Stunden unterwegs. Dazu ½ St. Automobildroschke, natürlich unter den amüsantesten Gesprächen.

Dazwischen beim schwarzen Café Gesellschaft der Ärzte des Hauses u Bleuler mit Frau, die sehr angeregt verlief. Bleuler kommt vielleicht im Okt. nach Wien.

Jungs bauen sich ein eigenes Haus in Küssnacht am See (nicht das Schiller'sche)[4] u ich habe heute den Bau gesehen

4 Als Schillersches Küssnacht bezeichnet Freud den Ort Küssnacht am Rigi, weil dort in der »Hohlen Gasse« Wilhelm Tell der Überlieferung nach den habsburgischen Landvogt Geßler mit der Armbrust erschossen hat.

u versprochen ihn bald als Gast einzuweihen. Morgen Vormittag mache ich einen Besuch bei der Frau Prof. Erismann[5], die auch in Salzburg war, hole mir die Karte bis Mailand u dann soll ein langer Weg über den Rütliberg kommen bis ich am Abend abreise. Der nächste Brief aus Salò u mit Minnas Zuschrift.

Herzliche Grüße

Euer Pa

23. September 1908
Brief (4 S.) aus Salò an Martha Freud[6]
Auf Freuds Briefpapier

G^d Hotel Salò 23. 9. 08

Geliebte Alte

Deine Briefe klingen ja schon sehr nach Einberufung, aber wenn Du hier im Garten mit uns säßest, würdest Du sofort den Inhalt dieses Briefes erraten. Daß ich nämlich nicht zurückkommen will bis es sein muß. Ich bin gestern 12^h angekommen, mein Gepäck kam erst um 5^h nach. In der ersten Nacht hatte ich mich von der Betäubung durch den Gotthardtunnel zu erholen. Alle anderen Begründungen ersetze ich durch die eine Mittheilung, daß ich heute zuerst den wolsitzenden Anzug anhabe, zum ersten Male in diesen Ferien. Auch habe ich soviel gesehen u erlebt in diesen Wochen; sogar intensiv gearbeitet dazwischen, daß mir eine Ruhepause, in der ich nichts zu thun brauche als schauen u atmen ganz wol thut. Ich denke es also so zu machen, daß ich am 1 Okt die Arbeit aufnehme, u die Reise darauf einrichte, 1–2 Tage vorher in Wien zur Vorbereitung

5 Sophie Erismann, die Frau des Internisten Friedrich Erismann, der bis 1896 Leiter des Hygiene-Instituts in Moskau war.

6 Gleichfalls am 23. 9. schreibt Freud eine Ansichtskarte aus Salò an C. G. Jung; Freud (1974a), S. 191.

zu haben. Die nähren Termine wirst Du noch erfahren, aber Königstein[7] kannst Du für diese Woche noch absagen. Das einzig Dringliche Martins Berufsschmerzen kann auch noch bis zum 1 Okt warten, wo wir uns dann in einer Konferenz mit Alexander darüber einigen werden. Daß ich auf die Thüre nicht verzichten kann, gleichgiltig was sie kostet, habe ich Dir gestern telegraphisch angedeutet. Er muß sie zur Zeit liefern, doch darf es nicht so sein, daß sie an den Mittwochabenden ein nicht zu beseitigendes Hindernis für die Verbindung der beiden Zimmer wird, d. h. sie muß auch aufgehen u man muß sie offen stehen lassen können.

Von den Möbeln, die Spitz[8] geliefert, hast Du mir nichts geschrieben, auch nichts über die sonstigen Zimmereinrichtungsreformen.

Geld pump Dir nur soviel als Du brauchst, ich habe dafür mein Reisegeld nicht entfernt aufgebraucht. Auch in Salò wird man nur das Hotel zu bezalen brauchen.

Das Nest oder der See dabei sind nun wirklich entzükkend, man kann den Tag mit Garten sitzen, auf den See schauen u Ausflüge planen, die man nicht ausführt, herrlich ausfüllen. Auch meinem irgendwo auf der Eisenbahn acquirirten Schnupfen, der mich zur einzigen Ausgabe in Zürich, 6 Sacktücher, geleitet hat, thut der sanfte Wind, der vom blauen Himmel weht, sehr wol.

Minna ist noch keine Heldin an Gesundheit, aber wenigstens sehr heiter u sieht wieder gut aus.

Ich lasse alle Fratzen grüßen.

7 Bezieht sich wohl auf die seit 1890 regelmäßig stattfindenden Tarockabende bei Freuds Freund Leopold Königstein. Zu ihren Teilnehmern gehörten Oscar Rie, dessen Bruder Alfred und Freuds Schwägerin Minna; vgl. Sigmund Freud–Minna Bernays, 11. 8. 1891 (LoC). Eine Zeitlang waren auch der Kinderarzt Ludwig Rosenberg und der Chirurg Julius Schnitzler dabei. Später spielten Freuds Sohn Martin und seine Tochter Anna gelegentlich mit; vgl. Freud, Martin (1970), S. 205.

8 Offensichtlich Freuds Tischler.

Von London wird ein Packel kommen, das keine Erwartungen zu wecken braucht. Es enthält ein Manuscript[9], das ich in Fords Hotel vergessen habe u soll unberührt auf meinen Schreibtisch.

Herzliche Grüße u baldiges Widersehen

Dein Sigm

[Zusatz von Minna Bernays:]
Geliebtes Herz! Sehr gefreut, hier so bald von Dir zu hören, es liegt doch nur an der rechtzeitigen Verständigung. Sigi ist seit gestern sehr erfrischt und angeregt, aber jetzt mit Ruhe und Nichtsthun doch so selig, daß er sich wirklich die paar Tage noch gönnen soll.

Er kommt doch dann wieder Monate lang nicht heraus. Es ist hier unbeschreiblich schön, das Hotel einfach und gemüthlich, die erste Nacht habe ich schrecklich von den Zanzari gelitten, aber gestern habe ich geräuchert und es kam keine einzige. Von Mama schon Nachricht. Gottlob sehr munter. Leb recht wohl, liebstes Herz.

Deine Minna

23. September 1908
Ansichtskarte aus Salò an Mathilde Freud (Abb. 115)

Salò 23. 9. 1908

Von Salò gehe man natürlich jeden Tag nach Gardone[11].

Gruß

Pa

9 Höchstwahrscheinlich handelt es sich um das Manuskript »Bemerkungen über Gesichter u Männer / National Portrait Gallery«, S. 250 bis 255 dieses Buches.

10 Gardone Riviera, eine Gruppe von fünf Dörfern nördlich von Salò, wegen seines üppigen Pflanzenwuchses und seines durch eine Gebirgswand vor nördlichen Winden geschützten Klimas geschätzter Kurort.

115 Gardone

24. September 1908
Ansichtskarte aus Salò an Sophie Freud (Abb. 116)

Salò 24. 9. 08

So sieht die Insel aus, wenn man vorbeifährt. Da warst Du doch mit dabei.
Herzl Gruß
Pa

116 Isola di Garda – Lago di Garda

25. September 1908
Postkarte aus Salò an die Familie

Freitag 25. 9. 08

Meine Lieben

Bisher vom Wetter sehr begünstigt haben wir gestern eine herrliche Fahrt nach S. Vigilio an der Insel vorüber gemacht. Heute ist es trüber u will ein wenig regnen. Wir gedenken Sonntag abzureisen, Montag in Bozen zu bleiben bis 4^{h}40, so daß ich Dienstag früh ankomme. Die Ruhe hier war sehr behaglich.

Herzliche Grüße
Papa

25. September 1908
Brief (3 S.) aus Salò an die Familie
Auf Freuds Briefpapier
Veröffentlicht in: Freud (1960a), S. 291

Salò 25. 9. 08

Meine Lieben

Es geht alles zu Ende. Diesen Brief verdankt Ihr dem unvorsichtigen Ankauf einer blauen Briefmarke vor einigen Tagen u der heutigen Regenstimmung. Ich selbst komme sehr bald nach, aber ich bin mit dem Aufschub sehr zufrieden, denn nach den überreichlichen Erlebnissen des Sommers habe ich einige Tage Wolbefinden ohne weiteren Inhalt benötigt. Dafür war Salò und das Hotel das Richtige. Es ist alles sehr behaglich, ohne durch Eleganz zu erdrükken. Die Landschaft kennt Ihr ja, wenn man bei flüchtiger Durchreise kennen lernen kann. Sie ist sehr viel schöner, wenn man in ihr verweilt. Vorgestern haben wir mit dem Motorboot, dh allein eine Fahrt nach S. Vigilio[11] gemacht, der Punkt gehört zum Allerschönsten am Gardasee, also zum Schönsten überhaupt. Es ist ein Ort, um dort in Einsamkeit zu wohnen, für eine Familie natürlich unbrauchbar.

Im Vorüberfahren haben wir die Insel studiren können, mit dem gewöhnlichen Effekt des unverhohlensten Neids, nicht der Fürst Borghese zu sein.[12] Gestern u heute beschränken wir uns auf Spaziergänge, wobei man sich ohne weitere Begründung sehr wol fühlt. Heute regnet es sanft aber stetig. Minna ruht in ihrem Zimmer aus, ich gedenke meinen Granatapfel (10 cnt) zu essen, dann zu rauchen u die neue Patience zu legen. Sehr viel Talent zum Lebensgenuß kommt in späten Jahren bei mir zum Vorschein. Im ganzen ist es ja die Ruhe vor dem Sturm.

Morgen Sonntag wollen wir die umständliche Reise antreten, $11^{h}30$ Schiff bis ¾ 7^{h} Bozen. Da es voraussichtlich schlechtes Wetter und gewiß Sonntag sein wird, die beste Zeitverwendung. Ich habe dann noch einen halben Tag in Bozen um Einkäufe zu machen. Dienstag früh in Wien, wie das Telegramm angekündigt. Dann wollen wir wider die Sorgen u Aufgaben dieses Jahres miteinander theilen, Ordnung machen u Correcturen erledigen wird den elenden Septemberrest rasch ausgefüllt haben.

Also auf baldiges Wiedersehen
Herzlichst
Papa

11 Das Kap San Vigilio liegt auf einem kleinen Landvorsprung im Gardasee, etwa 3 km westlich von Garda.

12 Freud hatte keinen Grund, auf den Fürsten Borghese neidisch zu sein, denn durch Spekulation hatte Paolo Borghese sein gesamtes Vermögen verloren, und sein Eigentum wurde 1891/92 versteigert.

117 Plakat mit dem Dampfer »Kaiser Wilhelm der Große«

Amerika

19. August bis 29. September 1909

Im Dezember 1908 erhielt Freud eine Einladung von G. Stanley Hall, dem Präsidenten der Clark University in Worcester (Massachusetts). Er sollte aus Anlaß des 20. Jahrestages des Bestehens der Universität im Juli 1909 einige Vorträge über Psychoanalyse halten. Freud lehnte zunächst ab, da er um diese Jahreszeit noch Patienten hatte und sich keinen Verdienstausfall leisten wollte. Doch Hall verlegte die Feierlichkeiten auf den September und wiederholte Anfang 1909 seine Einladung. Da sich Freud den September immer freihielt, sagte er zu.

Am 9. März teilte er Jung und Abraham die »große Neuigkeit« mit. Die Reiseaussicht rief alte Erinnerungen wach, darunter einen früheren Plan, in die Vereinigten Staaten auszuwandern: »Reales addiert sich zu Imaginiertem und zu Juvenilem, um mich etwas aus der Fassung zu bringen, die Sie eben an mir rühmen wollten. Ich wollte im Jahre 86, als ich in die Praxis ging, einen nur zweimonatlichen Versuch in Wien unternehmen; wenn dieser nicht befriedigend ausfallen sollte, gedachte ich nach Amerika zu ziehen ... Nun ging es, leider! in Wien so gut, daß ich mich entschloß zu bleiben [...]«[1]

An Abraham schrieb er, daß ihn sein jüngerer Bruder Alexander (obwohl er gerade erst geheiratet hatte) und vielleicht Sándor Ferenczi begleiten würden. Freud betrachtete die Reise anfangs als Urlaub und Vergnügen – er fahre eigentlich nur nach Amerika, um einmal ein Stachel-

1 Freud (1974a), S. 232 f.

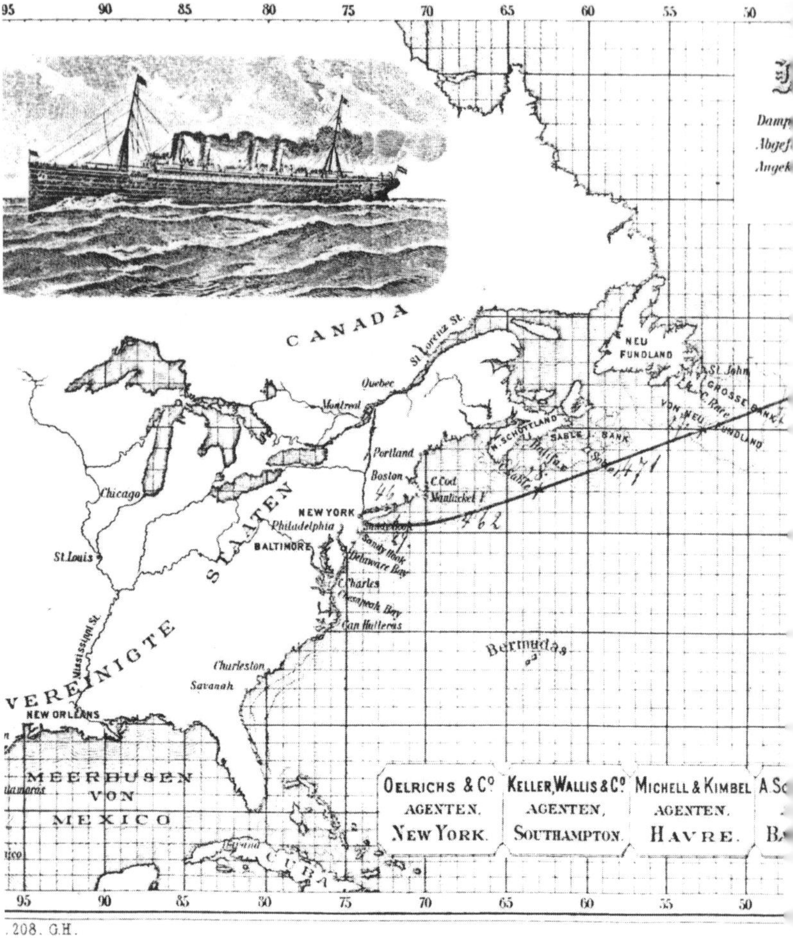

118 *Auf der »George Washington« ausgelegte Karte*

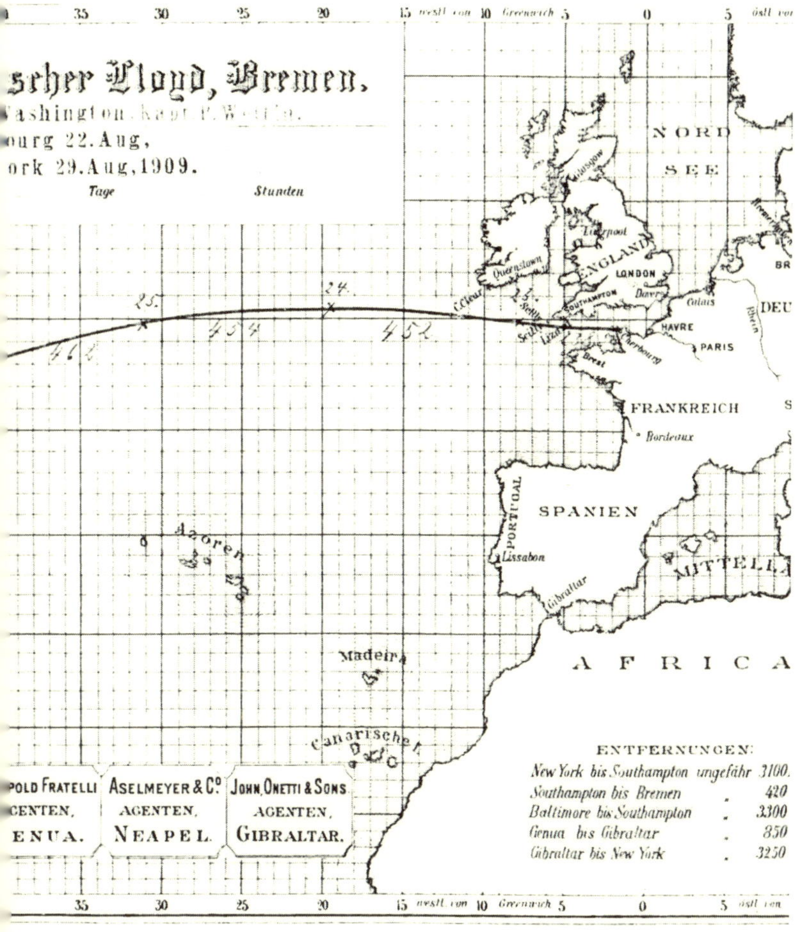
scher Lloyd, Bremen.
ourg 22. Aug,
ork 29. Aug, 1909.
Tage
Stunden
NORD SEE
Liverpool
ENGLAND
LONDON
Queenstown
Southampton
Calais
HAVRE
PARIS
Cherbourg
Brest
FRANKREICH
Bordeaux
SPANIEN
PORTUGAL
Lissabon
Gibraltar
Azoren
Madeira
AFRICA
ENTFERNUNGEN:
New York bis Southampton ungefähr 3100.
Southampton bis Bremen 420
Baltimore bis Southampton 3300
Genua bis Gibraltar 850
Gibraltar bis New York 3250
POLD FRATELLI
CENTEN,
ENUA.
ASELMEYER & Co
AGENTEN,
NEAPEL.
JOHN, ONETTI & SONS
AGENTEN,
GIBRALTAR.
westl. von Greenwich
östl. von

schwein zu sehen –, und tatsächlich belegen seine Briefe wie sein Reisejournal eine solche leichtherzige Einstellung. Doch verdeckt sie eine Reihe von Hoffnungen und Ängsten. Als auch Jung, sein psychoanalytischer Kronprinz, eine Einladung erhielt, ließ er davon etwas in einem Brief an Oskar Pfister erkennen: »Die große Neuigkeit, daß Jung mitgeht, hat gewiß auch auf Sie gewirkt. Für mich macht es die Reise zu etwas ganz anderem, Bedeutungsvollem. Ich bin nun sehr gespannt, wie alles werden wird. Um diese Zeit des Jahres acquiriere ich eine auffällige Ähnlichkeit mit Kolumbus. Ich sehne mich, wie er, nach – Land; wir verstehen aber nicht immer Amerika darunter [...]«[2]

Die Reise nach Amerika machte aus Freud nun einen wirklichen Konquistadoren: »Damals war ich erst 53 Jahre alt, fühlte mich jugendlich und gesund, der kurze Aufenthalt in der neuen Welt that meinem Selbstgefühl überhaupt wol; in Europa fühlte ich mich wie geächtet, hier sah ich mich von den Besten wie ein Gleichwertiger aufgenommen. Es war wie die Verwirklichung eines unglaubwürdigen Tagtraumes, als ich in Worcester den Katheder bestieg, um meine ›Fünf Vorlesungen über Psychoanalyse‹ abzuhalten. Die Psychoanalyse war also kein Wahngebilde mehr, sie war zu einem wertvollen Stück der Realität geworden.«[3]

Weiß man um die enorme Bedeutung, die diese Reise für Freud hatte, erhebt sich die Frage nach seiner anhaltenden Aversion gegen die Vereinigten Staaten. Am 21. Dezember 1925 schrieb er zum Beispiel an Ernest Jones: »Ich habe immer gesagt, daß Amerika zu nichts anderem zu brauchen ist, als Geld herzugeben.«[4] Ähnliche Bemerkungen finden sich an zahlreichen anderen Stellen. Und in seinem ersten Brief aus New York vom 30. August bekundete er: »Ich lasse mir nicht imponiren, berufe mich darauf, daß ich

2 Freud (1963a), S. 22.
3 Freud (1925d), S. 78.
4 Freud (1993e), S. 40.

schon soviel Schöneres gesehen habe. Freilich nichts Größeres u Wilderes.«

Freuds Reisen bis zum Sommer 1909 waren alles Reisen in die Vergangenheit, nicht nur die nach Griechenland und Italien. Auch Deutschland, Frankreich, Holland, Belgien, die Schweiz und besonders England sind Länder, die in einer Tradition leben und auf ihre Geschichte stolz sind. Doch in New York angekommen, begegnete Freud einer neuen Welt, die nur in die Zukunft und nach oben orientiert ist. Freud hatte wohl befürchtet, daß ein Land, das noch kaum ein Verhältnis zur eigenen Geschichte hat, auch zur Psychoanalyse mit ihrer historischen Methode nur schwer den richtigen Zugang finden würde.

In einem früheren Planungsstadiums sollte die Reise in Genua beginnen und mit einer Kreuzfahrt durchs Mittelmeer kombiniert werden. Doch das funktionierte zeitlich nicht, und Freud wählte die Nordroute von Bremen aus. Seine Familie war zum Sommeraufenthalt in Ammerwald, an der Grenze zwischen Bayern und Tirol. Freud nahm den Zug über Oberammergau und traf Jung und Ferenczi in Bremen.

Im Lichte der historischen Folgen könnte man Freuds Amerika-Besuch als die wichtigste aller Reisen ansehen. Obwohl nicht als »Vergnügungsreise« geplant, brachte sie ihm mehr Angenehmes und positive Überraschungen, als man auf dem Hintergrund seiner kritischen Einstellung zu Amerika hätte erwarten können.

Ablauf der Reise

19.–20. 8.	Reutte – Oberammergau – München – Hannover – Bremen
21. 8.	Bremen – Bremerhaven
21.–29. 8.	Schiffspassage über Southampton – Cherbourg nach New York
29. 8.–4. 9.	New York

4.–5. 9.	New York – Fall River (Schiff) – Boston – Worcester (Bahn)
5.–11. 9.	Worcester
12.–14. 9.	Worcester – Buffalo (Niagarafälle)
14. 9.	Buffalo – Lake Placid
15. 9.	Lake Placid – Keene Valley
15.–18. 9.	Keene Valley am Lake Placid
18. 9.	Keene Valley – Albany
19. 9.	Ankunft in New York
20. 9.	New York
21. 9.–29. 9.	Schiffspassage New York – Plymouth – Cherbourg – Bremerhaven
29. 9.	Ankunft in Bremen

19. August 1909
Postkarte aus Oberammergau an Martha Freud 1).

Oberammergau
19. 8. 09

Soweit gieng alles gut, jetzt beginnt die Ziehung. Vorher noch ins Gasthaus.

Herzl Grüße
Pa

19. August 1909
Postkarte aus München an Martha Freud 2.)

19. 8. 09
3^h25 pm

Es geht flink, auch mit dem Geldausgeben. Ich hoffe Euer Tag war eben so schön u minder heiß als der in München. Bis jetzt alles bewährt, noch keine großen Proben.

Herzliche Grüße
Pa

20. August 1909
Postkarte aus Bremen an Martha Freud 3.)

Bremen 20. 8. 09
6^h10

Nacht nicht schön. Wagen alt u schlecht. Hat so gestoßen, daß ich aus der geringen Wirkung auf den Magen beste Hoffnung für die Seefahrt schöpfe. Immerhin habe ich in Hannover zu ungewöhnlicher Stunde 3^h ein Glas Bier getrunken. Hier Ferenczi erwartet, ins Hotel begleitet, umgekleidet wie man in A[ussee] nur zu Kaisers Geburtstag geht. Jetzt will ich den Bremer Schneidern etwas zu thun geben u dann frühstücken wir u gehen auf Geschäft u Entdeckungen aus.

Herzliche Grüße
Pa

119 Dampfer »George Washington«

20. August 1909
Postkarte aus Bremen an Martha Freud 4)

Bremen 20. 8. 09

Zusammentreffen im Bureau des NDLl[5]
Dr. C. G. Jung
Dr. S. Ferenczi

21. August 1909
Ansichtskarte aus Bremen an Martha Freud (Abb. 119)

21. 8. 09

Herzliche Grüße
Pa

21. August 1909
Ansichtskarte aus Bremen an Rosa Graf

21. 8. 09

Herzlichen Gruß an Dich u die Kinder von der Reise nach New York.
Sigm

5 Norddeutscher Lloyd.

21. August 1909
Ansichtskarte aus Bremen
an Mathilde und Robert Hollitscher

21. 8. 09

Herzliche Grüße u Dank für Euren Brief. Das Schiff ist eben in Bewegung von Bremerhaven weg.
Pa

21. August 1909
Ansichtskarte aus Southampton[6] an Moritz Freud

21. 8. 09

Herzl. Gruß vom Schiff
Sigm

22. August 1909
Brief (4 S.) von Bord der »George Washington«
an die Familie
Auf Briefpapier der »George Washington«, Norddeutscher Lloyd

6)
22. 8. 09
Vormittag

Meine Theuern

Ich benutze die Gelegenheit zum letzten Briefverkehr von Southampton aus. Viel kann ich nicht schreiben, weil es zuviel gäbe. Ich versuche zwar ein Journal zu führen, aber mir ahnt, es wird nicht gedeihen. Also nur einzelne herausgerissene Mittheilungen.

Das Schiff ist herrlich. Unterbringung, Verpflegung übersteigen alle Erwartungen. Von der Überfüllung, die wir bei 2400 Personen gefürchtet merkt man nichts. Es sind nur

6 Die Karte ist in London abgestempelt, wahrscheinlich aber in Southampton aufgegeben.

560 Passagiere erster Klasse, die Kajüte ist klein, aber ungemein elegant u komplet.[7] Man kann selbst in ihr schreiben wenn man will. Zum Empfang war ein Brief von Mama da, eine Karte von Dr. Karpás[8], ein Telegramm von Robitsek[9] u eine Kiste, die einen Strauß herrlichster Orchideen enthielt von Bad Nassau (Fr. Hirschfeld)[10]. Der erste Tag war verregnet, heute ist es klar u schön. Wir haben die Felsen von Dover passirt u fahren neben der englischen Küste hin, sollen um 2^{h} in Southampton anlegen, dann noch abends in Cherbourg. Die See ist voller Schiffe, wie eine eingekochte Suppe. Der Wind geht scharf, der Tag will nicht vorwärts gehen, weil er mit einem Gewinn von 1 St. begonnen hat. Von Seekrankheit natürlich keine Spur, man müßte dann den Appetit als krankhaft bezeichnen. Bisher (11^{h}) habe ich bewältigt: Café, 2 Eier, einige Schnecken, gebratenen Seelachs u Hammelkoteletts. Gott wird weiter helfen. Jung ist im Essen ein leuchtendes Vorbild, Ferenczi viel bescheidener. Die Probe auf Seetüchtigkeit kann natürlich erst heute abds sein, wenn wir ins weit offene Meer kommen.

Die Ansichtskarten gehören zu einer Serie von 24. Vielleicht finde ich Nachricht von Euch in Southampton vor. Das Ganze ist ein sehr sonderbares, bis jetzt sehr schönes Abenteuer. Von Arbeiten ist natürlich keine Rede.

Ich hoffe Euch hier behaglich u grüße Euch alle.

Herzlichst

Pa

7 Die »George Washington« war ein brandneues Schiff und hatte gerade ihre Jungfernfahrt hinter sich. Sie hatte 25000 Tonnen und erreichte 18 Knoten. In der ersten Klasse konnten 568 Passagiere reisen, in der zweiten 433 und in der dritten 452. Die Besatzung bestand aus 1226 Mann.

8 Morris Karpas, Schüler von Brill, war im Sommer 1909 zur Ausbildung in Europa; vgl. Freud (1974a), S. 263.

9 Alfred Robitsek hat einiges über Traum und Symbolik veröffentlicht und wird auch von Freud in der Traumdeutung zweimal zitiert; vgl. u. a. Freud (1900a), S. 103, 378; Robitsek (1912).

10 Patientin Freuds.

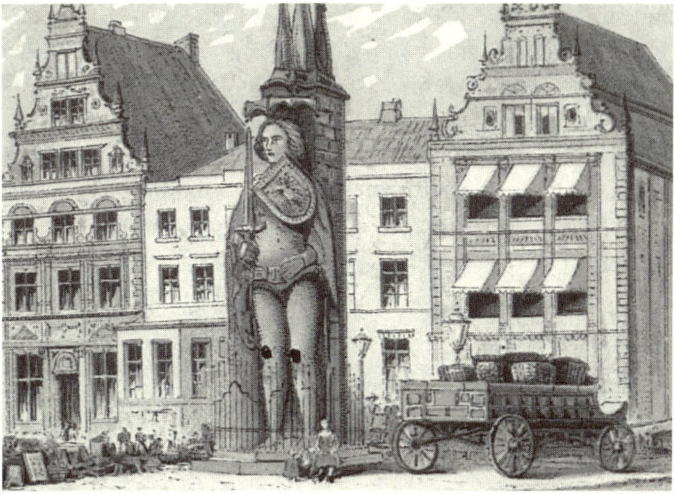

120 Bremer Roland

Reisejournal

I. Bremen 21 Aug. früh

Ich sehe, es wird immer Zeit zum Schreiben bleiben. Heute haben wir erst um 9ʰ Zusammenkunft beim Frühstück und ich bin so früh aufgestanden, daß es jetzt erst ¾8ʰ ist. Um 10ʰ50 geht unser Sonderzug nach Bremerhaven. Aber es regnet, während es gestern sehr schön, etwas schwül, war. Der neue Hut ist darum in den Koffer gewandert u die braune Kappe an seine Stelle getreten. Möge es ihr gut bekommen.

Gestern war ein inhaltsreicher Tag, der natürlich nicht enden wollte. In dem schlechten Wagen konnte ich nicht schlafen, noch vor Hannover 3ʰ früh saß ich im Gang vor einem Fenster u sah die Heide licht werden. In Bremen kam Ferenczi auf mich zu, gerade als ich auf ihn zu verzichten begann u mein Gepäck einem Träger übergeben hatte. Das Hotel, in das er mich führte, ist nur wenige Schritte vom Bahnhof entfernt. Ich war ungeheuer wol u habe fürchterlich gefrühstückt wie sonst nur Ernst. Dann begannen wir mit Hilfe eines Baedekers Bremen zu entdecken. Wenn man der Elektrischen folgt gerät man bald ins Innere der Stadt, findet Dom, Rathaus, alte Kirchen, einzelne ausgezeichnete Häuser. Dazu liest dann F[erenczi] aus dem Buch die notwendigsten Jahreszalen. Das über jeden Vergleich Interessanteste ist der alte Roland auf dem Markt, eine steinerne Bildsäule 1404 an Stelle einer alten hölzernen aufgerichtet, vor wenigen Jahren frisch bemalt, ein Gesicht von unergründlichem Stumpfsinn, ein langes Rüstschwert in der Hand. Solch eine Statue soll das Sinnbild der freien Gerichtsbarkeit einer Stadt gewesen sein. Wir streifen hin u her, entdecken die große Weserbrücke, das Denkmal eines Herrn Franzius[11], der durch die Regulirung des versandeten Flusses einen neuen Aufschwung der Stadt herbeigeführt haben soll. In der Papenstraße erscheint uns der Palast des Lloyd mit einem großartigen Thurm geziert. Wir treten ein und jetzt hat uns das Schicksal. – F[erenczi] hat ein großes Bündel schmutziger Zettel bei sich, die auf der einen Seite schwarz, auf der anderen grün sind u in der Mitte ein Bild tragen wie von einem Büffel oder von anderen Thieren. Es sind Dollarscheine zu 10 oder 50. Mit ihnen bezalt er den Rest unserer Fahrkarten. Der Dollar wird zu 4,17 Mark berechnet. Wir nehmen eine Versicherung für die Fahrt, ich auf 20, er auf 10000 Mark; er rät, die Polizze nach Hause zu schicken. Ich hoffe sie ist schon angekommen. Auch Post ist für mich da, eine Karte von Jung, daß er um 19 h abends ankommen will, also schon da sein muß. Wenige Minuten später erscheint er selbst, strahlend wie immer. Wir haben noch Geschäfte zu erledigen, er holt sich einen Creditbrief

11 Ludwig Franzius, Wasserbauer und seit 1875 Oberbaudirektor in Diensten des Bremer Senats.

für Amerika. Endlich sind wir da fertig u dürfen zum Bahnhof, wo wir unser großes Gepäck übergeben u Karten für die Sonderfahrt nach Bremerhaven beheben. Mein Koffer ist wirklich vom richtigen Maß und bleibt in der Kajüte. F[erenczi] hat ein Ungetüm von Kasten mitgebracht. Dann wird wider, aber jetzt zu dritt, gestreift. Jung, der die Stadt schon kennt, führt uns zu einigen Sehenswürdigkeiten, in den großen Rathaussaal, von dessen Decke Modelle von Kriegsschiffen herabhängen u dessen Wände mit Bildern geschmückt sind von Stadtansichten u großen Walfischen, die einst hier gestrandet sind, letzteres ein Anklang an Bartholomä[12]; der Saal im Ganzen weckt die Erinnerung an die Prunk- u Staatszimmer im Dogenpalast, aber die Sehnsucht vermißt manches. Dann der sog. Bleikeller unter dem Dom, ein Raum, in dem vor 400 Jahren zufällig die Leiche eines vom Dach gestürzten Arbeiters beigesetzt und vergessen wurde. Viele Jahre später machte man die Entdeckung, daß sie nicht verwest sei, sondern sich vortrefflich erhalten habe durch eine Eintrocknung, die ein Bild wie eine Mumie ergiebt u seither ließen sich allerlei Leute dort beisetzen, die der Vergänglichkeit auf diese Art entgehen wollten, englische u schwedische Herrschaften. Man hat auch Vogelleichen im Raum aufgehängt u zeigt, daß sie nicht verwesen, sondern langsam schrumpfen. Das Ganze bleibt aber doch ein Plaidoyer für die gründliche Vernichtung der überflüssig gewordenen Menschen durch das Feuer.

Der Hunger rührt sich bei uns dreien u wir treten in den Rathauskeller, dort giebt es aber nur große Fässer Wein u kaltes Essen. Man schickt uns in das sog. Essighaus, ein wirklich entzückendes Gebäude aus dem 16 Jahrhundert.

12 St. Bartholomä, Ort am Königssee, unweit Berchtesgaden. Sicher hat die Familie Freud während ihrer Sommeraufenthalte in Berchtesgaden und Königssee auch St. Bartholomä besucht. Der Fischfang hat dort eine lange Tradition. Schon im 12. Jahrhundert soll sich Kaiser Friedrich Barbarossa Fische vom Königssee bestellt haben.

121 Rathauskeller in Bremen

Ich beschließe mir das Vergnügen der ersten Bewirtung zu gönnen. Ein Rheinwein, Weserlachs, garniertes Filet wird bestellt. Jung theilt zu unserer großen Befriedigung mit, daß er sich entschlossen habe, die Abstinenz aufzugeben u bittet um etwas Zurede. Wir stoßen mit dem köstlichen Wein an. Ob ich nun zu rasch getrunken oder durch die schlaflose Nacht erschüttert war, beim Lachs bekomme ich einen argen Schwitz- u Schwächezustand und muß die weiteren Gänge überschlagen. Ich getraue mich dann auch nicht weiter zu trinken. Jung wird jetzt das Trinken für mich besorgen. Natürlich ist der ganze Anfall bald vorüber.[13] Jung bemerkt: Natürlich haben wir jetzt den Herrn Papa für uns

13 Freuds Darstellung weicht hier von dem ab, was Jung und Jones über den Vorfall schreiben. Sicher um seine Frau nicht zu beunruhigen, erwähnt er nicht, daß er ohnmächtig war, und bietet auch nur eine nichtanalytische Erklärung an – das schnelle Trinken und die schlaflose Nacht. Die drei Männer haben damals den Vorfall aber interpretiert als eine Reaktion auf Freuds Sieg über Jungs Alkoholabstinenz. Freud selbst verfolgte die Ursachen bis hin zu seinem Todeswunsch dem jüngeren Bruder Julius gegenüber. Als er das nächste Mal in Jungs Anwesenheit ohnmächtig wird – 1912 in München –, bezieht er sich wiederum auf eine schlaflose Nacht im Zug; vgl. Freud (1993b), S. 159.

zalen lassen u sie vertheilen die weiteren Ausgaben des Tages unter sich. Am Nachmittag nimmt Jung ein Automobil, das uns auf den ehemaligen Wällen der Stadt herumführt, die in Anlagen mit herrlichen Bäumen verwandelt sind, und uns den Freihafen zeigt. Wir begegnen Militär, das von einer Übung zurückkommt, u das muß der Herr Hauptmann der Schweizer Armee natürlich sorgfältig inspiziren. Das Auto setzt uns vor dem Wiener Café ab. Der Café ist wirklich gut, ich bin ja auch wider ordentlich hungrig. Dann wird wider spazieren gegangen an der Weser, durch die Anlagen u viel geredet, Europa u Amerika. Ich erfahre jetzt zuerst von anderen Gästen in Worcester: ein Wiener der Schulpädagog Burgerstein[14] u ein Breslauer oder Berliner (?) Stern[15], der durch Arbeiten über die Psychologie der Aussage bekannt geworden ist. Er gilt aber als Ekel, hat sich feindlich gegen uns gestellt u wenn er auf dem Washington sein sollte, wird er uns kalt lassen. Die Gesellschaft ist nun bis jetzt nicht glänzend, hoffentlich haben sie noch andere eingefangen.

[Auf dem Lloyd sah ich bereits das gedruckte Verzeichnis der Passagiere. Der Name war richtig gedruckt, die Schiffskarte aber auf den Namen Freund ausgestellt].

Eine Stunde von ½ 7^{h}–½ 8^{h} gönnen wir uns Ruhe u Einsamkeit. Ich beantworte den Brief der Maggie[16], die über den Poststempel nicht wenig erstaunt sein wird. Dann nachtmalen wir im Hotel Jungs als seine Gäste. Ich versichere, es war sehr gut u ich habe wider ordentlich mitgehalten, vor ¼ 12^{h} giengen wir nicht auseinander.

14 Leo Burgerstein war Professor für Bildung und Schulhygiene an der Universität Wien. An der Clark University hielt er drei Vorlesungen über sein Fachgebiet.

15 William Stern war Professor für Philosophie an der Universität Breslau. Er hielt vier Vorlesungen über Test- und Persönlichkeitspsychologie; vgl. Rosenzweig (1992), S. 121 f., 288.

16 Maggie Haller, Patientin Freuds.

Heute früh bekam ich den Rock mit eingesetztem Futter aus andersfarbigem Stoff. Bis Amerika muß er halten. Jetzt im Hotel abschließen u zum Frühstück!

II Samstag abends 21. Aug.

Ganz anders. Gar nicht möglich in der Erzälung fortzufahren. Vollkommen märchenhaft. Seit 12^h auf dem Schiff. Der Anblick des Washington als wir vor ihm standen, ganz ungeheuer. Von da an kommt es wie ein Rausch über einen. Man ist in seiner Kajüte u findet seinen Namen an der Thür, seinen Koffer unter dem Bett, man muß sich eilen, Plätze zu bestellen im Speisesalon an einem Plan wie im Theaterbureau, man findet seine Post in einem Fach u dabei kommt man schon zu allerlei zu spät, findet sich im Nachteil gegen erfahrene Reisende. Und bis man sich in dem ungeheueren Körper auskennt, bis man weiß, auf welchem Deck also in welchem Stock man selbst wohnt, auf welcher Seite u daß der Kaufsalon ganz oben am Sonnendeck hinten ist u der Schreibsalon ganz vorn einen Stock tiefer, u die Passagen gefunden hat usw. Natürlich wenn man zudritt ist, wird man eher geführt u bleibt länger unselbständig. Und die Summe von neuen Erfahrungen am ersten Tag. Das kann nicht auf einmal erzält werden.

Man ist bei einem sehr vornehmen Herrn auf dem Schloß zu Gast geladen, hat alles u scheinbar umsonst. Man vergißt, daß man schon vorher für die Woche 600 MK bezalt hat. Eure dringendsten Fragen! Das Essen? Allerersten Ranges; man spürt nicht wohin es kommt. Von einem Magen sagt die Empfindung nichts. Kafe oder Thee sooft man will, dazwischen. Die Kajüte? Klein, aber doch so elegant u eigentlich so komplet, daß ich diese Zeilen auf meinem Tisch bei elektrischem Licht schreiben kann, während ich in Ammerwald im Zimmer nichts schreiben konnte. Höchste Reinlichkeit u sinnreiche Ausnutzung jedes Eckchens. Ein

Schrank fehlt. Eigentlich soll man ja nicht in der Kajüte schreiben. – Die Post: Ein Telegramm von Robitsek, ein Briefchen von Mama, Karte von Dr. Karpas. Meine Gegenleistung: 24 Ansichtskarten, die aber erst in Cherbourg oder Southampton ans Land gebracht werden können. Das große Ereignis des Tages: Eine Kiste mit einem Strauß frischer Blumen, der köstlichsten u wahrscheinlich auch kostbarsten Orchideen von der Hirschfeld aus Nassau. Ich hab sie auf unseren Schreibtisch stellen lassen u einen Kellner zum Wärter für sie bestochen. –

Das Wetter ganzen Tag Regen, kalter Wind, auf einer Seite unerträglich, wir haben die gemieteten u mit Namen belegten Streckstühle auf die andere Seite bringen lassen.

Stimmung übermütig, weil das Meer keine anderen Wellen hat als unser Schiff in ihm macht. Neugierig, ob es so bleibt.

Ça va bien pourvu que ça dure[17] sagte der Dachdecker, als er abzustürzen begann.

Gute Nacht.

24. Dienstag früh, vor dem Bad

Montag war durch die zwei Landungen in Southampton u Cherbourg ausgefüllt, sehr inhaltsreich. Gestern endlich Ozeanfahrt, in der früh das letzte Stück England. Sonst ganzen Tag über gar nichts bis auf einen Delphin am Vormittag u Meerleuchten abends. Das Wetter war nicht zu freundlich, viel Wolken, starker Wind, etwas Sprühregen, aber die Bewegungen des Schiffes wieder kaum verspürt. Man studirt sie sorgfältig u freut sich, wenn einmal wirklich der Boden wegläuft.

Wir haben den ganzen Tag debattirt u gelacht, gar nicht anstrengend u sehr wolthuend. Dazwischen Deck gelaufen,

17 »Gut, solange es währt«; angeblich Ausspruch von Napoleons Mutter über die Ambitionen ihres Sohnes; vgl. Rosenzweig (1992), S. 56.

Wellen studiert u – gegessen. Mit unseren Tischstewards stehen wir im zärtlichsten Verhältnis. Die Orchideen halten sich auch noch. Die Kellner im Cafehaus u in den Gesellschaftsräumen, wo man um 16^{h} Thee bekommt, sind vielleicht weniger liebenswürdig. Köstlich ist das Bad, auf das ich auch jetzt wider warte, der Cajüte gerade gegenüber. Sonderbar ist die Zeitverschiebung, daß man jeden Morgen die Uhr zurückrücken muß u also ¾St gewonnen hat, mit denen man sich nur ärgert.

In der Kajüte ist man so sicher u behaglich, daß man mit Bedauern daran denkt, in weniger als einer Woche dies traute Heim zu verlassen.

Prof. Stern hat sich früh gemeldet, Jung angesprochen u für sich mit Beschlag belegt, während er uns den Rücken dreht. Ich habe eine Weile zugeschaut u dann Jung angerufen: Herr Doktor, wollen wir unser Gespräch nicht zu Ende bringen? worauf sich der schäbige Jude begossen empfahl.

Mittw 25. Aug 09[18]

Heute habe ichs durchgesetzt, schon um 6^{h} zu baden, dh jetzt nach dem Bad, dem Friseur u der Wanderung ist es wirklich 6^{h}25. Es wird also ein langer Tag werden wie der gestrige. Ich sitze im Rauchzimmer (Cafehaus) u schreibe, für welche Thätigkeit es natürlich besondere Schreibzimmer gibt, in denen man aber nicht rauchen kann. Man ist vom Schreiben abgeschreckt durch die Gewißheit, daß man nichts Geschriebenes zu erwarten hat. Die Abgeschiedenheit auf dem Ozean ist höchst merkwürdig u hat tiefe Wir-

18 Den ersten Teil des »Reisejournals« vom 21. bis 24. August hat Freud beidseitig auf vier große Notizblätter geschrieben. Die Fortsetzung vom 25. bis 29. August findet sich auf dem Briefpapier des Dampfers »George Washington«. Darin mag der Grund für Jones' Irrtum liegen, Freud habe das Journal nach drei Tagen wieder aufgegeben und Briefe geschrieben; vgl. Jones (1960–1962), Bd. 2, S. 75.

kungen. Gestern ließ sich ein einziges Schiff am Horizont erblicken, u ich glaubte den Schweif eines Delphines im Wasser erkannt zu haben. Jung hielt es für eine Vision wie die Fata Morgana eines Wüstenwanderers. Sonst aber gar nichts. Es fiel auch auf dem Schiff nichts vor. Es scheint nicht, daß wir Marconiverbindung[19] mit anderen Schiffen bekommen haben, wenigsten verlauteten keine Nachrichten. Das giebt eine sehr sonderbare, unwirkliche Existenz. Seit 2 Tagen habe ich die Börse nicht geöffnet, nach den ersten Bestechungen ergab sich kein Anlaß zum Geldausgeben. Manchmal ziehe ich das Portefeuille heraus u betrachte die drei großen Geldnoten u den kleinen Haufen eingewechselter schmutzig-grüner 5 Dollarnoten, schlechter Abbilder des allerhöchsten Gottes – um mich wider in die Wirklichkeit zu rücken. Hier bekommt man ja alles umsonst. Aber in Amerika wird dafür eingebracht werden. Sogar die Chance, daß ich – obwol »Gast der Nation« wie Mama sagt – für meinen neuen Grad Zoll zalen werde, wird zur Gewißheit.

Der Tag war gewiß noch windiger als die früheren, so daß der Aufenthalt auf dem Sonnendeck, wo unsere Streckstühle stehen, nicht immer durchzuführen war. Die Sonne hatte sich versteckt, kein Kleidungsstück spielt annährend die Rolle wie der Mantel, den man nur bei den Malzeiten ablegt.

Wir dürften an Bord die einzigsten sein, die geistig arbeiten u uns dabei in der Regel gut unterhalten. Die anderen spielen auf Deck Bewegungspiele oder im Café alle möglichen Kartenspiele oder Sonder-Auktionen mit Zettelanschlägen, die an das große Tennisturnier in Ammerwald erinnern. Andere liegen den ganzen Tag auf ihrem Streck-

19 Drahtlose Telegraphie, genannt nach Guglielmo Marconi, dem 1896 zum erstenmal die Übertragung drahtloser Signale gelang. Anfang des 20. Jahrhunderts konnten bereits Signale von England nach Neufundland übertragen werden.

stuhl, gehüllt in Plaids, Shawls, Tücher, Bandagen, geschützt von kleinen Polstern, auf denen anstatt »Nur ein Viertelstündchen« zu lesen steht: Bon voyage. Das sind natürlich zumeist Damen (auch alte Herren) u erstere haben ihre bestimmten Posen u Mienen; es scheint da ein hoch entwickeltes Ceremoniell zu geben. Die Mehrzal der Passagiere sind nämlich Amerikaner, wir sind eigentlich schon in Amerika. Typen, die man kennt oder sofort erkennt, meist festliche, oft respektable. Die Frauen unglaublich gepflegt, selbstbewußt, zum Flirt aufgelegt. Auch Babies u kleine Kinder gibt es reichlich, herzige Exemplare, die sich an Bord sehr wol befinden. Im Zwischendeck soll es nach Aussage des zweiten Arztes, der an unserem Tische ißt 200 Säuglinge geben. Manche Damen nehmen auch die Malzeiten an Bord in ihrem Streckstuhl liegend. Wahrscheinlich sind es die, welche die Schiffsbewegungen am schlechtesten vertragen. Das Schiff macht die bekannten großen Wellen mit, es hebt u senkt sich wie ein schwimmender Schwan mit dem Halse, aber es rollt nicht, legt sich nicht auf die Seite u nach Versicherung aller sind stärkere Grade von Seekrankheit ausgeschlossen, auch wenn die See viel bewegter würde, als sie bisher war. Die Art wie man ißt, zeigt aber entschiedene Beeinflussung durch die Schiffsbewegungen.

Manche nämlich kriegen Hunger, wie meine beiden Gefährten bestätigen, man ißt viel weil viel geboten wird, spürt das Gegessene aber nicht im Magen u könnte noch viel mehr essen. Der Magen ist wie unempfindlich, es ist das eine Veränderung, die gewiß auf dem Wege zur Eßunfähigkeit bei der Seekrankheit liegt, aber sie ist gewiß viel angenehmer.

Wein u Bier erhält man gegen kleine Checks, die man mit seinem Namen unterschreibt. Jung hat die Abstinenz abgelegt u säuft wacker mit. Durch sorgfältige Beobachtung haben wirs dahingebracht, daß wir auch bei den kleinen

Zwischenmalzeiten, Limonade um 11^h u Thee um 4^h nicht umgangen werden. Wir meinen, der Wind höhle uns aus. Gestern Nachmittag waren wir zu anderem als zum Essen eine Weile ganz unfähig u sind wie andere Reisende auf unseren Stühlen eingeschlafen. Alle Gedanken waren betäubt.

Es ist also eine sehr sonderbare Existenz. Arbeiten, etwa vorbereiten, was wir in Amerika reden werden, ist ausgeschlossen. Auch Lesen wird nicht leicht. Im Bett lese ich jetzt einen Band Anatole France[20], den Ferenczi mitgebracht hat, aber er gefällt mir nicht so, wie auf dem festen Lande. Ich habe übrigens nicht gewußt, daß elektrisches Licht so hell sein kann.

Also auf Widersehen.

Donnerstag 26. früh

Gestern Vormittag war das Einerlei unter grauem Himmel recht drückend. Nachmittags kam Sonne, das Meer wurde blau, der Himmel war klar, die Schaukelbewegungen erreichten einen bisher nicht beobachteten Grad, die Wellen wurden großartig, zauberhaft schön, spritzten gelegentlich über den Bug des Schiffes u mit alle dem hob sich die Stimmung u man war stolz ein so recht dynamisches Leben zu führen. Am Vormittag waren 3 Delphine die einzigen Wesen, die die Illusion, man sei allein auf der Welt, aufheben konnten.

Am Abend kam eine Schiffszeitung heraus, deutsch u englisch, die ich mitzunehmen gedenke. Wir erfuhren aus

20 In seiner Antwort auf eine Rundfrage »Vom Lesen und von guten Büchern« zählt Freud Anatole Frances »Sur la pierre blanche« zu den für ihn 10 guten Büchern; vgl. Freud (1960 f.). In seiner Zitatensammlung aus der ersten Dekade dieses Jahrhunderts ist Anataole France nach Multatuli am meisten vertreten: von 45 Texten stammen 13 von Multatuli und 10 von France. Die beiden von Freud erwähnten Werke sind »Le Lys Rouge« und »La Rôtisserie de la reine Pédauque«; vgl. Common Place Book (Freud Museum London).

ihr mit Befriedigung, daß wir jetzt in Marconiverbindung mit kanadischen Landstationen seien u bereits überallhin, auch nach Riva[21] also, telegraphiren könnten. Da ich aber nichts zu radiokabeln wußte, machte ich von der Möglichkeit, wie ihr wissen werdet, keinen Gebrauch. Unsere Stühle stehen auf dem obersten, dem Sonnendeck neben dem Mast, der die Marconiantennen – so heißen sie, glaube ich – trägt und das täuschend imitirte Geräusch einer Brummfliege, die nicht zum Fenster hinaus kann, macht uns aufmerksam, daß der Apparat arbeitet.

Abends durfte ich endlich 20 Mk wechseln u Cigarren kaufen, da der Brennervorrat ausgeraucht war.

Im Cafehaus haben wir natürlich eine reichlich assortirte Trafik, die neuen sind viel besser als die alten. Die Unterhaltung unter uns dreien war gestern besonders lebhaft, vielleicht trägt auch der Wein etwas dazu bei. Die Weinversorgung geht herum, jeder schreibt seinen Check u von der Flasche trinken alle; sie hält dann nicht lang. Daß das Gehen gestern so sonderbar mühselig war, muß aber doch dem Schiff zugeschrieben werden, das sich großartig gegen die Wellen hielt.

Es ist jetzt eine Woche, daß ich Euch verlassen habe – ich muß auf die korrigirte Uhr sehen, um festzustellen, wann sie voll wird. Ich hoffe, Ihr seid schon in Riva u im Besitz meiner Karte u Briefes. Die Woche war nicht ereignisreich, aber höchst sonderbar. Wir denken an die Rückfahrt mit dem Wilh[elm d.] Großen 21. September, aber man hört an Bord, daß kein Schiff so bequem u sicher ist wie unser Washington.

21 Stadt am Nordende des Gardasees, gehörte bis 1919 zu Österreich-Ungarn. Freuds Familie war von Ammerwald nach Riva übergesiedelt. Seine Postkarte vom 21. August, die er nach Ammerwald adressiert hatte, mußte bereits nach Riva weitergeleitet werden.

Freitag 27. 8. früh

Gestern gab es Wettersorgen. Vormittag war es schwül-regnerisch. Dann schlug der Wind um u es kam dichter Nebel. Die Dampfpfeife fing an alle 2 Minuten Signale zu geben, dann die Sirene ihr schauerliches Geheul auszukosten, aber keine Antworten kamen. Den ganzen Tag haben wir nichts Lebendes gesehen, auch keinen Fisch oder Vogel. Dann ließ der Nebel nach, um gegen Abend wider einzusetzen u noch beim Einschlafen habe ich die Sirene gehört. Es scheint aber, daß er sich ganz in Regen aufgelöst hat. Als ich den letzten Blick auf die See warf, war sie wütend u der Regen schien ausdauern zu wollen.

Das Wetter ist also nicht schön, der einzig erträgliche Nachmittag war der von Mittwoch. Der Aufenthalt an Deck wird dadurch recht verkürzt.

Wir sind schon weit drüben u erwarten bald unter Newfoundland zu kommen, was sich durch kalte Luft anzeigt. Heute morgens ist es wirklich empfindlich kalt. Das Essen hat uns gestern abends zuerst nicht recht geschmeckt. Die Frische der mitgenommenen Materialien läßt eben nach. Obst war immer ungenießbar, Mehlspeisen unbedeutend, das Eis nicht recht geraten, vortrefflich Suppen, gut natürlich Fleisch, Fisch u Gemüse.

Heute abends soll eine musikalische Soirée stattfinden, zu der ich ja nicht gehen muß. Sonst ist Musik regelmäßig um 10^{h} auf dem vornehmen oberen Promenadendeck u bei der Abendmalzeit. Eine Nummer der Ozeanzeitung habe ich wider aufbewahrt. Sie ist voll Marconinachrichten, die uns nicht interessieren. – Sonntag abds sollen wir landen.

Samstag 28 Aug.

Gestern war eine sonderbare Wetterkollektion, früh eiskalt dank der Nähe von Newfoundland, dann wurde es schwül u regnerisch, dann brach wider Nebel für einige Stunden herein, die See war bald glatt, bald aufgeregt, aber immer häßlich. Heute ist das alles anders. Wir sehen die Sonne wieder, das Wasser ist blau, der Wind u die Strömungen sind wie in den ersten Tagen. Wir nähern uns der Küste. Gestern morgens sahen wir endlich wider drei Segelschiffe, dann den Tag über nichts mehr. Am Abend saßen wir plaudernd u lachend in einer Cafehausecke, während die Mehrheit der Gesellschaft einem öden Concert anwohnte, u hatten plötzlich vergessen, wo wir waren, es war eine Situation wie auf einem verregneten Ausflug im Gebirge. Als wir dann zur Besinnung kamen wir seien auf einem Schiff u das nächste Stück Land heiße Labrador, war es eine sonderbare Empfindung.

Den ganzen Tag über war ein Rettungsboot klar für den Fall, daß wir im Nebel eines der vielen Fischerboote, die um Newfoundland streifen überfahren sollten. Es geschah zum Glück nichts, die ganze Gegend blieb wie ausgestorben.

Wir vertragen uns glänzend u sind um Stoff zur Unterhaltung nie verlegen. Das war eigentlich der Reiz der Reise, denn Wetter u Meer waren nicht schön u die Hebung des Wolbefindens durch die Seeluft habe ich mir deutlicher vorgestellt. Die amerikanische Gesellschaft trägt eine eherne Langeweile mit sich herum u die deutschen Elemente hätten den Einzelnen auch nicht getröstet. Das Schiff hat sich allerdings großartig bewährt und von Seekrankheit gab es bei uns auch keine Ahnung. Ich schreibe sowie abschließend, weil dies heute der letzte volle Tag ist. Morgen wird die Annäherung u die Ankunft beherrschen.

Wir haben Zolldeklarationen zur Ausfüllung bekommen, die aber für uns Non-Residents kaum Arbeit geben. Der Abschied von der Kajüte wird schmerzlich sein. Wahrscheinlich gehen wir auch sehr heißen Tagen entgegen. Bei all den Schwierigkeiten der Landung rechnen wir auf Brills[22]

22 Abraham Brill gründete 1911 die New York Psychoanalytic Society.

Anwesenheit. Metropolitan Museum ist der erste Vorsatz. Es enthält die schönsten griechischen Antiquitäten. So wenig ändert sich der Mensch mit seinem Aufenthalt.

Sonntag 29. Aug.

Gestern zum Abschied alle Kunststücke. Ein besonders feierliches Nachtmal, Ball an Bord, draußen Vollmondzauber mit Venus u anderen großen Sternen, der feine Fischgeruch des Wassers u all diese Schönheiten zum ersten Mal anstatt der abscheulichen Nässe, Kälte u Nebels. Es war um den Abschied zu erschweren.

Ball an Bord war wider entzückend. Den Amerikanerinnen genügt es, wenn sie überraschend angezogen sind u bewundert werden müssen. Die Herren sind steif u stimmungslos. In der zweiten Klasse nebenan, wo weit bescheidenere Deutsche hausen, da sah man heitere Gesichter. Die Musik war übrigens überhaupt nicht viel wert.

Man ist mit seinen Gedanken schon in New York u bespricht allerlei aus der nächsten Zukunft. Von den Formalitäten der Landung u der Unterkunft nachher keine klare Vorstellung. Brill muß für alles gesorgt haben. Im Baedeker liest man, daß ein Wagen mit Gepäck zu einem Hotel 4½ D. kosten wird. Ein Dollar = 4,22 Mark. Die Zalen jagen uns überhaupt Schrecken ein. In meiner Tasche herrscht eine wirkliche Vielgötterei: Kronen und Mark u nun der stärkste Gott, der Dollar.

Morgen früh, dh heute früh wird eingepackt, gezalt u dann von Mittag an das Glas herbeigeholt, um die Einfahrt zu genießen. Die Disziplin lockert sich bereits. Der Friseur hat noch nicht geöffnet, obwol es Zeit wäre. Kleine Andenken ans Schiff, Menü, Kajütenkarte wollen auch eingesteckt werden. Trinkgelder sind noch zu ergänzen. Es ist schade um den Abschied, man hat das herrliche Schiff liebgewonnen. Also ade. Es naht ein inhaltsreicher Tag!

30. August 1909
Brief (4 S.) aus New York an die Familie
Auf Telegramm-Briefpapier des Hotels »Manhattan«

New York
Montag 30 Aug 09

Meine Theuern

Huh! Eine tolle Geschichte. Wenn ich soviel Freude an Verkehr u Verkehrsschwierigkeiten hätte wie Oli, wäre ich hier der seligste aller Menschen. Erwartet keine Detailbeschreibungen, die Zeit ist zu kostbar, nur einige Bemerkungen zur Orientirung. Die Einfahrt in den Hafen war wirklich großartig, zog sich lange hin. Brill der nach den strengen Bestimmungen nicht aufs Schiff gelassen wurde, schickte einen bekannten Kollegen Dr Onuf[23], Russen, in Schweiz erzogen, der mich noch auf Schiff aufsuchte u uns dann hilfreich dank seiner offiziellen Stellung beistand. Es hat dann etwa 2½ St gedauert, bis wir aus der Revision heraus waren u draußen trafen wir Brill, der sehr gedeiht. Er führte uns gleich in den Subway, die Eisenbahn unter dem Fluß u dann in die Elektrische u dann zu Fuß einen unendlichen Weg bis zu dem Hotel, für das wir unser Gepäck gecheckt hatten. Das Hotel ist zu nobel u theuer,[24] für 2½ $, di über 10 Mark, haben wir jeder ein kleines Zimmer in den Hof ohne Sonnenlicht, aber ich habe wider die erste Nacht durchgeschlafen. Um ½ 12 giengen wir erst zu Bett.

Obwol die Straßen ruhig waren wegen des Sonntags, so war doch der erste Eindruck betäubend. Wir sind auch jetzt noch hilflos wie Kinder, die man an der Hand führen muß.

Heute Vormittag haben wir nichts geleistet als ein Stück Broadway abgegangen u die berühmten Sky-scrapers be-

23 Bronislav Onuf arbeitete als psychiatrischer Berater auf der Einwanderungsinsel Ellis Island; vgl. Rosenzweig (1992), S. 58.

24 Das Manhattan Hotel wurde Ende des 19. Jahrhunderts gebaut und lag an der Ecke der Madison Avenue und der 42. Straße.

staunt. Schön sind sie aber nicht. Die ganze Stadt hat nur Ähnlichkeit mit London. Der Tag ist sehr schön, nicht zu heiß. Brill der sich uns ganz widmet, ist mit Ferenczi gegangen, wir schreiben. Ich will nachher zu Eli u Anna.[25] Abends sind wir bei Brill geladen. Morgen wollen wir ins Museum. Wir sind sehr wol u heiter. Ich lasse mir nicht imponiren, berufe mich darauf, daß ich schon soviel Schöneres gesehen habe, freilich nichts Größeres u Wilderes. Bei der Gepäcksrevision hatte ich schon ein Interview von der deutschen NY Staatszeitung, gewiß auf Betreiben des Ekels von Stern, der also heute breit in der Zeitung steht mit den Titeln seiner Vorträge, worauf dann der Prof. Freu*n*d mit seinem Freunde Jung folgt, der weit weniger mittheilsam war.

Alles was Euch an Preisen u Lebensweise interessiren kann, mündlich. Es ist wirklich sehr theuer u einige für uns unentbehrliche Behaglichkeiten fehlen ganz. Wenn man etwas orientirt wäre, ließe sich sehr gut leben. Die wissenschaftlichen Nachrichten die Brill bringt, sind sehr lustig u sehr günstig. Die Übersetzung soll in 2 Wochen herauskommen.[26]

Ich grüße Euch herzlich von dem großen Abenteuer u vermisse natürlich alle Nachrichten. Kabel wol angekommen.

Herzlich Papa

25 Eli Bernays und seine Frau Anna Bernays, Freuds älteste Schwester.

26 Brill hatte einige Arbeiten von Freud übersetzt, die unter dem Titel »Selected Papers on Hysteria and Other Psychoneuroses« am 30. September 1909 in New York (Nervous and Mental Disease Publishing Company) erschienen.

30. August 1909
Ansichtskarte aus New York an Martha Freud (Ab. 123)

30 Aug 09

Von Dr Brills House.

[Es folgen die Unterschriften:]
Dr. A. A. Brill/Dr. Ferenczi/Dr. Jung/Rose Owen Brill[27]

122 Skyline New York 1909

123 Die Freiheitsstatue in New York

27 Frau Brills.

31. August 1909
Brief (6 S.) aus New York an die Familie
Auf dem Briefpapier des Hotels »Manhattan«

New York
Dienstag 31 Aug 09

Meine Lieben

Allmählich findet man sich zurecht in dieser Stadt. In einer Woche wäre man eingelebt. Das Wetter ist schön, nicht zu warm. Unser Leben ist nicht zu anstrengend.

Gestern nachmittag machte ich einen Besuch bei Lustgarten[28]. Sehr vornehm, ich trat ein, machte Licht, sah Kupferstiche an den Wänden, aber kein Zeichen von Belebung. Endlich gelang es mir, ein Dienstmädchen emporzuläuten, das merkwürdigerweise Mrs L[ustgarten] sehr ähnlich sah. How did you come in? war ihre erste Rede. Natürlich kein Wunder wenn sie die Wohnungsthüre offen läßt. Ich ließ eine Karte zurück. L[ustgartens] kommen erst im Oktober. Dann fuhr ich im Auto (was schrecklich theuer war) 119th St vor Nr 121. Ein bescheidenes Haus mit 3 Fenstern. Front, alles fest verschlossen, diesmal auch die Hausthüre. Vielleicht treffe ich sie bei der Rückkehr. Um Eli allein, der vielleicht in der Stadt ist, will ich keinen Schritt thun.[29] Dann fuhr ich mit Jung in den Central Park, eine unendliche Landschaft im Stil der englischen Parks, aber mit schönen Felsenpartien, voll von Kindern, Frauen und zahmen Eichhörnchen mit grauen Schwänzen anstatt roten, die sich als die Herren fühlen.

Anschläge sind außer englisch in deutscher, italienischer u *jiddischer* Sprache mit hebräischen Buchstaben. Es wimmelt auch von Judenkindern, groß u klein u oftmals glaubte

28 Sigmund Lustgarten (1857–1911), Studienfreund und früherer Kollege Freuds; vgl. Rosenzweig (1992), S. 62 f.

29 Freuds Beziehung zu seinem Schwager Eli Bernays war seit den Auseinandersetzungen um Marthas Mitgift 1886 sehr kühl; vgl. Jones (1960–1962), Band 1, S. 167 f.

ich Martha u Hella[30] zu sehen, die aber jetzt größer geworden sein müßten. Wir nahmen dann Thee, der köstlich war, in einem kleinen Restaurant ganz ähnlich wie das an der Wien im Stadtpark, freilich unter verschiedenen Herren, die sich zum Rendezvous trafen u bei amerikanischer Musik. Abends waren wir bei Brill eingeladen u trafen eine liebe Frau, größer als er, ganz amerikanisch, keine Jüdin, aber fanirt u mager wie alle American Ladies, wenn sie nicht unheimlich schön ausgefallen sind. Sie thut mit in der Psychoanalyse, war überhaupt sehr herzlich, interessierte sich sofort für Jung u unterzeichnete die Karte an Martha mit ihrem Mädchennamen, wofür sie um Nachsicht der Analyse bat. Das Diner war fein, bot einige amerikanische Besonderheiten zB einen Fruchtsalat aus Äpfeln, Nüssen, Sellerie usw, der mich an etwas Rituelles erinnerte. Die Bedienung besorgte eine quittengelbe Dame mit ganz intelligentem Gesicht. Wir sind an alle Farbenstufen vom Kohlschwarzen zum Chokoladenfarbigen durch alle Schattirungen des Cafés hindurch usw schon gewöhnt. Dann nahmen wir Platz auf einem der Autos, die Tag u Nacht Rundfahrten durch NY machen u bekamen die Chinesenstadt zu sehen, in der sehr viel weißes Gesindel u berittene Polizei neben den rechtmäßigen Einwohnern haust. Diese tragen aber keine Zöpfe mehr, ihre Ähnlichkeit mit den egyptischen Königsmumien ist oft frappant. Der Geschäftsleiter in einem chinesischen Laden erkannte meinen Anzug sofort als echte chinesische Seide, sagte den Preis u schien sehr befriedigt. Ich hätte gerne allerlei eingekauft, aber die Zeit drängte. Man bekam ein Gotteshaus u Restaurants zu sehen, kostete Thee in kleinen Schalen, ließ eine Schüssel mit sonderbarem Inhalt stehen, der wie Würmer aussah, aber aus fein geschnittenen Erdäpfeln, Zwiebeln, Fleischstücken etc. be-

30 Martha Bernays (1894–1979) und Hella Bernays (1893–1923), Freuds jüngste amerikanische Nichten, Töchter seiner Schwester Anna. Freud hatte sie zuletzt im Sommer 1900 gesehen, als sie in Europa waren.

stand u mit zwei schwarzen Stäbchen gegessen werden sollte. Durch das Ghetto, das schwarz von Menschen war, ziemlich übel roch u unmäßig viel Papier auf den Straßen liegen hatte, fuhr man dann nach ½12 ins Hotel zurück.

Heute Vormittag Metropolitan Museum mit seinen Altertümern, Lunch in einem ungarischen Gasthaus, Café Abbazia, wo es endlich guten Café gab. Abends sollen wir nach Coney Island, das als Art Prater gilt. Unsere weiteren Pläne hängen von der erwarteten Antwort aus Worcester ab, vielleicht sehen wir Washington noch vorher.[31]

Die Nachmittagsstunden bis 4 oder 6 ruhen wir gewöhnlich. Brill macht da die Correcturen meiner Übersetzung, die er mir gestern gezeigt hat. Meine Photographie hängt natürlich in seinem Arbeitszimmer.

Ich grüße Euch herzlich.

Wann werde ich etwas von Euch hören?

Pa

2./3. September 1909
Brief (6 S.) aus New York an die Familie
Auf Freuds Briefpapier

NY Manhattan
2 Sept 09

Meine Lieben

Ich habe wirklich zwei Tage lang keine Zeit gefunden wieder zu schreiben, wiesehr ich mich mit der ersten von Brill überbrachten Briefsendung gefreut habe. Es waren 2 Briefe u eine Karte von Neuschwanstein. Anna gedenke ich für ihren ausführlichen Brief etwas Besondres mitzubringen, weiß nur noch nicht was. Den Anfang der Geschichte von den zwei Touristen habe ich ja noch erlebt. Es muß grausig gewesen sein.

31 Dieser Plan hat sich zerschlagen.

124 Columbia University (Bibliothek)

New York hat uns in seinen Klauen. Wir bleiben bis Samstag p. m., dann fahren wir vier mit dem Schiff nach Boston, bleiben dort Sonntag u fahren abds nach Worcester. Die Korrespondenz mit Stanley Hall ist im Gang.[32] Washington u allerlei anders haben wir aufgegeben, es wäre weit, heiß u kostspielig. Heute waren wir beim NDL[33] u haben Plätze an Bord des K. Wilhelm d. Großen belegt, 21 Sept. Ich werde es noch heute an fünfzehn[34] Wien kabeln.

Was wir alles gesehen haben, – Brill stellt sich ganz zu unserer Verfügung u abds thut auch seine Frau mit – geht natürlich nicht aufs Papier. Nur soviel: Die Eingewöhnung an die Stadt mit ihren 3erlei Verkehrswegen – Subways, surface cars and Elevated, geht rasch vor sich. In 2 Wochen wäre man zu Hause u wollte nicht wider weg. Man versteht auch das Geldverdienen, wenn man sieht was man dafür haben u was mit Geld gemacht werden kann. Die großen Consultationen, von denen Ihr phantasirt habt, sind natürlich Phantasien geblieben. Unsere Anwesenheit ist ja ganz unbekannt. Das müßte anders gemacht werden. Auch Jung, der direkt darauf vorbereitet war, hat keine Consultation gehabt. Die Angewöhnung an die Kost u das Eiswasser geht nicht ohne Zwischenfälle vor sich. Vorgestern hat Fer[enczi] ausgesetzt, gestern Jung, heute ich, aber der Hunger kommt bald wider. Vorgestern abds Coney Island, ein großartiger

32 Die Korrespondenz zwischen Freud und Stanley Hall ist veröffentlicht in: Rosenzweig (1992), S. 337–387.

33 Norddeutscher Lloyd.

34 Der XV. Bezirk in Wien. An wen das Telegramm gehen sollte, ist unklar.

Wurstelprater, gestern abds ein Variété mit moving pictures, heute etwas Besseres: Hammerstein roof gardens[35]. Dazu Museum, Parks, Straßen, es gibt starke Eindrücke. Auch die Columbia University, wo Brill studirt hat, gehörte dazu.

125 Hammersteins Dachgarten

Jetzt kann ich noch eine halbe Stunde ausruhen.

NY macht müde.

3 Sept 09

Nur noch wenige Worte. Heute ist es recht warm. Jung ist an der Reihe nichts zu essen u wir sind beide wol. Gestern in roof garden, Variété auf dem Dach eines Sky-scrapers, natürlich von einem österreichischen Juden Hammerstein gehalten. Vorher stellte sich uns ein netter Vetter vor, hiesiger Assistent, der im Herbst nach Zürich kommen will. Die Vorstellungen natürlich lauter amerikanischer Unsinn, überlaut u geschmacklos. Darauf glänzend geschlafen.

Heute Nachmittag im Museum unter Thieren gewandelt, die seit einigen Millionen Jahren todt sind. Eidechsen so groß wie die Elefanten. Dann Lunch bei Brill, Nachmittag frei. Ich denke ich will an meiner Verschönerung arbeiten u die erste Vorlesung vorbereiten.

Eben Brief von Stanley Hall u ein Interviewverlangen[36] von einer ernsthaften Boston Zeitung, da sie sich auf

35 Von dem deutschstämmigen Juden Oscar Hammerstein gegründet, Ecke 7th Avenue und 42nd Street.

36 Der Journalist Adelbert Albrecht hatte Freud um ein Interview gebeten. Es fand am 8. September in Stanley Halls Haus in Worcester statt und wurde am 11. September im »Boston Evening Transcript« veröffentlicht; vgl. Freud (1909 f.).

Stanley Hall selbst beruft. Einpacken, Zalen etc werden Geschäfte von morgen sein (Ich bin schon ganz im Englischen). Nach einer Andeutung von St. Hall hat er Briefe für mich bekommen.

Herzliche Grüße

Pa

5. September 1909
Postkarte aus Worcester an die Familie

Worcester
Standish Hotel
5 Sept 09

Meine Lieben

Gestern abds mit Schiff bis nahe an Boston.[37] Heute früh nach Boston weiter. Aber es regnet u wir sind alle 3 Europäer schonungsbedürftig. Jones u Brill sind wol. Daher direkt weiter nach dieser hübsch gelegenen kleinen Stadt u ein Tag Aufenthalt im Hotel, um uns auszuruhen, ehe wir antreten.

Herzl Grüße

Pa

Etwa 11. September 1909
Telegramm aus Worcester
an die Familie

Succesful

126 Clark University

37 Bis Fall River bei Providence.

13. September 1909
Postkarte aus Buffalo an Martin Freud 1).

Buffalo NY
13 Sept 09

Heute waren wir also bei den Niagarafällen, 1 St von hier mit der Elektrischen. Beschreibungen schwer, Ansichtskarten schlecht. Ich will Euch nur sagen, daß sie weniger brutal großartig u viel schöner sind als die Erwartung. Man unterschätzt nämlich die Dimensionen. Die beiden Fälle sind 45 u 47 m hoch. Allmählich beginnen sie zu imponiren, wenn man alle

13. September 1909
Postkarte aus Buffalo an Oliver Freud 2).

Zugänge zu ihnen »macht«. Man kann unter den einen Fall gehen, muß sich vorher eine besondere Kleidung anziehen, also wie im Bergwerk zu Bercht[esgaden]. Die Stelle heißt Cave of the winds u überrascht durch einen solchen Regensturm, wie man ihn im ärgsten Gewitter nicht erlebt haben kann. Man sieht u hört nichts, hält sich an den Händen u wird so wider herausgerissen. Dann gibt es

13. September 1909
Postkarte aus Buffalo an Ernst Freud 3).

ein tapferes kleines Schiff, »the maid of the mist« genannt, das ganz nah an beide Fälle heranfährt. Man bekommt dazu eine Oberkleidung ganz wie eine Robbe. Beide Unternehmungen waren recht amerikanisch. Mit einer elektrischen Gürtelbahn fährt man auch auf das kanadische Ufer. Dort sprechen die Leute sofort ein deutlicheres Englisch. Wir waren also auch in Canada.

Herzl Grüße
Papa

127 Die Niagarafälle

13. September 1909
Ansichtskarte aus Niagara Falls an Sophie Freud
(Abb. 127)

13. 9. 1909

Hier warst Du auch noch nicht.
Pa

15. September 1909
Postkarte aus Lake Placid an Ernst Freud

Lake Placid
15 Sept 09

Gestern im Pullman mit allem Luxus gereist, abends in diesen Bergen angekommen, laden jetzt Gepäck auf, um nach Putnam's Camp 5 St weit zu fahren. Schön, warm, ganz frei, wol, heiter, ungebunden, sehr unwahrscheinlich amerikanische Ferien, Art Doktoratsreise. Jung u Ferenczi auch sehr übermütig.
Herzlichste Grüße
Pa

16. September 1909
Brief aus Keene Valley an die Familie
Auf Freuds Briefpapier

Putnam's Camp 16 Sept 09

Meine Lieben,

Heute sind es 4 Wochen, daß ich ausgezogen bin. Es muß wol der letzte Brief sein, der von mir ankommt. Von allem in Amerika Erlebten, ist das hier wol das Sonderbarste, ein Camp denkt Euch, eine Waldwildnis, etwa die Situation auf einer Alm, etwa auf dem Lofer, wo das Gasthaus steht: Steine, Moosflächen, Baumgruppen, höckeriges Terrain, das nach drei Seiten in dicht bewaldete Hügel übergeht. Darin eine Gruppe von ganz roh gezimmerten Holzhäuschen, jedes benannt, wie man erfährt; eines die stoob, dh die Stube, das Parlour, wo Bibliothek, Clavier, Schreibtische u Spieltische stehen, ein anderes »Rittersaal« mit Gschnasaltertümern mit Herd in der Mitte und herumlaufender Bank einer Bauerneßstube, die anderen Wohnhäuser. Unseres mit gerade drei Räumen heißt Chatterbox.

Alles mit gesuchter aber geglückter Rohheit u Ursprünglichkeit, Waidling als Waschschüssel, Porzellanhäfen anstatt Glas etc, natürlich doch *alles* vorhanden oder irgendwie vertreten. Wir haben entdeckt, daß es besondere Bücher über Camping giebt, in denen all diese primitiven Einrichtungen ausführlich gelehrt werden.

Der Empfang um ½3h bestand in der Aufforderung zu einem Spaziergang auf den nächsten Berg, wo wir Gelegenheit hatten die ganze Wildheit so einer amerikanischen Landschaft kennen zu lernen. Wir haben Wege und Abstiege gemacht, für die selbst mein Geweih u meine Hufe nicht ausgereicht haben. Zum Glück regnet es heute. Es giebt in den Wäldern sehr viel Eichhörnchen u Stachelschweine, letztere bis jetzt unsichtbar. Auch schwarze Bären lassen sich im Winter sehen.

Das supper dann in Damengesellschaft. Eine der Hausfrauen ist eine höchst affektirte Leipzigerin. Die ledige Schwester der Putnams, eine gut erhaltene Matrone, spielt Clavier, ein junges Mädchen singt dazu englische Lieder, Jung später deutsche.

Putnams verstehen Deutsch u waren viel in Germany, auch in Wien. Ich muß ein sehr lustiges Brettspiel mit zwei anderen Mädchen u Ferenczi lernen. Sonderbar! Heute früh vermisse ich schmerzlich den Barber, denn ich kann mich nicht frisiren. Zum Glück herrscht in Tracht die höchste Ungezwungenheit, vielleicht nur angeblich. Frühstück sehr originell u ausgiebig. Kurz es wird viel zu erzälen geben.

Übermorgen gehen wir auf die letzte Reise nach NY vielleicht auf dem Hudson River. Am 19 abds wollen wir in NY ankommen. Ich grüße Euch herzlich.

Nur mehr 14 Tage
Pa

19. September 1909
Klappansichtskarte aus New York an Mathilde Freud
(Abb. 128)

[Ohne Text]

128 Hudson-Fulton memorial celebration[38]

38 Die Hudson-Fulton memorial celebration stand noch im Zusammenhang mit der 100-Jahr-Feier der Vorführung von Robert Fultons Dampfer »Clermont« auf dem Hudson River im Jahre 1807.

129 Casino im Central Park

20. September 1909
Telegramm aus New York an die Familie

Splendid love

20. September 1909
Ansichtskarte aus New York an Martha Freud (Abb. 129)

20 Sept 09

Grüße vom Thee im Centralpark
Sigm

[Es folgen die Unterschriften von:]
Rose Brill/Anna/Edward/Martha/Hella/Judith[39]

39 Rose Brill, Anna Bernays, ihr Sohn Edward Bernays, bekannt geworden als Pionier der Public Relations, und ihre Töchter Martha, Hella und Judith Bernays.

23. September 1909
Brief (6 S.) von Bord der »Kaiser Wilhelm der Große« an Mathilde Hollitscher
Auf Briefpapier der »Kaiser Wilhelm der Große«, Norddeutscher Lloyd

23. 9. 09

Liebe Mathilde,

Vielleicht erkennst Du an meiner Schrift, daß wir »kinematographirt« sind. Unser liebes Schiff ist ein Schnelldampfer u hat dieses rhythmische Zittern. Sonst aber liebe ich es sehr, nicht so groß wie der Washington u viel behaglicher.[40] Auch ist das Wetter diesmal besser, ein Tag wie der gestrige läßt einen glauben, man sei auf dem Mittelmeer.

Amerika war eine tolle Maschine. Ich bin sehr froh, daß ich heraus bin u noch mehr, daß ich nicht dort bleiben muß. Auch kann ich nicht behaupten, daß ich sehr erfrischt u erholt zurückkomme.

Aber es war hochinteressant u für unsere Sache wahrscheinlich sehr bedeutungsvoll. Alles in Allem war es ein großer Erfolg zu nennen.

Dein letzter Brief hat mich wiederum sehr erfreut. Ich war am 20 mit Anna u ihrer ganzen Familie zusammen. Mein Schwiegersohn[41] hat durch den Vergleich mit ihrem sehr gewonnen, Sophie ist viel hübscher geworden als die ihr früher so ähnliche Hella, dagegen hat Ditha[42] mir u den Anderen diesmal einen vortrefflichen Eindruck gemacht, ein ganzer Mensch. Sie war den ganzen Tag unzertrennlich von mir u konnte sich für alles interessieren. Onkel Eli war

40 Die »Kaiser Wilhelm der Große« war mit 10668 Tonnen viel kleiner als die »George Washington«, doch als sie 1897 vom Stapel lief, war sie das größte Schiff der Welt. Sie trug den Beinamen »Rolling Billy«. Ab August 1914 wurde sie als deutscher Hilfskreuzer verwendet und am 26. August von den Engländern versenkt.

41 Robert Hollitscher, der Mann von Freuds Tochter Mathilde.

42 Judith Bernays.

130 Kaiser Wilhelm der Große

in Canada abwesend, Lucie[43] mit den beiden Kindern habe ich nicht gesehen, sie waren noch auf dem Land. Daß Ihr uns um den Nordpolrummel beneidet, ist sonderbar; wir haben uns gar nicht darum gekümmert. Cook[44] ist, glaube ich, am Tage nach unserer Abfahrt angekommen.

Die Reise hat mich bis jetzt nichts gekostet. Alles Erübrigte habe ich bei Tiffany[45] ausgegeben, aber die »Mitbrachten« leiden unter der Höhe der Dollarpreise. In Hamburg muß ich noch einige Lücken ausfüllen. Ich denke, daß ich erst am 2 Oktober ankommen werde, denn weder in Berlin noch in Hamburg kann ich unter einem Tag alle Pflichten erledigen.

Dieser Brief soll in Cherbourg an Land, wo wir Montag früh eintreffen werden. Die Zeit wird sehr rasch vergangen sein. Meine Reisegefährten waren immer sehr zärtlich u

43 Leah Bernays.
44 Frederick Cook hatte behauptet, 1908 den Nordpol mit Hundeschlitten erreicht zu haben. 1909 behauptete das auch Robert Peary. Es entbrannte ein Streit zwischen beiden, der auch in der Öffentlichkeit ausgetragen wurde. Auf seiner durch schlechtes Wetter verzögerten Rückkehr reiste Cook über Grönland und Kopenhagen nach New York, wo er am 21. September 1909 eintraf. Hunderttausende New Yorker empfingen ihn auf der Straße.
45 Berühmte Glashandlung in New York. Die Tochter des Begründers Louis Comfort Tiffany, Dorothy Burlingham, wurde später Freuds Schülerin und die beste Freundin seiner Tochter Anna.

haben sich auch untereinander gut vertragen. Ferenczi wird sich wahrscheinlich noch in Wien aufhalten.

Wir fahren eben unter Newfoundland hin u darum ist es heute kälter als sonst. Es ist aber sagenhaft schön, alle Dekorationen sind aufgezogen, das Meer ist wie die Adria, übrigens weit u breit nichts zu sehen, gestern ein Segelschiff u ein Thunfisch oder Schweinsfisch nach Angaben eines Matrosen. Sonst Wasser, nichts als Wasser. Die Ruhe, die Überwindung Amerikas, das Leben auf dem Schiff sind köstliche Einflüsse.

East, West – Home best. Ich werde nicht böse sein wieder in unserem Winkel im IX. Bezirk zu sitzen.

Grüße Robert[46] herzlich u nimm einen herzlichen Gruß von

Deinem alten Papa

24. September 1909
Brief (4 S.) von Bord der »Kaiser Wilhelm der Große«
an die Familie
Auf Briefpapier der »Kaiser Wilhelm der Große«,
Norddeutscher Lloyd

24 Sept 09

Meine Lieben

Ich habe alle Eure Briefe an Bord vorgefunden u mich sehr mit ihnen gefreut. In der Aussicht Euch bald widerzusehen schreibe ich nicht viel mehr, auch weil es kein Vergnügen ist, wenn die See so unruhig ist u das Schiff so schaukelt. Die beiden letzten Tage waren die schönsten meiner Reise. Das Wetter war ideal, das Meer glatt wie ein See. Meine letzte NY Vergiftung glücklich überwunden, kein Erwartungsdruck mehr wie auf der Hinreise, wie sich alles gestalten wird, u so verbrachten wir diese Tage in heiterster

46 Mathildes Mann.

Laune u in anregenden Gesprächen. Das Wetter hat sich heute etwas getrübt, aber wir sind zuversichtlich u würden auch einen kleinen Sturm mitnehmen.

Anstatt aller Erzälungen von den letzten Tagen in Amerika einiges über die nächsten Pläne. Dieser Brief kommt erst Montag 27 ans Land. Wir hoffen am 28 in Bremen zu sein. Wahrscheinlich werden wir doch nicht vor abend in Hamburg anlangen u wenn das so ist, kann ich in einem Tag unmöglich dort fertig werden u die Reise nach Berlin machen. Ich denke also, den 29 u 30 bis zum Abend in Hamburg zu bleiben. Dann am 1 abds von Berlin wegzufahren, so daß ich Sonntag 2 früh in Wien bin u Montag die Arbeit beginnen kann. Natürlich werdet Ihr bis dahin Nachrichten genug von mir haben, um sichere Auskünfte geben zu können.

Ich hoffe Euch alle wol anzutreffen. Spitz soll das Büchergestell in meinem Zimmer fertig gemacht haben, wenn ich komme u an den Auftrag für den 16 Okt nicht vergessen.[47]

Herzlichste Grüße
Papa

26. September 1909
Brief (4 S.) von Bord der »Kaiser Wilhelm der Große«
an die Familie
Auf Briefpapier der »Kaiser Wilhelm der Große«,
Norddeutscher Lloyd

26. 9. 09

Meine Lieben

Am Nachmittag des Tages den ich so gelobt, gieng etwas los, was sie grobe See heißen. Uns imponirte es als Sturm; ich berufe mich auf die gewöhnlichen Beschreibungen. Wir

47 Am 16. Oktober 1909 hatte Freuds älteste Tochter Mathilde ihren 22. Geburtstag.

hielten uns alle drei sehr wacker u wurden nicht seekrank, aber es erwies sich als zweckmäßig um 7^h zu Bett zu gehen. Dann erst begann das Schiff zu rollen, so daß das Zimmer aus einer Ecke in die andere schwamm. Trotzdem haben wir diese Nacht vortrefflich geschlafen.

Es hat sich seitdem ermäßigt, aber eigentlich nicht ganz aufgehört. Der Wind heult wie besessen u das Schiff schaukelt wie toll. Heute Nacht hat niemand mehr recht geschlafen; man gesteht sich lachend ein, daß man sehr müde ist u absentirt sich immer auf eine Stunde um in der Kajüte nachzuschlafen. Dazu ist es heute schwül u die Möglichkeiten des Aufenthaltes auf Deck sind durch den Wind u das einströmende Wasser ziemlich eingeschränkt. Es wächst also mit der Annäherung an Europa das Heimweh.

Morgen Montag früh sollen wir in Plymouth landen, 5 Stunden später in Cherbourg, von wo die Briefe befördert werden. In Bremen werden wir nicht vor Dienstag Nachmittag sein, so daß wir erst abds in Hamburg eintreffen können. Unter diesen Umständen geht es gar nicht anders, als daß ich erst Samstag 2^h früh in Wien eintreffe, also fast noch eine Woche.

Ich gestehe, daß meine neuen Hemden sämtlich viel zu weit waren, so daß sie mir auf der Reise großen Ärger bereitet haben. Mit zwei von den alten hoffe ich in Hamburg u Berlin doch durchzukommen. Verluste sind sonst sehr gering. In Hamburg beabsichtige ich noch einige kleine Einkäufe.

Es bläst zum Mittagessen.

Herzliche Grüße u auf Wiedersehen

Pa

27. September 1909
Brief (4 S.) von Bord der »Kaiser Wilhelm der Große«
an die Familie
Auf Briefpapier der »Kaiser Wilhelm der Große«,
Norddeutscher Lloyd

27. 9. 09
nach Cherbourg

Meine Lieben

In Plymouth habe ich Briefe von Euch allen, auch von Minna u Rie[48] vorgefunden u mich natürlich sehr gefreut. Es ist doch schön wieder in Europa zu sein; ich schätze jetzt den kleinen Weltteil. (Ich habe den Platz verändert, aber das Schiff stößt doch greulich).

Ich sehe mit Vergnügen, daß ich noch nicht überflüssig bin. Hätte auch allerlei Fragen zu stellen, aber ich schiebe alles bis zum 2 Okt auf. Der 2te muß es jetzt werden, seitdem wir wissen, daß wir in Bremen so spät ankommen, daß wir nicht vor 8^{h} abds in Hamburg sein können.

Gestern hat sich das schlechte Wetter ermäßigt u heute gab es eine herrliche Fahrt durch den Kanal bei ganz ruhiger See u heiterem Himmel. Plymouth u Cherbourg waren sehr schön zu sehen, ein großes Bilderbuch. Das Schiff hat nun einen Teil seiner Passagiere abgegeben, einige neue dafür aufgenommen. Die letzten 24 Stunden werden wol lange dauern aber nicht unbelebt sein. Das Packen habe ich zum Teil schon besorgt. Die letzte Hand kann morgen früh angelegt werden. Das Verstecken der nicht zollsicheren Kleinigkeiten ist mir immer recht zuwider.

Ferenczi geht mit mir nach Hamburg, bleibt dann wol in Berlin länger als ich. Jung fährt von Bremen direkt nach Basel. Man hat sich sehr gut vertragen.

Ich verstehe nicht recht die ganze Bedeutung der Mit-

48 Oscar Rie, langjähriger Freund Freuds und Assistent an Kassowitz' Kinderkrankeninstitut. Seit 1908 Mitglied der Wiener Psychoanalytischen Vereinigung.

theilung, daß Martin bei Alex eintritt.[49] Für Oli glaube ich auch Maschinenbau das Geeignetste. Da kann er basteln u hoffentlich etwas Brauchbares zusammenstellen.

Meine nächste Nachricht – vom Telegramm abgesehen – kommt aus Hamburg.

Ich grüße Euch alle herzlich

Papa

49 Freuds ältester Sohn Martin hatte ein Studium an der Exportakademie aufgenommen, an der Freuds Bruder Alexander als Professor unterrichtete; vgl. Freud, Martin (1957), S. 160.

Holland

16. bis 31. Juli 1910

Vom 28. März bis zum 2. April fand in Nürnberg der II. Internationale Psychoanalytische Kongreß statt. Freud hielt einen Vortrag über »Die zukünftigen Chancen der Psychotherapie«. Auf diesem Kongreß wurde die Internationale Psychoanalytische Vereinigung gegründet und C. G. Jung zu ihrem ersten Präsidenten gewählt.

Die zweite Julihälfte des Jahres 1910 verbrachte Freud mit seinen beiden jüngsten Söhnen, dem 18jährigen Ernst und dem 19jährigen Oliver, in Holland. Sie wohnten in Den Haag im Hotel »Wittebrug«. Am 29. Juli traf sich Freud mit Minna und Martha in Leiden.[1]

Von seinem Aufenthalt in Holland schrieb Freud an Oskar Pfister: »Was wir tun – ich mit meinen zwei Buben – der Älteste[2] ist in den Tiroler Bergen – ist wenig eindrucksvoll, wir baden im Meer, warten auf das gute Essen, fahren ein halbes Stündchen mit der Bahn, um ein interessantes holländisches Städtchen anzusehen, stehen gelegentlich vor ein paar schönen Bildern und spielen am Abend Karten miteinander. Nebenbei gebe ich ein sündhaftes Geld aus, was meinem unbezwungenen Komplex sehr wohl tut. Wir sind hier noch allein, meine Frau ist bei ihrer sehr hinfälligen Mutter in Hamburg, die Töchter mit der Tante noch in Österreich. Am 1. August wollen wir alle in Noordwijk,

1 Vgl. Freud (1963a), S. 42; Freud (1965a), S. 144; Freud (1974a), S. 376; Jones (1960–1962), Bd. 2, S. 101f.
2 Martin.

Hotel Nordzee zusammentreffen, wenn das Licht dort nicht zu schnell erlischt.«[3]

Am 29. Juli trafen Martha und Minna in Leiden ein. Von dort aus fuhren alle nach Noordwijk, Pension »Noordzee«. Im August traf sich Freud, wiederum in Leiden, mit Gustav Mahler, der sich an ihn gewandt hatte. Über diese Begegnung schrieb er 25 Jahre später an Theodor Reik: »Ich habe Mahler [...] einen Nachmittag lang in Leiden analysirt u. wenn ich den Berichten glauben darf, sehr viel bei ihm ausgerichtet. Sein Besuch erschien ihm notwendig, weil seine Frau sich damals gegen die Abwendung seiner Libido von ihr auflehnte. Wir haben in höchst interessanten Streifzügen durch sein Leben seine Liebesbedingungen, insbesondere seinen Marienkomplex (Mutterbindung) aufgedeckt; ich hatte Anlaß die geniale Verständnisfähigkeit des Mannes zu bewundern. Auf die symptomatische Fassade seiner Zwangsneurose fiel kein Licht. Es war wie wenn man einen einzigen, tiefen Schacht durch ein rätselhaftes Bauwerk graben würde.«[4]

3 Freud (1963a), S. 42.

4 Reik (1944), S. 319; nach Mahlers Tod am 8. Mai 1911 meldete Freud bei dem Nachlaßverwalter Emil Freund 300 Kronen Honoraranspruch für »eine mehrstündige Konsultation« an; vgl. Freud (1985j).

17. Juli 1910
Brief (2 S.) aus Den Haag an Martha Freud
Auf Freuds Briefpapier

Hotel Wittebrug
17. 7. 10.

Geliebte Alte

Hier sind wir nach einer etwas langen Fahrt von Köln 7^h früh mit Verspätung angekommen. Es ist ein Platz ersten Ranges, schön an einer Theilung der Straßen im Wald gelegen, 20 Min zu Fuß vom Kurhaus Scheveningen[5], etwa 30 Min. von Haag, mit der Tram natürlich kürzer.

Sehr behaglich untergebracht, Wandschränke, Balkon, Leute im Hotel sehr nett u gefällig. Essen vom allerersten Rang, französische Hotelküche aus vortrefflichem Material bereitet. Kaum erholt u gesättigt haben wir uns umgekleidet u sind als feine Stadtherren nach Scheveningen zu Fuß. Das Meer war eine Überraschung für die Jungen. Es war aber sehr schwül u das Gehen hat uns sehr müde gemacht. Das richtige Leben an der See ist auf Faulheit berechnet. Zum Essen um 6^h waren wir zurück, es hat 1¾ Stunden gedauert u Oli hat nicht bis zu Ende ausgehalten. Er ist überhaupt sehr abgespannt, schneidet Gesichter u ist nicht elegant, während Ernst außerordentlich fesch u leistungsfähig u sehr brauchbar ist. Beide benahmen sich aber immer sehr nett (die Feder schreibt heute einmal nicht!). Der Aufenthalt wird uns hoffentlich allen sehr wolthun, gegenwärtig sind wir noch ein wenig reisetrunken. Meinem Darm geht es für Reiseverhältnisse nicht schlecht, freilich noch nicht ideal. Wir wollen sehen, wie er sich weiter benehmen wird. Natürlich haben Nachrichten von Hause jetzt besonderen Wert für uns u Deine erste Sendung heute war sehr willkommen.

Wir hatten schönes Wetter an den zwei Reisetagen. Heute

5 Stadtteil von Den Haag.

Sonntag ein kurzes Gewitter. Nach dem Geständnis des Portiers hat es auch hier 14 Tage geregnet.

Ferenczis Vorschlag am 29/8. mit ihm die Seefahrt von Rotterdam nach Neapel zu unternehmen, hat meinen Beifall.[6] R. ist 28 Min von Haag.

Die Feder ist verhext, ich muß für heute schließen.

Ich grüße Dich herzlich u hoffe, daß Du es Dir auch in Wien angenehm zu machen verstehst.

Dein Sigm

17. Juli 1910
Ansichtskarte aus Den Haag an Sophie Freud (Abb. 131)

17. 7. 10

Ungemein belebt, hoffen wir Noordwijk wird ruhiger sein.
Esse wirklich gut, soll in N. so bleiben.
Pa

131 Kurhaus Scheveningen

6 Laut Ferenczis Erkundigungen legte der Lloyddampfer nicht in Rotterdam, sondern in Antwerpen ab; vgl. Freud (1993a), S 274. Der Plan wurde später geändert.

7 Erbaut vom Prinzen Moritz von Nassau im 17. Jahrhundert. Die Gemäldesammlung enthält neben Rembrandt-Bildern (u. a. Anatomie des Nicolaas Tulp) Gemälde von van Dyck, Rubens und Holbein d. J.

18. Juli 1910
Brief (2 S.) aus Den Haag an Martha Freud
Auf Freuds Briefpapier

18. 7. 10
Hotel Wittebrug

Liebe Alte

Heute noch Geduld mit Briefen. Es hat sich ergeben, daß die Schuld an der Tinte liegt, so daß wir erst morgen in der Stadt gute Tinte besorgen können.

Es ist bereits sehr behaglich, auch Oli erholt sich. Früh ½ 6–7^{h} ein prächtiges Gewitter, heute noch um 4½ ein anderes, das bis jetzt ½ 6^{h} andauert. Deine Karte von der Perlenschnur erhalten. Vormittags im Haag Plätze, Straßen u das große Museum im Mauritshuis[7] mit den schönen Rembrandtbildern. Der Lunch um 12^{h} ist uns zu wenig vorgekommen, vor dem Dinner jetzt haben wir begründete Angst. Nachmittags war Dr Debruyne[8] bei uns u hat mich durch den Bosch, den schönen Wald bis Scheveningen spazieren geführt, dort trafen wir die Jungen u nahmen Thee, dann gieng es eben los.

Wir sind sehr gut eingerichtet u ausgerüstet. Holland ist sehr behaglich. Man ist gar nicht fremd u kann für Geld alles haben. Wir haben das Wort geprägt, daß man im Haag sehr behaglich lebt. Vormittags begegneten wir ein Leichenbegängnis. Ernst erriet gleich, es sei das des Herrn Kannitverstan. Auch Villen, die wir kaufen könnten, haben wir schon mehrere gesehen.

Wir sind natürlich furchtbar hungerig auf alle Neuigkeiten von Hause u den anderen Stationen. Zeitungen lesen wir prinzipiell nicht.

Ich grüße Dich herzlich
Dein Sigm

8 Jan Rudolf de Bruine Groeneveldt, holländischer Arzt, durch den Freud seinen Schüler und Anhänger Jan van Emden kennenlernte; vgl. Freud (1974a), S. 466.

132 Mauritshuis

20. Juli 1910
Brief (2 S.) aus Den Haag
an Martha Freud
Auf Freuds Briefpapier

20. 7. 10
Den Haag

Meine geliebte Alte

Ich schreibe Dir heute schon an Deine Hamburger Adresse,[9] von der ich nur hoffe, daß es die richtige ist; die von Mama hast Du mir leider nicht ins Gedächtnis gerufen. Es kann eine Verlegenheit werden, denn die Buben wissen sie auch nicht.

Ich muß Dir doch ausdrücklich mittheilen, wie behaglich wir es hier haben. Ich weiß mich an einen froheren Sommeraufenthalt nicht zu erinnern. Der Regen, fast täglich übrigens, macht uns sehr wenig; mit Spaziergängen in der Stadt, uns über das Holländische amüsiren, Museen besuchen, das ausgezeichnete Essen abwarten, Seebaden u zu dritt Karten spielen, vergeht der Tag glänzend. Die gute Gesellschaft hat ihren Anteil daran, denn unsere Buben sind gute Gesellschaft, sehr liebenswürdig gegen ihren alten Vater, sehr intelligent u voll von Interessen, auch mit einander anständig. Oli, der anfangs schrecklich müde, Gesichter gemacht hat, sieht schon besser aus u bekennt sich selbst als erfrischt, er ist natürlich in manchen Stücken unersetzlich. Ernst ist natürlich ein Prachtkerl. Übrigens benehmen sich alle Holländer, mit denen man in Berührung kommt, reizend. Sie verstehen wirklich alle Deutsch, nicht so wie damals in Venedig. Da heute noch überdies Briefe von allen

9 Martha Freud beabsichtigte offensichtlich, von Wien über Hamburg, wo ihre Mutter wohnte, nach Holland zu reisen.

Seiten waren, außer von Dir, von Minna, von Martin u Lampl[10], die sich sehr begeistert äußern u durch Dich gute Nachrichten über Mathilde[11], war heute ein ganz idealer Tag.

Es kränkt mich sehr, daß Du es in Hamburg nicht so schön finden kannst u Deinen Geburtstag[12] zum ersten Mal in 24 Jahren weit von uns verbringen mußt, aber das Leben ist einmal so bunt. Hoffentlich finden wir es in Noordwijk ebenso behaglich, wenn auch bescheidener.

Unter diesen Umständen will ich es nicht hoch anschlagen, daß das Leben hier so viel Geld kostet. Man kann es sich auch billiger einrichten …

Mein Magen ist ausgezeichnet u selbst mein Darm nicht sehr schlimm. Man kann ja auch kaum besser leben. Du siehst, ich kann schon wieder schreiben.

Bring Mama unsere besten Grüße u gib uns bald Nachricht. Wir sind ja jetzt viel näher gerückt.

Herzlichst
Dein Sigm

20. Juli 1910
Ansichtskarte aus Den Haag an Mathilde Hollitscher

20. 7. 10

Wir gratulieren zum schönen Faden.[13]
Pa Ernst Oliver

10 Hans Lampl, ein Mitschüler und Freund von Freuds Sohn Martin, heiratete später Jeanne de Groot, die eine berühmte Psychoanalytikerin wurde und eine der besten Freundinnen Anna Freuds war; vgl. Mühlleitner (1992), S. 109, 199.

11 Freud sorgte sich um den Gesundheitszustand seiner ältesten Tochter Mathilde, verheiratete Hollitscher, die jahrelang mit Unterleibserkrankungen zu tun hatte; zum erstenmal war sie 1909 an einem Abszeß operiert worden.

12 Martha Freud hatte am 26. Juli Geburtstag.

13 Mathilde war mit ihrem Mann zur Erholung in Lavarone. Sie laborierte noch an den Folgen einer Operation vom März. Mitte Juli hatte sie

21. Juli 1910
Brief (4 S.) aus Den Haag an Mathilde und Robert Hollitscher
Auf Freuds Briefpapier

21. 7. 10

Meine lieben Kinder

Mama hat Euren langen Brief heute nachgeschickt, weil kein anderer Einlauf vorlag u wir haben uns sehr mit seinem Inhalt u den daran sich knüpfenden Aussichten gefreut. Lavarone hat also seinen Zauber behalten u auch die Neulinge gefangen genommen. Rie hat sehr recht mit seiner Prognose über unser Verhältnis zu Holland. Wir fühlen uns furchtbar behaglich, genießen alle Neuheiten sehr u machen große Fortschritte im vegetativen Leben. Heute ist der erste Tag, an dem wir vor kaltem Regen nichts anzufangen wissen. Wir wollten gerade nach Haarlem oder Rotterdam – Vormittagspartien –, vielleicht geht es noch, es ist erst 9 Uhr früh.

Deine Brüder, Mathilde, sind sehr anständige Jungen u gute Gesellschaft. Ernst natürlich überall voran, ein Teufelskerl, Oli noch recht erholungsbedürftig, aber sehr gutmütig, er spielt sogar Tarok mit u lernt mit Ruhe verlieren. Die zwei Seebäder bis heute waren sehr lustig. Wir pflegen vormittag die Stadt u Museen zu besichtigen, dann um ½ 1 h die kleine Malzeit zu nehmen u bis 6 h in Scheveningen zuzubringen. Mit der Tram, die vor dem Hotel hält, haben wir 5 Min zum Kurhaus u nach der anderen Richtung vielleicht 15 Min zum Mittelpunkt der Stadt, dem Plein. Schade, daß

ihrem Vater geschrieben, daß sich aus ihrer Operationswunde ein weiterer, diesmal sehr langer Faden verabschiedet habe; vgl. Mathilde und Robert Hollitscher–Familie Freud, 15./16. 7. 1910 (LoC). 1912, während einer Schwangerschaft, erkrankte sie erneut, ein Abort wurde nötig, und seitdem blieb Mathilde kinderlos. Vgl. u. a. Abraham, Hilda (1976), S. 81; Appignanesi & Forrester (1994), S. 56; Freud (1992b), S. 108; Freud (1993a), S. 113.

das Wetter anfängt solche Schwierigkeiten zu machen. Vielleicht wird es wieder besser.

Man ist in Holland nicht wie in der Fremde u mit allem versorgt. Ein nächster Sommeraufenthalt für Euch. Bis jetzt nicht eine Enttäuschung. Rembrandt, Spinoza sind auch sehr gute Gesellschaft.

Mit den Berichten über meinen Sektionschef D.[14] habe ich mich sehr amüsiert. Natürlich darf er nicht ahnen, daß Ihr wißt, wer er ist; er behandelt die Besetzung höchst geheimnisvoll. Er ist ein sehr interessanter Mensch.

Wie sich unser aller Zusammentreffen in Noordwijk gestalten u welchen Einfluß Hamburg auf unseren Sommer nehmen wird, ob Tante mitkommt, das scheint mir alles noch unsicher.

Gelegentlich hat man hier den Eindruck, als ob man von der Welt vergessen wäre. Gestern endlich kamen Nachrichten von allen Seiten zusammen, auch einer Karte von Martin-Lampl mit dem Bild der Vasolettthüren von der Hütte.

Ich grüße Euch herzlich beide u hoffe, Ihr findet es weiter so angenehm. Grüßt mir auch Rie! Warum höre ich nichts von Margaretha?[15]

Euer Papa

22. Juli 1910
Brief (2 S.) aus Den Haag an Martha Freud
Auf Freuds Briefpapier

Den Haag 22. 7. 10

Geliebte Alte

Eben jetzt 5 ½^{h} Dein Telegramm mit großer Befriedigung erhalten. Sehr einverstanden, daß Du im Esplanade Hôtel wohnst. Laß uns jetzt bald hören, wie es steht. Ich hoffe so,

14 Nicht ermittelt.

15 Nicht ermittelt.

daß Minna den August mit uns verbringen kann, um anfangs Sept. nach Hamburg zu fahren. Es wäre sonst recht trostlos für sie, da die Dauer ihres Aufenthalts unbestimmt ist, muß sie sich doch vorher ausruhen.

Wir hatten heute einen entzückenden Vormittag in Delft, 10 Min Bahnfahrt vom Haag. Dann haben wir gebadet, bis uns der Regen vertrieben hat. Zu Ehren der Nachricht, daß die zweite Auflage der Sammlung (Erste Folge) notwendig ist,[16] habe ich die beiden am Strand auf Pferden reiten lassen, was 1 fl 50 gekostet hat. Ernst saß natürlich oben wie angegossen, aber auch Oli hat das Abenteuer genossen. Sie sehen beide schon sehr gut aus.

Unser Strand in Noordwijk wird viel ruhiger sein u den Kindern nicht alle die Vergnügungen bieten, die hier zu haben sind, aber schließlich ist das Meer doch die Hauptsache. Wir wollen in nächster Woche einmal hinaus, um uns anzukündigen. Gestern hatten wir Karte aus Brüssel von Alex, der Montag früh mit Frank[17] hier eintreffen will. Vielleicht machen wir den Ausflug dann mitsammen. Wenn es nicht zu arg regnet – etwas gehört ja dazu, wollen wir den morgigen Samstag bis zum Abendessen in Haarlem verbringen. Es ist alles sehr schön; ich freue mich aber sehr darauf, alle Frauenzimmer wieder vereinigt zu haben!

Von Martin eine selige Karte aus den Dolomiten, eigentlich war sie mehr von Lampl. Zeitung jetzt eine Woche lang nicht gelesen. Ich hoffe, Du hast in Wien die richtigen Instruktionen für die Post hinterlassen. Zu Mittag war noch Dein letzter Brief samt Einschluß.

Mach es Dir in Hamburg so angenehm im Wohnen u Leben, als die Situation es zuläßt u gieb für Mama aus, was sie

16 Freuds »Sammlung kleiner Schriften zur Neurosenlehre« war 1906 erschienen.

17 Möglicherweise Ernst Frank, der Sohn von Freuds Zahnarzt. Später korrespondierte Alexander Freud mit einem Erich Frank.

braucht. Ich weise Mary[18] in den nächsten Tagen wieder 300 Mk an, bitte Dich, sie u die Familie herzlich von uns zu grüßen.

Leb wol u schreib bald wieder, triff auch alle Anordnungen wegen der Zusammenkunft in Leiden mit den armen Verbannten in Bistrai.[19]

Dein Sigm

24. Juli 1910
Brief (2 S.) aus Den Haag an Mathilde Freud
Auf Freuds Briefpapier

Den Haag, 24. 7. 10

Meine liebe Mathilde

Ich schreibe Dir einen langen Brief, da ich Dich jetzt wieder allein weiß, zum Glück nur für eine Woche. Du willst wissen, was wir hier machen. Nun nichts, u es ist sehr schön. Es wäre noch schöner, wenn der Sommer nicht so zerrissen u die Situation bei Großmutter in Hamburg nicht so trostlos wäre. Du hast gewiß direkte Berichte.

Wir fahren gewöhnlich am Vormittag in eine nahe Stadt – Rotterdam, Delft, Haarlem haben wir so kennen gelernt, unser Leiden mit Noordwijk haben wir noch aufgespart – kommen zur ersten oder eventuell zweiten großen Malzeit zurück, baden nach dem Essen u spielen am Abend Karten. Das ist der Rahmen unseres Lebens hier. Dahinein kommt das Orientiren in fremden Orten, das Bewundern von Gemälden mit mehr oder meist weniger Verständnis, das Achten auf Windmühlen usw. Das Wetter darf man schlecht heißen, es hat uns aber erst einen Vormittag von zehn zerstört, also ist es eigentlich schön. Es geht fast immer ein

18 Nicht ermittelt.

19 Ludwig Jekels, gebürtiger Pole und Schüler Freuds, war damals Arzt an einem Sanatorium in Bistrai bei Bielitz in Schlesien (heute Polen). Minna und Freuds Töchter Sophie und Anna waren dort.

heftiger Wind, der wahrscheinlich Schuld daran ist, daß das Geld, blaue Zehnguldennoten u selbst schwere 2½ Guldenstücke wie unser 5 Kr, so rasch weggfliegt. Holland ist im Ganzen sehr zivilisiert u furchtbar behaglich. Der Haag selbst ein sehr freundlicher, wohnlicher Ort mit interessanten Straßen u Gebäuden. Die vortrefflichen Cigarren sind nicht zu vergessen.

Von Bekannten habe ich nur drei begegnet, von ganz verschiedener Art, den Doktor, den ich im Frühling behandelt,[20] Spinoza, an dessen Denkmal wir täglich vorüberfahren u einen Teufel von der Galerie von Notre Dame, den ich im Jahr 1885 sehr oft gestreichelt habe.[21] Letzterer ist aus Gips u befindet sich in einem großen u zwei kleinen Exemplaren bereits in unserem Besitze. Das wäre so ziemlich das Wichtigste.

Von Deuticke[22] kam die Nachricht, daß die erste Folge der Sammlung zur Neurosenlehre gleich zum zweiten Abdruck kommt. Den Onkel u Frank erwarten wir heute abend oder morgen früh. Das sind die wichtigsten Nachträge.

Oli will zum Essen gehen, daher beglückwünsche ich Dich nur noch kurz u herzlich zur wiedergewonnenen Rüstigkeit u trage Dir Grüße für Robert auf

Dein alter Papa

20 Möglicherweise der Wiener Radiologe Guido Holzknecht, der nach Freuds Krebserkrankung einer der behandelnden Ärzte war; Jones (1960 –1962), Bd. 3, S. 190.

21 Gemeint ist der bekannteste Wasserspeier von Notre-Dame, 1845 von Viollet-le-Duc entworfen und angebracht.

22 Verlag, in dem viele Bücher Freuds erschienen, u. a. die »Traumdeutung«.

133 Teufel von Notre-Dame

29. Juli 1910
Brief (2 S.) aus Den Haag an die Familie
Auf Freuds Briefpapier

Den Haag 29. 7. 10.

Meine Lieben

Dieses also der letzte Brief, da Euer Telegramm die glückliche Vereinigung angezeigt hat u wir Euch Montag früh auf dem Bahnhof in Leiden erwarten. Wir haben den dritten Tag sehr schönes Wetter, nur gelegentlich sehr starken Wind am Strand, den ich nicht gern mag. Seitdem wir die Gesellschaft haben, machen wir keine Stadtreisen mehr u sind sehr faul. Kaum zu sagen, wie ein Tag vergeht. Jedenfalls sehr behaglich mit viel Gespräch, Gelächter u etwas innerer Beschämung, daß Ihr es so viel schlechter u ernsthafter habt.

Von Robert heute eine lustige Karte aus Zürich, sonst auch keine Korrespondenzen mehr. 14 Tage waren heute seit unserer Abreise vergangen. Abends waren wir wieder im Haag, um kleine Vorbereitungen für die Reise zu erledigen. Frau Reiser[23] hat bereits telephonirt, aber der Besuch ist noch nicht zustande gekommen. Auch der Besuch der Buben bei Clara Wetzlar[24] ist zunächst erfolglos geblieben. Ernst merkt selbst, daß er das Seebad nicht so gut verträgt, er sieht grün aus nachher u wird aussetzen. Mir u Oli thut es ausgezeichnet, besonders der Schlaf ist ganz vortrefflich. Mein Darm ist ganz erträglich. Von Mathilde haben wir ewig lange nichts gehört.

Ferenczi hat mir Vollmacht gegeben, Karte für ihn zu nehmen u die Reiseroute zu bestimmen; ich kann mich aber nicht entschließen, unter den Umständen mich für einen bestimmten Tag zu binden u 400 Mk für uns beide zu riskieren. Ich brauchte viel Zureden u denke, daß es von Eurer Seite nicht kommen kann.

Also auf baldiges Wiedersehen, ich hoffe noch immer, Euch vollzählig in Leiden zu empfangen.

Herzlichst
Papa

23 Nicht ermittelt.
24 Enkelin von Martha Freuds Onkel Elias Philipp.

Rom, Neapel, Sizilien

31. August bis 26. September 1910

Im Vorfeld der Reise hatten sich die Pläne mehrfach geändert. Sándor Ferenczi[1], der Freud begleitete, schlug zuerst vor, mit dem Schiff von Antwerpen nach Neapel zu fahren.[2] Doch dann kam er am 28. August nach Noordwijk, und am 31. bestiegen beide den Zug in Richtung Sizilien. Freud schrieb am Tag vor der Abreise an Karl Abraham: »Morgen früh geht es nach Paris, um einen Blick auf den Leonardo[3] zu werfen, dann weiter nach Italien.«[4]

Während dieser Reise diskutierte Freud mit Ferenczi u. a. den Fall »Schreber«. Im Jahr darauf veröffentlichte er seine Gedanken unter dem Titel »Psychoanalytische Bemerkungen über einen autobiographisch beschriebenen Fall von Paranoia (Dementia paranoides)«[5].

Am letzten Tag des Italien-Aufenthalts faßte er seine Eindrücke in einem Brief an Jung zusammen: »Die Reise war sehr inhaltsreich und hat mehrere für die innere Ökonomie längst notwendige Wunscherfüllungen gebracht. Sizilien ist das schönste Stück von Italien und hat ganz einzige Stücke des untergegangenen Griechentums erhalten, infantile Reminiszenzen, die Schlüsse auf den Kernkomplex

1 Sándor Ferenczi, einer der wichtigsten Schüler Freuds, hatte 1908 zu ihm Kontakt aufgenommen und ihn 1909 nach Amerika begleitet; vgl. S 273 ff. dieses Buches.

2 Freud (1993a), S. 274, 276, 282.

3 Im Louvre hängen Leonardo da Vincis »Mona Lisa« und die »Heilige Anna Selbdritt«.

4 Freud (1965a), S. 98.

5 Freud (1911c).

gestatten. Die erste Woche auf der Insel war ein hoher Genuß, die zweite infolge anhaltenden Sciroccos eine schwere Prüfung für den armen Konrad. Endlich fühlt man, daß alles überstanden ist, Scirocco, Cholera- und Malariagefahr. September ist nicht die richtige Zeit, um diese Schönheiten genießen zu können. Mein Reisebegleiter ist ein sehr lieber Mensch, aber etwas ungeschickt verträumt u infantil gegen mich eingestellt.«[6]

Ablauf der Reise

31. 8.	Noordwijk – Paris
1. 9.	Paris
1.–3. 9.	Paris – Mailand – Genua – Florenz
4. 9.	Florenz
5. 9.	Florenz – Rom
6.–8. 9.	Rom
8. 9.	Rom – Neapel
8.–9. 9.	Schiffspassage Neapel – Palermo
9.–13. 9.	Palermo
13. 9.	Palermo – Segesta – Castelvetrano
14. 9.	Castelvetrano – Selinunte – Palermo
14.–15. 9.	Palermo
16. 9.	Palermo – Girgenti
17. 9.	Girgenti – Syrakus
17.–20. 9.	Syrakus
20. 9.	Syrakus – Palermo
21.–22. 9.	Schiffspassage von Palermo nach Neapel
22. 9.	Neapel – Rom
23–24. 9.	Rom
26. 9.	Wien

6 Freud (1974a), S. 390.

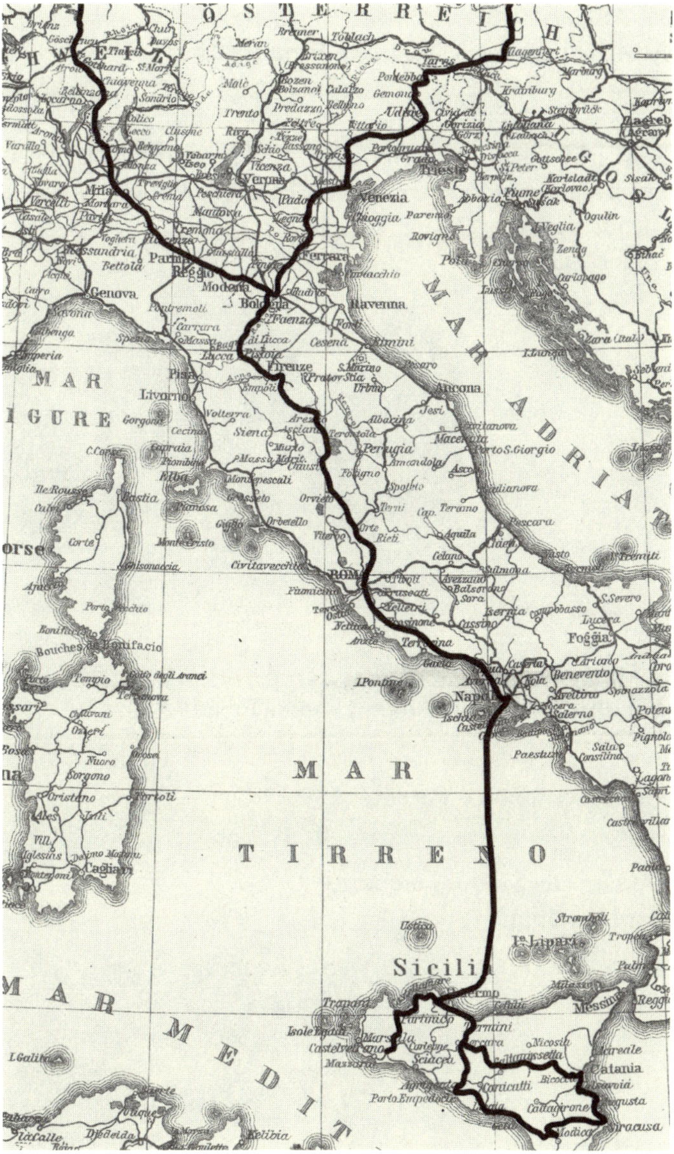

134 Reiseroute 1910

31. August 1910
Ansichtskarte aus Paris an die Familie (Abb. 135)

31. 8. 10

Kein größerer Kontrast möglich. Weil großartiger als in der Erinnerung.[7] Schön gereist, jetzt Hotel du Louvre. Morgen abends weiter.

Herzl Grüße
Pa

135 La Madeleine[8]

4. September 1910
Ansichtskarte aus Fiesole an Sophie Freud (Abb. 136)

Fiesole 4. 9. 10

Hier ist es schön u warm.
Pa

[Zusatz von Sándor Ferenczi:]
Wird bestätigt!
S. Ferenczi

136 Teatro Romano in Fiesole

4. September 1910
Brief (4 S.) aus Florenz an Martha Freud
Auf Briefpapier des »Grand Hotel Florence«

Sonntag 4 Sept 1910

Geliebte Alte

Gestern nachts hier angekommen fand ich Dein Telegramm vor u habe heute früh Deinen Brief mit erwünschten Nachrichten [erhalten]. Ich habe zu diesen nur eines zu bemerken. Wenn eine der Correkturen von Bergmann[9] kommt u meinen Aufsatz »Über die zukünftigen Chancen der Psychoanalyse«[10] enthält, so schicke ihn mir sofort nach; anderes nicht.

Es ist nicht leicht von hier zu schreiben. Es ist bezaubernd schön u hat sich bereits jetzt belohnt. Der Glanz, die milde Wärme u die Wettersicherheit u alles, was noch in diesem Rahmen eingeschlossen ist. Mit der Cholera haben wir weder hier noch später anderwärts etwas zu schaffen; sie haust in einem Gewässerbezirk am anderen adriatischen Rand von Italien, den wir gar nicht berühren können, ja selbst dann nicht, wenn wir den Landweg nach Sizilien nehmen.

Ferenczi ist sehr fidel, genußfähig u viel weniger bequem als ich. Wie immer ein sehr angenehmer Reisegenosse. Er läßt Euch gewiß herzlich grüßen; er ist in seinem Zimmer u ich mag ihn nicht stören.

7 Es war Freuds dritter Paris-Besuch nach dem fünfmonatigen Aufenthalt bei Charcot 1885/86 und der Teilnahme am Internationalen Kongreß für experimentellen und therapeutischen Hypnotismus vom 3. bis 9. August 1889; vgl. Clark (1985), S. 128; Molnar (1996), S. 79; Morgan (1989); Swales (1986), S. 37.

8 Kirche aus dem 18. Jahrhundert mit griechischer Fassade und römischem Innenraum, in der Nähe der Place de la Concorde.

9 Der Verleger J. F. Bergmann aus Wiesbaden; seit Oktober 1910 verlegte er das »Zentralblatt für Psychoanalyse«; vgl. Jones (1960–1962), Bd. 2, S. 93.

10 Freud (1910d).

Anzüge gehen bei den Eisenbahnfahrten rigid zu Grunde oder werden nicht mehr representabel. Die Wäsche wird viel leichter schmutzig als in Noordwijk. In Rom müssen wir also schon des Waschens wegen Aufenthalt nehmen.

Heute ist Sonntag. Morgen abend wollen wir in Rom sein, dort Dienstag, Mittwoch sicherlich bleiben. Das Weitere erfährst Du telegraphisch. Ich glaube von Neapel aus fahren wir über die Nacht mit dem Schiff nach Palermo, wo wir also frühestens Freitag (9) früh eintreffen werden.

Das Essen seit Genua herrlich, mein Magen sehr dankbar dafür. Mein Darm bessert sich nicht, ich bedarf ständig der Nachtische. Das wird auf dieser Reise nicht mehr anders werden.

Ich lasse alle Fratzen herzlich grüßen u Anna an ihr Versprechen erinnern. In Sizilien giebt es gewiß schöne Dinge zum Einkauf. Dir wünsche ich den Haag u die Gelegenheiten zu kleinen Reisen von dort aus möglichst ausgiebig zu genießen. Oli wird ein gewissenhafter Führer sein. Ich bin entschieden dagegen, daß er allein nach England geht. Seine ganze Erholung, sein ganzes Geld u das bischen Erziehung, das wir ihm in Wien mühselig geschafft haben, ginge dabei darauf. Ernst u Anna werden vielleicht gerade in der Abreise sein wenn dieser Brief bei Dir ankommt.

Reisebeschreibungen darfst Du von mir diesmal nicht erwarten. Ich bin auch nicht genug allein für lange Briefe. Die Hauptstationen werden durch Ansichtskarten illustrirt werden. Heute Nachmittag geht es nach Fiesole. Morgen früh mach ich einige Einkäufe. Handschuhe, noch eine Crawate, vielleicht einen ganz dünnen Reisemantel zur Kleiderschonung.

Ich grüße Dich u alle Kinder herzlich. Minnas Brief habe ich gleichfalls heute vorgefunden.

Dein Sigm

Machen wir aus, daß
»*Dramo*« im Telegramm bedeutet

»Drahte morgen nach« und
Dragla »drahte gleich heute«

5. September 1910
Postkarte aus Florenz an Martha Freud

Florenz 5. 9. 10.

! Denk Dir das Abenteuer. Wir sitzen jetzt um 10^h früh noch im Café u können nicht heraus weil es schüttet wie in Salzburg oder Ischl. Das Problem der Regenkleidung taucht in Italien wieder auf. Um $1^h 20$ wollen wir nach Rom fahren.

Deinen zweiten Brief mit Einschlüssen heute behoben, auch F[erenczi] hat seine Sendung erhalten.

Herzl Grüße
Pa

6. September 1910
Brief (2 S.) aus Rom an Martha Freud
Auf Freuds Briefpapier

Rom 6 Sept 10

Geliebte Alte

Heute früh habe ich Deinen Brief vom 3. dM. mit Einschluß von Jung[11] behoben u werde Dir nach dem Haag einen Gruß zum Willkomm telegraphiren. Es ist hervorragend schön hier u ein Kummer sich loszureißen. Das völlige Wolbefinden wäre zu haben, wenn ich nicht immer meinen Darm pflegen müßte.

Ich denke, sofort nach der Heimkehr, so lange ich frisch u die Arbeit nicht übergroß ist, meine Karlsbader Kur fort-

11 Wahrscheinlich Jungs Brief vom 31. August 1910; vgl. Freud (1974a), S. 387 f.

zusetzen.[12] Mit der Cholera hat der Zustand gar keine Ähnlichkeit, der Magen ist bei der vortrefflichen Kost dieser Tage sehr befriedigt.

Ferenczi ist tadellos, vielleicht eher rezeptiv als anregend, aber er ist noch etwas scheu.

Ich führe die Rechnung für beide u belaste ihn täglich bei periodischer Zahlung.

Donnerstag früh – Feiertag[13] – denken wir auf die Reise nach Palermo zu gehen. Näheres erfährst Du noch. Bis dahin bekommen wir die erste Wäsche zurück.

Der Gewitterregen, während dessen ich Dir zuletzt aus Florenz schrieb, war zu Mittag vorüber, wir konnten im schönsten kühlen Wetter hieher fahren. In Rom ist es behaglich warm, abends wird es kühl sein, von Hitze haben wir noch keinen Moment gelitten. Heute Vormittag sind wir zwei Stunden lang unter den Trümmern des Forum herumgestiegen, was allein eine Reise lohnt.

In den Stunden von 2–4^h^, während deren ich Dir jetzt schreibe, halten wir uns in unseren sehr behaglichen Zimmern [auf] – das ist die beste hygienische Maßregel im Süden, obwol sie hindert viel zu unternehmen. Wir werden ihr aber in Sizilien treu bleiben. Die Cholera scheint uns in Österreich näher anzugehen als die Italiener.[14]

Wenn es Dich interessiert, kann ich Dir sagen, daß ich jetzt die Neue Presse regelmäßiger lese als in Noordwijk. Ich habe aus ihr erfahren, daß Mahler die Wiener Oper wieder übernehmen wird.[15]

Die Zeit geht rasch. Heute ist schon der 6te; ich werde

12 Freud war Mitte Mai für zwei Tage in Karlsbad gewesen, um seine Frau und die Töchter Mathilde und Sophie zu besuchen. Vielleicht hatte er bei dieser Gelegenheit eine Kur mit Karlsbader Wasser begonnen; Freud (1974a), S. 350; Freud-Bernays (o. J.), S. 118.

13 Mariä Geburt.

14 Am 26. August 1910 waren in Wien zwei Fälle von Cholera registriert worden.

bald nach Wien schreiben müssen u bald selbst wieder in Wien sein.

Leb wol, mach es Dir sehr angenehm, grüße die Fratzen herzlich, die es Dir hoffentlich nicht stören u schreib regelmäßig

Deinem Sigm

7. September 1910
Postkarte aus Rom an Martha Freud

Rom 7. 9. 10

Geliebte Alte

Morgen früh 10^{h}45 fahren wir nach Neapel, kommen um 3^{h} an u fahren nachts über das Meer nach Palermo.[16] Es wird auch nicht weiter sein als Amerika u viel schöner. Das Wetter hier war köstlich, Rom überhaupt wieder ein Zauber. Uns geht es beiden sehr gut. Heute eigentlich zuerst ohne Vorbehalt. Wir essen hier nicht nur im Freien, sondern auch auf der Gasse Piazza Colonna. Du wärest entzückt. Die beiden Studenten sind jetzt gewiß schon zu Hause. Ich habe heute Annerls Brief geholt u freue mich auf Nachrichten morgen. Herzl Grüße

Pa

8. September 1910
Postkarte aus Neapel an Martha Freud

Neapel 8. Sept 10

Nach einer heißen Fahrt unser vornehmes Rom mit dem lärmenden Neapel vertauscht u allerlei lustige Abenteuer

15 Gustav Mahler war von 1907 bis 1909 Gastdirigent der Metropolitan Opera und des Philharmonic Orchestra New York. Zu einer Übernahme der Wiener Oper ist es nicht mehr gekommen.

16 Die Route Neapel–Palermo beträgt 169 Seemeilen (314 km) und wurde von den Dampfern in knapp 11 Stunden zurückgelegt.

erlebt. Aber hier in der Villa nazionale am Meer unter Palmen mit Aussicht auf Capri ist es schön, u wir können uns bis 11^h abds, wo die Siracusa nach Palermo abgeht, erholen. Wenn unser Gepäck die heutigen Wechselfälle überstanden hat, ist alles gerettet.

Herzl Grüße

Pa

8. September 1910
Postkarte von Bord der »Siracusa« an die Familie

An Bord d. Siracusa
8. 9. 10.
10^h abds

Meine Theuern.

Wieder auf einem Schiff seit Amerika. Nettes, reinliches Boot u ganz wenig Raum für zwei in der Kabine. Die Stille tut jetzt wol. Neapel war natürlich wieder ein Höllenspektakel, aber wir haben von der Wagenfahrt am Posilip[17] die unvergeßliche Aussicht auf die ganze Umgebung, Ischia bis Cap Miseno[18] gehabt. Die Herren Gelehrten können Euch die Gegend erklären. Schiff geht erst um 11^h.

Herzlichste Grüße

Pa

17 Vgl. Brief vom 1. September 1902.

18 Ursprünglich Kraterinsel nördlich von Neapel, durch einen Damm aus der Römerzeit mit dem Festland verbunden.

9. September 1910
Brief (4 S.) aus Palermo an Martha Freud
Auf Briefpapier von »Weinen's Hotel de France«

9 Sept 10

Geliebte Alte

Heute früh angekommen, nur Sophies Brief[19] vorgefunden, für den ich ihr etwas Schönes mitbringen werde. Das Meer war ruhig u blau. Die Ankunft langwierig wie alle Landungen. Zuerst durch unschöne Hafengegend zu unserem schön gelegenen Hôtel, wo wir ein ganzes Appartement bezogen haben, 3 Zimmer mit Badezimmer dazwischen, zusammen 14 L. Pension für beide, wenn wir wollen 30 L. Dann durch den Corso Vittorio Emanuele in die innere Stadt, die immer großartiger u herrlicher wird bis zum normannischen Dom[20] u zum Königsschloß[21]. Aber wir wollen heute nichts arbeiten. Nach dem guten Lunch wird geruht. F[erenczi] hat auf dem Schiff nicht geschlafen u holt jetzt nach. Nachmittag wird dann nur gebummelt, die Arbeit fängt erst morgen an. Es ist schöne Sonne, aber im Zimmer sehr behaglich, alles für Winteraufenthalt eingerichtet.

Ich habe Dir sofort telegraphirt, aber es war eine heiße schwere Sache u hat daran erinnert, welche Strecke Palermo von Holland trennt.

Es ist ja furchtbar viel hier zu fahren u noch mehr in Sizilien überhaupt, daß ich entweder einen Monat hierbleiben oder mich sehr einschränken muß. Kleine Landexkursionen werden durch die Jahreszeit unmöglich gemacht, einige große Städte u einige alte Tempel werden unser Programm ausmachen müssen.

19 Sophie Freud–Sigmund Freud, 5. 9. 1910 (LoC).

20 Freud meint wohl die Kathedrale, in der sich u. a. auch der Sarkophag Friedrichs II. befindet.

21 Aus der Sarazenenzeit stammende und von den Normannen umgestaltete Festung.

137 Kathedrale von Palermo

Palermo selbst ist vornehm, rein, überaus reich an Bauten u mit allem versehen, was ein Mensch verlangen kann, fast wie Florenz. Ich werde mir hier zB eine Schachtel für meine Crawaten kaufen. Die Herrlichkeit der öffentlichen Gärten, von denen einer auf unserem Platz steht,[22] ahnen wir erst. Das Wasser wird von Baedeker als gut bezeichnet. Unser Wolbefinden ist groß. Ich sehe nur eines, ich werde weder etwas arbeiten noch viel von Sizilien kennen lernen, aber gewiß noch mehr Geld ausgeben als bisher. Vielleicht kommt dann die klugmachende Wirkung später nach.

Sophies Brief über die Unfreundlichkeit des nördlichen Meeres giebt meiner Sehnsucht nach dem Süden, die hier befriedigt werden soll, Recht.

Wenn Du den Brief hast, denkst Du gewiß schon an Abreise. Telegraphire mir sofort nach Deiner Ankunft in Wien usw. hieher, wenn ich es bis dahin nicht anders verlangt habe. 4–5 Tage bleiben wir gewiß hier u reisen jedenfalls von hier wieder ab.

Herzlichste Grüße
an Alle
Papa

22 Gartenanlage bei der Capitaneria del Porte.

138 Palermo, Monte Pellegrino[23]

10. September 1910
Postkarte aus Palermo an Martha Freud

Palermo10/9

Briefe u Telegramm erhalten.

Freue mich sehr, daß es Euch in W[ittebrug] so gut geht. Von Ernstanna[24] Karte aus Speisewagen. Hier regnet es heute, so daß es gar nicht heiß ist; man wird auch kaum naß. Der gefürchtete Scirocco noch nicht da. Befinden dafür glänzend. Vormittag heute Museum[25] mit einzigen Herrlichkeiten. Nachmittag Ausflug im Wagen nach Monreale[26] geplant.

Allerherzlichste Grüße
Papa

23 Berg im Norden Palermos. Für Freud wird dieser Ausflug Assoziationen geweckt haben: Von hier aus belagerte Hannibals Vater Hamilkar Barkas 247–245 v. Chr. Panormos, wie Palermo bei den Griechen hieß. Er hatte den Sohn vor dem Hausaltar den Römern Rache schwören lassen; vgl. auch S. 31 f. dieses Buches.
24 Anna Freud/Ernst Freud – Sigmund Freud, 7. 9. 1910 (LoC).
25 Wahrscheinlich das archäologische Museum (damals Nationalmuseum); das andere große Museum Palermos, die Galerie moderner Kunst, zeigte vorwiegend Arbeiten sizilianischer Maler.
26 Kleiner Ort im Westen von Palermo mit einer Kathedrale, die als das bedeutendste Denkmal der Normannenkunst auf Sizilien gilt.

139 Palermo, Piazza Marina (mit Hotel de France)

10. September 1910
Ansichtskarte aus Palermo an Anna Freud (Abb. 138)

Palermo 10/9 10

Liebe Anna

Hier eine Probe unserer Landschaft. Ich suche für Dich ein Pferd u grüße Dich herzlich

Papa

10. September 1910
Postkarte aus Palermo an Sophie Freud (Abb. 139)

Palermo 10 Sept 10

Liebe Kinder

Hier wohnen wir jetzt; es regnet ein wenig u ist darum gar nicht heiß.

Herzl Grüße

Papa

11. September 1910
Brief (4 S.) aus Palermo an Martha Freud
Auf Briefpapier von »Weinen's Hotel de France«

11. Sept 10

Geliebte Alte

Wenn ich richtig rechne ist dies der letzte Brief, den ich nach dem Haag richten kann, wenn nicht schon dieser Dir nachgeschickt werden muß. Wir sind eben weit auseinander.

Es ist sehr genußreich, das Wetter regnerisch, jeden Tag ein wenig, was wenig stört u sehr abkühlt. Wenn nur nicht bald die starken Herbstregen kommen. Sept ist eben auch für Italien nicht die schönste Zeit. Die beginnt dann im Oktober. Aber man kann sehr zufrieden sein. Ich kann Dir nicht beschreiben, was ich heute an Schönheiten gesehen u gerochen habe. Die Pracht u der Duft der Blumen in den Parks läßt vergessen, daß man im Herbst ist. Mit Einkaufen geht es sehr schlecht, gar nichts was man sich mitzunehmen wünscht. Harte Verlegenheit.

Morgen werden wir den ersten Ruinenausflug unternehmen, aber nur für einen halben Tag. Dienstag 13 u Mittwoch 14 werden wir auf einer größeren Tour zu zwei Tempelstätten Segesta u Selinunt zubringen. Die letztere liegt am südlichen Rande der Insel. Am Abend kommen wir dann nach Palermo zurück u reisen am nächsten Morgen des 15ᵗ ab, um die dritte, Girgenti, zu besuchen.

Von dort führt der Weg nach Catania u Siracusa, also zum östlichen Theil der Insel. Siracusa, wohin ich Dich gebeten habe die Briefe zu richten, wird wol der längste Aufenthalt werden. Zwischen Palermo u (Siracus oder) Catania werden wir ein paar Tage verschollen sein, höchstens zwei; es läßt sich das alles nicht anders machen. Unser Gepäck bleibt bis zum 15 hier. Das Reisen mit kleinen Stücken hat sich im Allgemeinen bewährt.

Lebhaft widersprechen muß ich dem Eindruck, der ja

auch mich beherrscht hat, daß man hier in Sizilien sozusagen ausgesetzt, unter Wilden u außerordentlichen Gefahren ist. Man hat dasselbe Gefül u dieselben Lebensbedingungen wie in Florenz oder Rom. Wenigstens in Palermo ist es so, u auf dem Lande oder in den kleineren Städten wird es primitiver, aber nicht unheimlicher sein.

Ferenczi genießt es sehr u ist sehr liebenswürdig, findet die Situation wahrscheinlich noch unglaubhafter als ich. Wir haben selbst Stimmung u Bequemlichkeit, um etwas zu arbeiten. Mit Schrecken merkt man, wie schnell das Datum wechselt. Die Heimreise wird wol wieder von Palermo u mit der Bahn durchgeführt werden, um Zeit zu sparen u Freiheit zu behalten.

Ich hoffe, Du hast unterdes etwas von Holland gesehen u Dich mit Deinem Volk gut amüsirt u vertragen.

Herzl Grüße an Alle

Dein Sigm

13. September 1910
Postkarte aus Alcamo-Calatafimi an Martha Freud

Alcamo-Calatafimi[27]
13 Sept 10. 6^{h}

Station, wo wir irrtümlich eine Stunde zu früh angekommen sind, u auf den Zug nach Castelvetrano warten, wo wir die Nacht zubringen, morgen nach Selinunt fahren u nachmittags nach Palermo zurück. –

Tiefstes Sizilien hier noch nicht mit arabischen Ortsnamen, ernsthaft u schmutzig, doch war der Café sehr gut. – Der Tempel in Segesta[28], von dem wir kommen, war ein

27 Eisenbahnstation zwischen den beiden Städten Alcamo und Calatafimi.

28 Einer der besterhaltenen griechischen Tempel Siziliens, ca. 430 v. Chr. begonnen, aber unvollendet geblieben.

140 Tempel in Segesta

herrlicher Anblick in tiefster Verlassenheit u Einöde. Die 2½ St Fahrt hin u ebensoviel zurück auf elendem Karren wol wert.[29] Die anderen Tempel werden nicht so mühselig sein. Eine andere Karte geht gleichzeitig nach Wittebrug.

Herzl Grüße

Papa

14. September 1910
Ansichtskarte aus Selinunte an Alexander Freud

Selinunt 14. 9. 10.

Zur Auffrischung Deiner Erinnerung. Schöner Tag.

Sigm

[Zusatz von Sándor Ferenczi:]
Erg. Gruß von Ihrem Nachfolger im Amte des Reisebegleiters.

Ferenczi

29 Von der Bahnstation Alcamo-Calatafimi fuhren Pferdewagen bis zu den Ruinen.

141 Minerva-Tempel in Castelvetrano-Selinunte

14. September 1910
Ansichtskarte aus Selinunte an Oliver Freud (Abb. 141)

Selinunt
14. Sept 10

Du wirst Dich erinnern, daß Hannibal 409 für die Erhaltung dieser Tempel gesorgt hat.
Herzl Grüße an alle
Papa

[Zusatz von Sándor Ferenczi:]
und Ferenczi

14. September 1910
Postkarte aus Palermo an Martha Freud[30]

Palermo 14. [durchgestrichen: 15.] 9. 10

Nach 2tägiger Reise für einen Tag zurückgekehrt, Briefe behoben, Telegramme erhalten. Freue mich sehr, daß Wittebrug Euch so behagt hat. Auch unsere Reise hat kleinen

30 Gleichfalls am 14. 9. schickte Freud aus Palermo eine Ansichtskarte vom Tempio di Ercole an Ludwig Binswanger; Freud (1992b), S. 57.

Aufschub erfahren durch Girgenti, wohin wir morgen gehen, so daß wir erst Samstag 17. abds in Siracusa eintreffen. Wetter von unsäglicher Pracht. Wolbefinden, Bedauern über das fortschreitende Datum. Gegen Olis Reise unter solchen Umständen hätte ich nichts gehabt, eher noch ein Stück beigesteuert, nur sein einsames Reisen mochte ich nicht. Jetzt seid Ihr zu Hause u alle beisammen. Gestern, 14^{t} wußte ich nicht, wo Ihr seid u war selbst so weit weg. So unterblieb das jährlich wiederkehrende Telegramm.[31]

Herzlich Papa

[Am linken Rand:] Doch Freitag in Siracus! Datum schwer zu finden.

15. September 1910
Postkarte aus Palermo an Martha Freud

Palermo
Don 15 Sept 10

Ich widerrufe die Zeitangaben auf voriger Karte u stelle fest, daß heute Donnerstag der 15te ist, daß wir Freitag reisen u Samstag 17. in Siracusa eintreffen. Daraus könnt Ihr ersehen, wie gut es uns geht.

Herzl Grüße
Papa

31 Anläßlich ihres Hochzeitstages am 14. September (jüdische Trauung); die Ziviltrauung hatte am Tag davor stattgefunden; vgl. Jones (1960–1962), Bd. 1, S. 183.

15. September 1910
Brief (4 S.) aus Palermo an Martha Freud
Veröffentlicht in: Freud (1960a), S. 296 f.
Auf Briefpapier von »Weinen's Hotel de France«

15. Sept 1910

Geliebte Alte

Eben wieder Briefe geholt, Martins lobenswerte Mittheilungen[32] u Deine Zuschrift u erfahre also, daß Du zu dieser Zeit in Berlin zur Abreise rüstest u morgen früh zu Hause ankommst, wenn wir nach Girgenti, der letzten Station vor Siracusa abreisen.

Palermo war eine unerhörte Schwelgerei, die man sich eigentlich allein nicht gönnen darf. Ich verspreche feierlich bei allen bevorstehenden Schindereien des Jahres daran zu denken, daß ich mein Theil schon bekommen u verzehrt habe. Soviel an Farbenglanz, Wolgerüchen, Aussichten – u Wolbefinden habe ich noch nicht beisammen gehabt. Jetzt ist es vorüber, wird zugeschlossen u nur für andere aufgesperrt. Aber für mich kommt vielleicht in Syrakus noch Schöneres.

Es thut mir schrecklich leid, daß ich Euch das nicht verschaffen kann. Um das alles zu 7., zu 5 oder auch nur zu 3 – kurz zu undici, dodici, tredici[33] – zu genießen, hätte ich nicht Psychiater u angeblich Gründer einer neuen Richtung in der Psychologie sondern Fabrikant von irgend etwas allgemein Brauchbarem, wie Klosettpapier, Zündhölzchen, Schuhknöpfen werden müssen. Zum Umlernen ist [es] jetzt lang zu spät, u so genieße ich es weiter egoistisch, aber unter prinzipiellem Bedauern allein.

Nur mit den Einkäufen hat es die größten Schwierigkeiten. Es giebt so sehr nichts, was anders ist als anderswo u zum Mitbringen – Pack me now – auffordern würde –,

32 Martin Freud–Sigmund Freud, 12. 10. 1910 (LoC).

33 Vgl. Brief vom 22. 9. 1907, Fußnote 35, S. 225 dieses Buches.

Wagen u Maulthiere sind doch ausgeschlossen, Blumen halten sich nicht – daß ich wirklich bitte, die diesbezüglichen Versprechungen als annullirt anzusehen u den Geldwert in Wien als Ersatz dafür anzunehmen. Robert allein wird den gewünschten Schwefel bekommen – er hat eben einen praktischen, zur Örtlichkeit passenden Wunsch geäußert.[34]

Da es sehr viel leichter ist, sich für Bekanntes als für Unbekanntes zu interessieren, theile ich mit, daß ich den Seidenanzug durch den Ankauf eines neuen Portefeuilles brauchbar gemacht und ihn heute zuerst getragen habe. Die Hitze war so wenig störend, reine Sonnenstrahlung u schöner Wind dabei, daß früher kein Bedürfnis für ihn bestand. Man versteht hier die Zeilen:

»Wenn des Abends linde Lüfte
Sanft durch unseren Garten gehen«[35]

oder so ähnlich.

Um nicht ganz rosenrot in rosenrot zu malen u den Neid der Götter nicht zu wecken, erwähne ich, daß wir heute zuerst von Gerüchten über die Cholera in Neapel gelesen haben. Wir werden die Sache verfolgen u uns danach einrichten. Auf Sizilien ist bis jetzt keine Spur bemerkt worden, also weniger als in Wien oder Budapest. In Wien habt Ihr übrigens bei dem schönen Wetter soviel wie nichts zu fürchten. Vorsicht im Obstessen schadet ja nie.

Und nun zum Abschluß u Abschied von Palermo herzliche Grüße an alle im Haus wieder Vereinten von

Papa

34 Die Schwefelgruben befanden sich zwischen Caltanissetta und Agrigent. Im 19. Jahrhundert lieferte Sizilien drei Viertel der Weltproduktion, und noch 1926 lag Italien hinter den USA in der Schwefelgewinnung an zweiter Stelle.

35 Beginn des 21. Duetts »Che soave zeffiretto « aus Mozarts »Hochzeit des Figaro«.

142 Grab des Torone in Girgenti

143 Tempel des Kastor und Pollux in Girgenti

16. September 1910
Ansichtskarte aus Girgenti an Martin Freud (Abb. 142)

Girgenti
16. 9. 10

Es würde Dir noch besser gefallen als Leiden. Laß Dir etwas für später. Wie Du siehst, freut es einen dann auch noch.
Herzl Gruß
Papa

16. September 1910
Ansichtskarte aus Girgenti an Sophie Freud (Abb. 143)

Ggti
16 Sept 10

Es war heute Scirocco. Wenigstens habe ich diese Nacht zuerst auch in Palermo nicht geschlafen. Fer[enczi] ebensowenig. Afrika aber bezaubernd schön.
Papa

17. September 1910
Postkarte aus Syrakus an die Familie

Siracusa
Samstg, 17/9 10

Vor 2 St hier angekommen, Eure Nachricht von der Heimkunft zweimal telegraphisch vorgefunden, sonst nichts. Morgen wieder nachsehen. Hier deutsches Haus, Zimmer mit Baderaum – Pension 11 L, sehr rein etc. Spät von Girgenti gekommen, nur rasch gebadet u jetzt beim sehr guten Essen. Siracus scheint überhaupt sehr schön, vielleicht auch sehr heiß, obwol es mitten im Meer liegt u sehr deutlich fischelt. Heute nicht zu entscheiden. Es soll seit 2 Tagen Scirocco sein. Dabei sind wir sogar, ich mehr, besonders wol. F[erenczi] hat den ersten Sciroccotag in Palermo noch nicht ganz verwunden. Ich trinke
[Fortsetzung auf nächster Karte]
wieder Wein u habe mit einem köstlichen Landwein in Grgti begonnen, mit Moscato di Siracusa setze ich fort. Gott geb', daß es gut ausgeht. Übrigens ist hier vortreffliches Trinkwasser nach allen Zeugnissen. Das Reisen mit kleinem Gepäck hat sich sehr bewährt, darin hat Mama Recht gehabt. Überhaupt bis jetzt alles gut gegangen. Hier wollen wir mindestens 4 Tage bleiben, vielleicht eine Wo-

che. Schreibt jedenfalls wieder so lange hieher, bis ich telegraphisch absage. In Palermo war ein verdächtiger Fall, der schon erledigt ist. Man scheint alles, was die Cholera betrifft, hier sehr ernst zu nehmen.

Herzliche Grüße

Papa

18. September 1910
Brief (2 S.) aus Syrakus an die Familie
Teilweise veröffentlicht in: Freud (1955p), S. 462
Auf Freuds Briefpapier

Siracusa Sonntag
18. 9. 10

Meine Theuern

Ich habe noch keinen Brief von Euch hieher erhalten, weiß aber durch die beiden Telegramme, daß Ihr zu Hause seid u hoffentlich alle wol. Nun seid Ihr gewiß sehr gespannt von mir zu hören. Siracusa sollte ja das Hauptziel unserer Reise sein u gilt als die am meisten griechische Stadt Italiens. Wir sind erst gestern spät abends angekommen wie Ihr aus zwei einander fortsetzenden Karten wissen sollt, u heute vormittags – ich schreibe in der Mittagspause – haben wir die Reste zweier Tempel[36] in der Stadt u einen Teil des Museums[37] besichtigt. Die Stadt ist recht unansehnlich, eng u übelriechend, an Ausdehnung nun füllt sie nur ein Fünftel des alten Syrakus. Sie entspricht der alten Insel Ortygia, alle großen u schönen Denkmalreste befinden sich auf dem festen Lande wo wir noch nicht waren. Unser Hotel liegt auf einer Mauerterrasse über der alten Quelle Arethusa[38], die jetzt eng gefaßt ist, Papyrusgebüsch

36 Es gibt nur einen Tempel in Syrakus, den Apollotempel vom Anfang des 6. Jahrhunderts v. Chr.; vielleicht meinte Freud mit dem zweiten Tempel das Foro Siracusano oder das griechische Theater.

37 Das Archäologische Museum.

und heilige Fische enthält. Von da aus geht ein entzückender Spaziergang nach Oleander duftend am Meer entlang. Von meinem Fenster habe ich die volle Meeresaussicht, eine Dattelpalme genirt ein bischen den freien Blick. Von Ferenczi bin ich wie in Palermo durch das gemeinsame Badezimmer mit moderner Einrichtung (vgl Berggasse 19) getrennt; im Ganzen also nicht sehr zu bedauern.

Leider herrscht der erwartete Scirocco. Nicht daß die Hitze so arg wäre, die bloße Sonneneinstrahlung vertrage ich glänzend, aber es ist etwas lähmende Stimmung u Drückendes in der Luft, der Himmel nicht rein, alles still, ein bischen unheimlich. Ich habe also schlecht geschlafen u bin müde. Ferenczi benimmt sich nicht besser. Unter den Schätzen des Museums vergaßen wir an alles; jetzt sagen wir uns, wenn es so bleibt, halten wir nur 3–4 Tage aus u wandern weiter. Es läßt sich also gar nichts bestimmen. Ihr seid auf telegraphische Nachrichten angewiesen. Unter den Pinien heute nach 4^{h} werden wir einen großen Teil der Genußfreudigkeit gewiß wiederfinden.

Wir wissen natürlich nicht, ob dieses Wetter Siracusa eigen oder einfach das schöne frische Wetter der ersten Woche in ganz Sizilien abgelöst hat. Wahrscheinlich das Letztere.

Wenn Ihr jetzt gerade Kälte u Regen habt, wird Euch mein Brief sehr sonderbar vorkommen.

Die Aussichten auf Mitbringen schrumpfen immer mehr zusammen. Es bleibt nur noch Catania, wenn wir uns dort aufhalten.

Mit herzlichsten Grüßen – Ferenczi bittet die seinigen hinzuzusetzen

Euer Papa

38 In der griechischen Sage wird die Nymphe Arethusa, verfolgt von dem Flußgott Alpheios, auf ihre Bitte von Artemis in eine Quelle verwandelt, die in Syrakus entspringt.

18. September 1910
Brief (4 S.) aus Syrakus an Anna Freud
Auf Freuds Briefpapier

Siracusa 18. 9. 10

Meine liebe Anna

Ich danke Dir herzlich für Deinen lieben heute eingetroffenen Brief aus der Zeit Deiner Vereinsamung, die heute bereits vorüber ist.

Es lohnt sich kaum zu antworten, wenn sich unterdes alles so gründlich geändert hat, doch mache ich mir Vorwürfe, Dir nicht einmal länger geschrieben zu haben. Aber die Reise, die vielen Neuigkeiten u Schwierigkeiten werden mich bei Dir entschuldigen. Vielleicht hatte ich auch ein schlechtes Gewissen, weil ich voreilig versprochen hatte, Dir etwas besonders Schönes mitzubringen u es so gar nicht einhalten kann.

Du selbst mit allen Deinen Fähigkeiten, uns durch Deine Wünsche in Erstaunen zu versetzen, würdest hier nicht einmal in der Großstadt Palermo in Verlegenheit sein, Dir etwas Transportables zu wünschen. Siziliens Produkte, die für uns in Betracht kommen, sind Schwefel, Papyrus und Antiquitäten. Von allen dreien besitze ich bereits Proben, aber leider, wie Du siehst, kannst Du davon nichts haben. Es wird in Wien eine Entschädigung geben. Wenn ich selbst so geschwelgt habe, will ich Euch gerne auch etwas gönnen.

Sizilien war und ist wunderschön, aber – seit zwei Tagen regiert hier der Scirocco u der ist schwer zu ertragen, setzt die Genußfähigkeit herab u läßt die Illusion des paradiesischen Ausnahmezustandes nicht aufkommen. Die Nachrichten über die Cholera in Neapel lauten auch widersprechend; man weiß nicht, welche Reiseschwierigkeiten daraus erwachsen könnten, u so ist es möglich, daß diese schöne Reise früher zu Ende kommt als wir beabsichtigten.

Es freut mich sehr, daß Du Dich leicht mit Mathilde aussprichst, sie ist wirklich die richtige Instanz für Dich u hat Dich auch sehr gern. Mit Deiner anderen Schwester solltest Du Dich auch großmütig besser vertragen, sonst geht es Euch wie zweien Deiner Tanten, die sich auch nie vertragen haben als Kinder und zur Strafe dafür viele lange Jahre nicht von einander losgekommen sind,[39] denn Liebe u Haß sind gar nicht so verschieden von einander.

Ich bin auch sehr neugierig, wie sich die häuslichen Neuerungen machen. Sag Mama, wenn das Tuch auf meinem Schreibtisch zu fleckig ist, soll sie [es] schnell noch *vor* meiner Ankunft von Spitz[40] erneuern lassen, wie überhaupt den Schreibtisch ein bischen herrichten. Auch soll Karlsbader vorbereitet sein, um die aufgeschobene Kur fortzusetzen.

Du siehst meine Gedanken sind schon mehr zu Hause als beim Archimedes, der hier unten bei der Arethusa unter meinem Fenster sein Denkmal hat. [41]

Ich grüße Dich u alle anderen
Herzlich Dein
Papa

39 Wahrscheinlich meint Freud seine Schwestern Anna und Pauline. Anna war 1892 nach Amerika ausgewandert (vgl. Fußnote 4, S. 123 dieses Buches) und Pauline zwei Jahre später mit Annas beiden ältesten Kindern nachgekommen; vgl. Freud-Bernays (o. J.), S. 50, 65 f. Pauline heiratete in Amerika, und als ihr Mann Valentin Winternitz 1900 starb, kehrte sie nach Wien zurück; vgl. Freud (1985c), S. 454.

40 Vgl. Brief vom 24. 9. 1909, S. 315.

41 Archimedes mit Brennspiegel und Schraube, zwei seiner Erfindungen, Marmorstandbild von 1905.

144 Fontana Arethusa in Syrakus

19. September 1910
Ansichtskarte aus Syrakus an Martha Freud (Abb. 144)

Siracusa
19. 9. 10

Darüber unser Hotel.[42] Heute geht es nach Alt-Syrakus.
Pa

19. September 1910
Postkarte aus Syrakus an Martha Freud

Siracusa
19. 9. 10

Bestätige Deinen Brief aus Wien. Das rätselhafte Wort im Telegramm hieß wol: Grüße, sowie das heutige letzte: Wol(befinden)grüße. Syrakus war noch großartig schön, aber meine Genußfähigkeit ist befriedigt. Ich habe soviel

42 Das »Hôtel des Etrangers«.

Schönes, Großartiges, Einziges gesehen. In Rom werden wir wol ausruhen, aber nicht lange, ich werde einige Tage früher nach Hause kommen als beabsichtigt. Sobald Du mir mittheilst, daß die Wohnung in Ordnung ist. Dann einige Tage Ferien in Wien genießen. Wir reisen morgen früh nach Palermo, können aber erst am Mittwoch abds nach Neapel, direkt dann Rom.

Herzl Grüße
Pa

19. September 1910
Postkarte aus Syrakus an Martha Freud

Siracusa
19. 9. 10

Ich habe Dir soeben telegraphirt, daß wir umkehren: Palermo, Rom, dort etwas bleiben. So schön Siracusa ist, es eignet sich jetzt des Sciroccos wegen nicht zum längeren Aufenthalt, mit Catania, Taormina etc wird es nicht anders sein u die Nachricht, daß man in Rom die Ankömmlinge aus Neapel kontrollirt, macht uns begierig, Neapel hinter uns zu haben.

Herzl Grüße
Papa

[Zusatz am linken Kartenrand:]
Wir sind beide wol!

22. September 1910
Postkarte aus Rom an Martha Freud

Rom 22. 9. 10

Eben angekommen u froh hier zu sein. Wir haben in letzten 8 Tagen vom Scirocco viel gelitten, hören hier, daß er aber heute vorüber ist. Sehr bald Deinen Brief hieher u Sophie's von Palermo nachgeschickt erhalten. Keine neuen Nachrichten, dränge nur sehr, daß alles fertig wird, ich komme früher nach Hause u will in Wien einige Tage Ferien genießen. Laß Rie Ernst anschauen was mit ihm ist. Laß meinen Schreibtisch überziehen. – In Neapel haben wir uns sehr kurz aufgehalten, es war entschieden wenig Verkehr in der Stadt. Bei der Ankunft in Rom war ärztliche Untersuchung; wir durften passiren, weil wir aus Palermo waren. In Rom sind wir ja schon sehr nahe. Ich erwarte jetzt Antwort auf mein Telegramm. Herzliche Grüße

Papa

23. September 1910
Postkarte aus Rom an Martha Freud[43]

Rom 23. 9. 10

Angeregt durch heutigen Brief u Telegramm haben wir Fahrkarten mit Schlafwagen genommen, reisen morgen Samstag ¾ 12 nachts ab u sind Montag früh in Wien. Rom ist herbstlich kalt, es hat geregnet, der schwere Thaftmantel kommt zu Ehren. Es ist sehr schön, noch einige Tage zu Hause Ferien zu halten. Für alle Nachfragen bin ich erst *Samstag* da. Ich freue mich auch sehr darauf an allen häuslichen Neuheiten Theil zu nehmen. Dies also letzter Brief. Es folgt noch Telegramm oder geht vielleicht voraus.

Herzl Grüße
Papa

43 Einen Tag später, am 24. 9., schreibt Freud aus Rom an C. G. Jung; vgl. Freud (1974a), S. 390–392.

Rom

16. bis 25. September 1912

Der Sommer 1912 war einer der ereignisreichsten im Leben Freuds. Von Anfang Juli bis zum 14. August war er mit seiner Frau zur Kur in Karlsbad (Hotel »Goldener Schlüssel«). Dort besuchte ihn u. a. Max Halberstadt, der Verlobte seiner Tochter Sophie.[1]

Von Karlsbad aus fuhr Freud nach Karersee (Hotel »Latemar«), wo er bis zum 30. August blieb. Zur gleichen Zeit machte Alfred Winterstein[2] hier Urlaub, und Freud unternahm gelegentlich längere Spaziergänge mit ihm.[3]

Vom 30. August bis zum 2. September verbrachte die Familie einige Tage in Bozen (Hotel »Erzherzog Heinrich«) und traf sich dort mit Sándor Ferenczi. Am 2. September kehrte Freud nach Wien zurück, da seine Tochter Mathilde während der Schwangerschaft erkrankt war.[4] Danach begab er sich wieder nach Südtirol und verbrachte die Woche vom 8. bis 14. September in San Cristoforo (Hotel »Seehof«).[5]

Von dort aus fuhr er für zwei Wochen nach Rom, begleitet von Sándor Ferenczi, der sich am 24. September von ihm trennte und allein nach Neapel weiterreiste. Der Kontakt zu Ferenczi wurde für Freud immer wichtiger,

1 Vgl. Freud (1960a), S. 304 f.; Freud (1993b), S. 108, 112, 116, 119, 122; Freud (1993e), S. 143.

2 Alfred R. Freiherr von Winterstein, Anhänger Freuds, baute nach dem Zweiten Weltkrieg mit August Aichhorn und Robert Jokl die Wiener Psychoanalytische Vereinigung neu auf; vgl. Mühlleitner (1992), S. 366.

3 Freud (1992b), S. 108; Freud (1993b), S. 125; Freud (1993e), S. 147, 152; Winterstein, Alfred: »Meine Erinnerungen an Freud« (LoC).

4 Vgl. Fußnote 11, S. 325 dieses Buches.

5 Freud (1993e), S. 157.

besonders da sich das Zerwürfnis mit Jung bereits andeutete: Freud hatte sich Ende Mai in Kreuzlingen am Bodensee bei Ludwig Binswanger aufgehalten, plante aber nicht, Jung in Zürich zu besuchen, sondern hoffte, daß dieser nach Kreuzlingen kommen würde. Jung tat das nicht, sondern interpretierte Freuds »Geste von Kreuzlingen« persönlich.[6]

6 Clark (1985), S. 361; Freud (1974a), S. 562, 565 ff.; Freud (1992b), S. 262–265.

16. September 1912
Brief (4 S.) aus Rom an die Familie
Auf Briefpapier vom »Eden Hôtel – Rome«

16 Sept 12[7]

Meine Theuren

Wir sind richtig um ¾12 angekommen. Aber dann waren wir in Rom. Unterwegs zwischen Florenz u Rom habe ich alles wiedergefunden, Stimmung, die Kunst Ferenczi interessant zu machen, Appetit u das erste gute Essen, dessen ein Barbar eigentlich gar nicht würdig ist. In der ersten Morgenstunde war ich im Edenhotel[8] recht unzufrieden, es war alles noch im Winterschlaf u schämte sich dessen gar nicht. Ich habe kaum geschlafen u am Morgen auch andere Hotels besichtigt. Das Ende war, daß ich geblieben bin, ein herrliches Zimmer bekommen habe, Ausblick auf die Villa Malta in der Bülow[9] wohnt, u auf einige Dattelpalmen in einem unbekannten Garten, mit Licht, Sonne, Raum, Bad u Ruhe. Das Ziel, in Rom als großer Herr zu leben, scheint verwirklicht. Die ganze Herrlichkeit kostet 8 L am Tag. Das Hotel hat vortrefflichen Stil, sie haben mir alles ausgeräumt und hereingebracht, was ich fordern konnte. Der Lunch war exquisit. Was wissen wir von gutem Essen u von edlem Wein! Es ist fürchterlich behaglich und unglaublich schön.

Wir halten heute noch Ruhetag, aber auf das neue Monument des Königs Viktor Emanuel II[10] zu steigen konnten

7 Gleichfalls am 16. 9. schickte Freud aus Rom eine Postkarte an Ernest Jones: » I am glad to be here and I feel quite recovered.« Freud (1993e), S. 160.

8 In der Via Ludovisi, unweit der Villa Borghese, also nicht so zentral gelegen wie das Hotel Milano, in dem Freud bisher immer gewohnt hatte.

9 Bernhard Fürst von Bülow, 1900–1909 Reichskanzler und preußischer Ministerpräsident. Bülow war mit einer Stieftochter des italienischen Ministers Marco Minghetti verheiratet und lebte von 1910 bis zu seinem Tod im Jahre 1929 in Rom.

10 Das »Monumento nazionale a Vittorio Emanuele II« war 1885 begonnen und 1911 fertiggestellt worden.

EDEN HÔTEL · ROME
SUCCURSAL: EDEN HOUSE LUCERNE

Franz Nistelweck 16 Sept 12

145 *Brief Freuds aus Rom*

wir doch nicht unterlassen. Die Aussicht von oben ist wol einzig in allen Städtebildern.

Es ist mir sehr natürlich in Rom zu sein, gar kein Fremdgefühl. Befinde mich auch so wol, als man nach solcher Reise u Nacht nur verlangen kann. Das Wetter ist milde, etwas bewölkt, gestern abends war es frisch kalt wie an unserem lieben See.

Ich werde Euch täglich schreiben, aber nur sehr wenig, denn ich fühle, wie mich das Behagen an der Faulheit umschließt.

Euch wünsche ich Glück zum Einzug im neuen Arbeitsjahr, u hoffe Eure Reise hat sich leicht gestaltet. Ob ich einen Tag früher zurückkomme als ich muß, kann ich heute noch nicht wissen.

Herzlichste Grüße an Alle u Jeden
von Papa

146
Triumphogen
des Konstantin

17. September 1912 (Abb. 146)
Ansichtskarte aus Rom an Sophie und Max Halberstadt

Rom 17. 9. 12

Herzlichen Gruß von einem ganz verwaisten Vater.
Fr.

20. September 1912
Brief (2 S.) aus Rom an Martha Freud
Auf Freuds Briefpapier
Veröffentlicht in: Freud (1960a), S. 307 f.

Rom 20 Sept 12

Meine geliebte Alte

Eben mit großer Befriedigung Deinen ersten Brief aus Wien erhalten u mich über seine Nachrichten, besonders über die Schwenkung bei Mathilde sehr gefreut, obwol ich gar nicht um sie besorgt bin. Rede ihr doch zu, etwas Temperatur an die äußere Luft abzugeben.

Gleichzeitig erhielt ich ein Angebot einer englischen Buchhandlung, die Traumdeutung übersetzen zu lassen, schon das dritte, das ich ablehnen muß, und eine Ankündigung einer dringlichen Patientin aus Krakau. Es ist kein Zweifel, daß wir wieder zu leben haben werden, so lange ich arbeiten kann.

Rom war gewiß für mich das Beste. Ich genieße es wie nie zuvor, wahrscheinlich auch weil ich so herrlich wohne. Mein Altersplan steht fest; nicht Cottage, sondern Rom. Es wird Dir u Minna ebenso gut gefallen.

Von der Lieblichkeit des Wetters, Sonne, Wind und frische Luft kann ich dir keine andere Vorstellung geben, als indem ich dich auf S. Cristoforo verweise. Das Hotel mißt sich an Behaglichkeit mit Klobenstein.[11] Ferenczi hat mich nicht verlassen, sondern ist, seitdem ich wieder brauchbar bin, ein anregender verständnisvoller Gesellschafter geworden. Zärtlich ist er immer.

Mein Zustand ist nicht ganz beseitigt, er bricht so jeden zweiten Tag etwas durch, aber doch kein Vergleich mehr. Gestern waren wir nach dem Diner sogar im Theater, eine neue patriotische Operette zu sehen. Das war mir etwas zuviel, vielleicht habe ich auch den Café im Zwischenakt nicht vertragen aber jetzt – vor dem Lunch – bin ich wieder fidel. Ich habe mich auch noch nie so gepflegt u so arbeitslos nur nach Wunsch und Behagen gelebt. Heute habe ich sogar eine Gardenia[12] gefunden und gekauft, deren Duft mich in beste Stimmung gebracht hat. Minna kennt die Blume, sie ist noch edler als die Datura[13]. So hoffe ich erfrischt und leistungsfähig zurück zu kommen, ich habe zum Siechen kein Talent, aber sei nicht erstaunt, wenn ich an Abkürzung nicht denke, sondern es machen will wie Ernst. Ich bleibe da – solange ich Geld habe.

Herzlichen Gruß an alle unsere Jungen u Alten

Dein Sigm

11 Freud hatte den größten Teil des Sommers 1911 im Hotel »Post« in Klobenstein bei Bozen verbracht, wo er mit der Familie seine Silberhochzeit feierte.

12 Gardenien mit ihren duftenden weißen Blüten gehörten zu Freuds Lieblingsblumen. Als er zum Beispiel im Mai 1934 Gardenien geschenkt bekam, war ihm das einen Eintrag in seine »Kürzeste Chronik« wert; vgl. Molnar (1996), S. 299.

13 Stechapfel mit trichter- oder trompetenförmigen Blüten.

147 Porta Pia

21. September 1912
Postkarte aus Rom an Sophie Freud

Rom 21. 9. 12

Meine liebe Sophie

Dank für Deinen Brief mit Einschlüssen. Ich glaube Du hast Dr Rie, der sich immer Sorgen macht, beruhigt. – Hier war gestern 9^{h}–11^{h} abds fürchterlicher Gewitterregen, den ich zu Hause genossen habe, darauf heute der herrlichste Tag mit wolkenlosem Himmel. Am Nachmittag waren wir bei der Feier der Einnahme Roms vor 42 Jahren an der Porta Pia.[14]

Herzliche Grüße an alle
Papa

14 Vgl. Fußnote 20, S. 217 f. dieses Buches

25. September 1912
Brief (2 S.) aus Rom an die Familie
Veröffentlicht in: Freud (1960a), S. 308

Rom, 25. 9. 12

Meine Theure

Eben den Brief erhalten, der die Heimkehr der Herren Söhne meldet und die Wünsche von zwei Patienten. Frau Dr Mannes[15] möchte in Wien ein verläßliches Kindsmädchen aufnehmen. Vielleicht kannst Du ihr an die Hand gehen.

Gestern ist Ferenczi nach Neapel, er kommt Freitag früh zurück u theilt dann meine Reise bis Udine. Ich genieße eine köstliche, etwas melancholische Einsamkeit, gehe in dem herrlichen Wetter viel spazieren, auf dem Palatin unter den Ruinen, in der Villa Borghese, einem riesigen Park, aber ganz römisch u besuche täglich den Moses in S. Pietro in Vincoli,[16] über den ich vielleicht einige Worte schreiben werde.[17] Bei völligem Wolbefinden u tiefem Schlaf freue ich mich endlich auf die Heimkehr u die Arbeit.

Heute habe ich einige kleine Einkäufe, hoffentlich zu allgemeiner Zufriedenheit erledigt.[18] Rom ist in dieser Hinsicht noch gefährlicher als München. Ich trage täglich eine Gardenia u spiele den reichen Mann, der seinen Passionen lebt. Der Ernst wird dann bald nachkommen. Jedenfalls war es sehr schön.

Ich hoffe Euch alle wol anzutreffen u grüße Euch herzlich

Papa

15 Patientin Freuds.

16 Vgl. Fußnote 24, S. 143 dieses Buches.

17 Vgl. Freud (1914b).

18 Freud erwarb u. a. Guglielmo Ferreros Buch »The women of the caesars« (Bibliothek des Freud Museums London).

Rom

9. bis 29. September 1913

Im Winter 1912/13 war Lou Andreas-Salomé für längere Zeit in Wien. Dieser Aufenthalt spielte für ihr Engagement für die Psychoanalyse und die langjährige Freundschaft mit Freud und seiner Tochter Anna eine entscheidende Rolle.[1] Im Januar 1913 heiratete seine Tochter Sophie, und im März fuhr Freud für eine knappe Woche mit seiner jüngsten Tochter Anna nach Venedig. Im Juni erschien »Totem und Tabu«, ein Werk, das die »Übereinstimmungen im Seelenleben der Wilden und der Neurotiker« behandelt.

Auch der Sommer wurde ereignisreich. Vom 13. Juli bis zum 11. August war er mit seiner Frau, seiner Schwägerin Minna und Tochter Anna in Marienbad (Villa »Turba«) zur Kur. Dort besuchte sie die Tochter Sophie mit ihrem Mann Max Halberstadt. Auch Max Eitingon[2] kam für einen Tag.

Vom 13. August bis zum 4. September machte Freud in San Martino di Castrozza (»Hotel des Alpes«) Urlaub. Zeitweise hielten sich auch Sándor Ferenczi und Karl Abraham hier auf.

Vom 5. bis 9. September fand in München der IV. Internationale Psychoanalytische Kongreß statt (Hotel »Bayrischer Hof«), auf dem es zum endgültigen Bruch mit Jung kam. Lou Andreas-Salomé, die gleichfalls an dem Kongreß teilnahm, machte Freud mit Rainer Maria Rilke bekannt.

Am 9. September reiste Freud über Bologna, wo Minna zu ihm stieß, nach Rom. Er wohnte wiederum im Hotel

1 Andreas-Salomé (1965).
2 Vgl. Fußnote 3, S. 209 dieses Buches.

»Eden«. An Karl Abraham schrieb er über seinen Aufenthalt: »Ich habe in dem unvergleichlich schönen Rom bald Stimmung und Arbeitslust wiedergefunden und in den freien Stunden zwischen Museen-, Kirchen- und Campagna-Besuchen eine Vorrede zum Buch über Totem und Tabu, eine Erweiterung des Vortrages auf dem Kongreß u eine Skizze eines Aufsatzes über Narzißmus fertig gebracht, überdies eine Korrektur meines Reklameartikels für die Scientia.«[3] Täglich besuchte er den Moses des Michelangelo in San Pietro in Vincoli. Ernest Jones gegenüber bekannte er, Rom gefalle ihm mit jedem Jahr besser.

Außer an Abraham und Jones schrieb Freud an Ferenczi, Alphons Maeder und seine Töchter Anna und Sophie. Wieso keine Briefe an seine Frau erhalten sind, ist nicht bekannt.

3 Freud (1965a), S. 146; Freud (1913j).

12. September 1913[4]
Brief (4 S.) aus Rom an Sophie und Max Halberstadt
Auf Briefpapier vom »Eden Hôtel Rome«

12. 9. 13

Meine lieben Kinder,

Da sind wir also in Rom, am zweiten Tag bei herrlichem Sommerwetter, fürstlich untergebracht, ganz ohne Geschäfte u hoffentlich auch Sorgen. Es war eine mühselige unendliche Fahrt von Bologna, wo wir zusammentrafen hieher, u gestern waltete ein bedeutender Scirocco in Rom, aber heute lohnt sich alles. Hoffentlich erweist sich der Ehrgeiz von Tante stark genug, um ihre Widerstandskraft bis zum erforderten Maß zu steigern. Ich versetze ihr die Neuheiten in bescheidenen Quantitäten. Vorläufig hat sie nur sehen wollen, was sie vor 30 Jahren schon gesehen hatte.

Natürlich müßt Ihr auch einmal hieher kommen, aber es eilt wirklich nicht; es wird mit den Jahren immer inhaltsreicher u Ihr seid vielleicht jetzt wirklich zu jung. Vorläufig muß Euch das eigene Heim mehr fesseln u interessiren als die schönste u ewigste Stadt.

Der Kongreß in München war diesmal nicht schön u sehr anstrengend. Amüsant war, daß ich Ernst eine Karte schicken konnte, auf der Rainer Maria Rilke unterschrieben war, den er so bewundert, nebst der Lou Salomé u Dr Hat-

4 Am 11. 9. hatte Freud an Ferenczi geschrieben: »Ankunft in Rom nach ewiger Fahrt 10 Minuten vor 12[h]. Heute heiß, sehr heiß, scirokkal, doch wird es sich bald ändern, da es schon seit drei Tagen anhält. Verschwindet gegen sonstigen Glanz und Schönheit. Herr Nistelweck, der Wirt, war unterdes als *Patient* bei Bircher, kennt mich daher, weiß auch schon, daß die Schweizer nicht mehr so recht glauben usw. Trevi und Moses noch nicht besucht«; Freud (1993b), S. 243. – Am 13. 9. schickte er an Karl Abraham eine Ansichtskarte mit dem Titusbogen; vgl. Freud (1965a), S. 145, und eine an Sándor Ferenczi mit der Moses-Statue des Michelangelo in der Kirche San Pietro in Vincoli; vgl. Freud (1993b), S. 244.

148 Piazza del Popolo mit dem Flaminischen Obelisken

tingberg[5], dem Mann einer Frau, mit der er sich in S. Vigilio angefreundet. Von den Bekannten waren natürlich auch viele Nachfragen nach Euch.

Unser nächster Nachbar hier, der uns ein Stück der schönsten Aussicht wegnimmt, ist Bülow mit seiner Villa Malta.[6] Eine herrliche Sonne strahlt aufs Papier während ich schreibe. Der einzige römische Bekannte, mein Antiquitätenlieferant Ettore Sandolo,[7] hat mich bereits auf der Straße begrüßt. In München hatte Gabai[8] nichts für mich; ein ein-

5 Hans Ritter von Hattingberg war Jurist und Mediziner; später Mitglied der Münchner psychoanalytischen Ortsgruppe; vgl. Mühlleitner (1992).

6 Vgl. Brief vom 16. September 1912 und Fußnote 9, S. 365 dieses Buches.

7 Freud war in vielen Städten Stammkunde bei den Antiquitätenhändlern, unter denen drei mit den Namen Fröhlich, Lustig und Glückselig waren.

8 Vermutlich ebenfalls ein Antiquitätenhändler.

ziges Stück habe ich in anderem Laden gekauft, Ich hatte vormittags 150^{Mk} für ein Consilium angenommen u die genirten mich natürlich. So habe ich jetzt Angst vor Eurem Mann in Hamburg, Sänger glaube ich.

Lebt wol, ich möchte direkt u hieher hören, daß Sophies Kopfschmerzen weggeblieben sind.

Herzlich gegrüßt von

Papa

13. September 1913
Ansichtskarte aus Rom an Anna Freud

13. 9. 13

Papa seiner zukünftigen Reisebegleiterin.

22. September 1913[9]
Ansichtskarte aus Rom
an Anna Freud (Abb. 149)

22. 9. 13

Liebe Anna

Überzeug' Dich einmal davon.

Papa

149 Wasserfälle in Tivoli

9 Gleichfalls am 22. 9. schickt er an Sándor Ferenczi eine Ansichtkarte aus Tivoli; vg. Freud (1993b), S. 247.

150 Tempel der Sibylle in Tivoli

22. September 1913
Ansichtskarte aus Rom
an Sophie und Max Halberstadt (Abb. 150)

22. 9. 13

Liebe Kinder,

Heute in Tivoli gewesen, dank für lieben Brief. Leute sehr fesch, Wetter herrl.

Gruß Papa

Rom

1. bis 21. September 1923

Ende Februar hatte Freud erste Zeichen einer Mundhöhlengeschwulst bei sich entdeckt. Anfang April bat er seinen Arzt Felix Deutsch, sich seinen Gaumen anzusehen. Obwohl Deutsch Krebsverdacht hatte, stellte er die Diagnose »Leukoplakie«, um Freud zu beruhigen.[1] Am 28. April konsultierte dieser den Rhinologen Markus Hajek, einen Schwager von Arthur Schnitzler, und den Dermatologen Maximilian Steiner. Er wurde von Hajek in dessen Klinik operiert.[2] In dieser angespannten Situation starb im Juni Freuds Enkel Heinele, der Sohn seiner 1920 gestorbenen Tochter Sophie. Diesen Verlust hat er nie verwunden.

Im Juli fuhr Freud für vier Wochen mit seiner Schwägerin Minna zur Kur nach Bad Gastein, anschließend für ein paar Tage an den Ossiacher See.[3] Den gesamten August verbrachte er in Lavarone (»Hôtel du Lac«), u. a. mit Ernstl, dem anderen Sohn von Sophie. Dort besuchte ihn auf Drängen seiner Tochter Anna Felix Deutsch. Am 26. August tagte das »Geheime Komitee«[4] im Castel Toblino, anschlie-

1 Deutsch (1973), S. 298 f.; Gay (1989), S. 470.

2 Deutsch (1973), S. 299 f.; Gay (1989), S. 471; Jones (1960–1962), Bd. 3, S. 113 f.; Romm (1983), S. 1.

3 Sigmund Freud–Familie Freud, 2. 7. 1923 (LoC); Jones (1960–1962), Bd. 3, S. 122; Freud (1993e), S. 526.

4 Eine Gruppe von Freuds engsten Schülern und Anhängern, die viele Jahre durch Rundbriefe miteinander korrespondierten und wesentlich die Politik der psychoanalytischen Bewegung bestimmten. Zu ihr gehörten neben Freud Sándor Ferenczi, Karl Abraham, Max Eitingon, Ernest Jones und Hanns Sachs; vgl. Wittenberger (1995); Wittenberger & Tögel (1999, 2001).

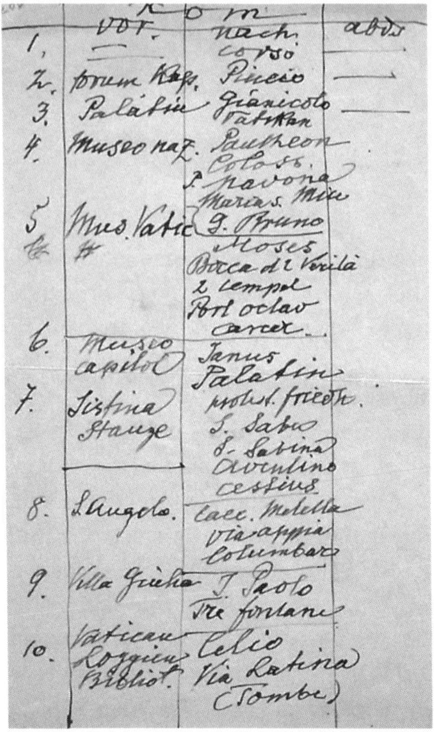

	Rom vor.	nach.	abds
1.	—	corso	—
2.	forum Kap.	Pincio	—
3.	Palatin	Gianicolo Vatikan	—
4.	Museo naz.	Pantheon Coloss. P. navona Maria s. Min	
5	Mus. Vatic	G. Bruno Moses Bocca d. Verità 2 tempel Port. octav. carcer	
6.	Museo capitol	Janus Palatin	
7.	Sistina Stanze	protest. friedh. S. Saba S. Sabina Aventino cestius	
8.	S. Angelo.	Caec. Metella via appia Columbar.	
9.	Villa Giulia	S. Paolo Tre fontane	
10.	Vatican Loggien Bibliot.	Celio Via Latina (Tombe)	

ßend in San Cristoforo, allerdings ohne Freud. Auf der letzten Sitzung erfuhren die Mitglieder von seiner Krebserkrankung.[5]

Am 1. September reiste er mit Anna über Verona nach Rom,[6] wo sie wieder im Hotel »Eden« wohnten.

Seine Frau hielt sich zu dieser Zeit im Kurort Meran in Südtirol auf.

Es war die letzte Urlaubsreise, die Freud unternahm, und der siebente Rom-Besuch. An Lou Andreas-Salomé schrieb er kurz nach seiner Ankunft: »So bin ich wieder in Rom und merke, es wird mir wohltun. Was für gute Gesellschaft meine kleine Tochter ist, merke ich erst hier.«[7]

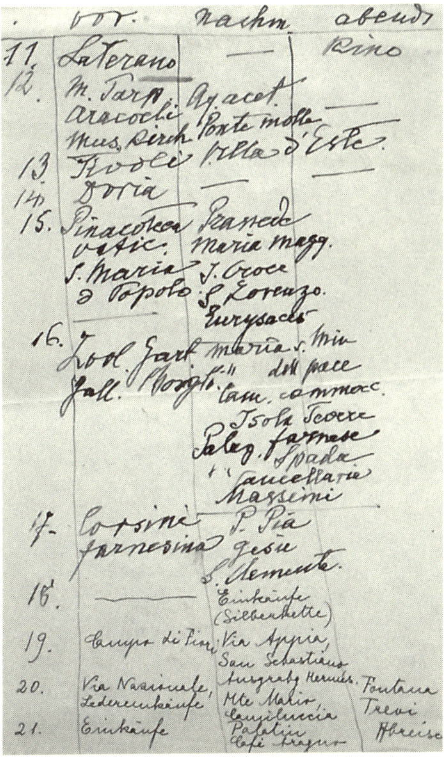

151 »Reisekalender« des letzten Rom-Besuchs

Leider sind von diesem längsten aller Rom-Besuche nur wenige Briefe erhalten. Dafür existiert aber eine Art Reisekalender, in den Freud (und an den letzten drei Tagen seine Tochter) in Stichworten ihre Unternehmungen festhielten. Es ist somit die einzige Reise, von der wir den lückenlosen Ablauf jeden Tages kennen.

5 Freud (1966a), S. 139; Freud, W. Ernest (1990), S. 201; Gay (1989), S. 476 f.; Jones (1960–1962), Bd. 3, S. 73 f., 116, 123.

6 Im Zug bekam Freud eine starke Blutung im Mund.

7 Freud (1966a), S. 139.

Transkription des »Reisekalenders«

Rom

	vor.	nach	abds
1.	–	Corso	–
2.	Forum, Kap[itol]	Pincio	–
3.	Palatin	Gianicolo	–
		Vatikan	
4.	Museo Naz.	Pantheon	
		Coloss.	
		P[iazza] Navona	
		Maria s[opra] Min[erva]	
		G. Bruno	
5.	Mus. Vatic	Moses	
		Bocca d[ella] Verità	
		2 Tempel	
		Port[ikus der] Octav[ia]	
		Carcer	
6.	Museo	Janus	
	Capitol	Palatin	
7.	Sistina	protest. Friedh.	
	Stanze	S. Sabeo	
		S. Sabina	
		Aventino	
		Cestius	
8.	S. Angelo	Caec. Metella	
		Via Appia	
		Columbar[ium]	
9.	Villa Giulia	S. Paolo	
		Tre fontane	
10.	Vatican	Celio	
	Loggien	Via Latina	
	Bibliot.	(Tombe)	

	vor.	nachm	abends
11.	Laterano	–	Kino
12.	M[onte] Tarp[eo]	Aq[ua] Acet[osa]	–
	Aracoeli	–	–
	Mus. Kirch.	Ponte molle	
13.	Tivoli	Villa d'Este	
14.	Doria	–	–
15.	Pinacoteca	Prassede	
	vatic.	Maria Magg[iore]	
	S. Maria	S. Croce	
	d[el] Popolo	S. Lorenzo	
		Eurysaces	
16.	Zool. Gart.	Maria s[opra] Min[erva]	
	Gall. Borgh.	" dell[a] Pace	
		Cam[era] commerc[iale]	
		Isola Tevere	
		Palaz. Farnese	
		" Spada	
		Cancellaria	
		Massimi	
17.	Corsini	P. Pia	
	Farnesina	Gesù	
		S. Clemente	
		[in Anna Freuds Schrift:]	
18.		Einkäufe	
		(Silberkette)	
19.	Campo di Fiori	Via Appia,	
		San Sebastiano	
		Ausgrabg. Hermes	
20.	Via Nazionale,	Mte Mario	Fontana Trevi
	Ledereinkäufe	Camiluccia	
21.	Einkäufe	Palatin	
		Café Aragno	Abreise

152 Das Monument Vittorio Emanuele II

1. September 1923
Ansichtskarte aus Rom an Mathilde und
Robert Hollitscher (Abb. 152)

Eden Hotel 1. 9. 23

Zwei eben angekommen grüßen herzlich
Papa

10. September 1923
Postkarte aus Rom an Ernst Freud

Rom 10. 9. 23

Lieber Ernst,

Brief erhalten, gleichzeitig Karte von Oli nach Henny's[8] Abreise. Es geht uns hier sehr gut, wir dürften bis 20ten bleiben. Rom ist theuer u geräuschvoller, alles Schöne ist schön geblieben. Hast Du Gelegenheit, die Bardas zu sprechen? Ich habe ihr eine Karte geschrieben.

Herzl Grüße für Dich, Lux[9] u die Kinder
Papa

8 Henny Fuchs hatte am 10. April Freuds Sohn Oliver geheiratet.
9 Lucie (Lux) Brasch war seit 1920 mit Freuds Sohn Ernst verheiratet.

11. September 1923
Brief (2 S.) aus Rom an die Familie
Auf Freuds Briefpapier

Rom 11. 9. 23

Meine Lieben

Euer Reiseprojekt hat nicht unseren Beifall. Wir haben eine einfache glänzende Rückreise von $8^{h}35$ ab bis übernächsten Morgen im selben Schlafcoupé über Tarvis[10], hatten uns schon ein solches vor Eurem Brief bestellt (vom 19–21, je nachdem es zu haben ist) u denken, daß gegen solche Vorteile auch die Rücksichten der Familienzärtlichkeit zurücktreten sollen. Was eine Reise ohne sichere Plätze ist, haben wir auf dem Herweg erfahren u von Meran aus könnten wir doch nicht drei im selben Abteil reisen. Ich werde Euch ein Wort telegraphiren, sobald wir das Datum des Reisetages kennen.

Wetter, Befinden, alles andere unverändert schön. Von Alex gestern ein Telegramm wie lange wir bleiben. Ich glaube, es ist zu spät für ihn herzukommen. Von Oli Karte, daß er Henny glücklich nach Stuttgart gebracht u heute von ihr Nachricht: Kurhotel Solitude bei Stuttgart. Ferner ein Brief von Eitingon vor seiner Abreise nach Paris – Biarritz.

Mit Einkäufen wird es Schwierigkeiten haben. Anna hat die Bekanntschaft der Tochter des Hauses[11] gemacht, geht heute mit ihr aus u wird vielleicht einige Winke bekommen.

Das Geld geht auch im Hotel u auf Wagenfahrten auf.

Es freut uns sehr zu hören, daß es Euch in Meran so gut geht. Wir habe es alle nötig gehabt.

Mit herzlichsten Grüßen

Papa

10 Bahnstation der italienischen Paß- und Zollabfertigung.

11 Die Tochter des deutschen Hotelteilhabers Nistelweck.

16. September 1923
Postkarte aus Rom an die Familie

Rom 16. 9. 23

Meine Lieben,

Es sind unsere letzten Tage. Um den Abschied zu erleichtern, ist heute wieder Scirocco u die Kieferreaktionen[12] belästigen mich mehr denn je. Anna ist kreuzfidel, hat heute sogar eine Operette versucht. Teirich schreibt, daß die Verhandlung gegen Ernst H. am 19 stattfindet.[13] Hoffe Ihr seid beide wol.

Herzlich
Papa

12 Schmerzen im Zusammenhang mit seiner beginnenden Krebserkrankung im Gaumenbereich.

13 Der Rechtsanwalt Valentin Teirich war von Freud beauftragt worden, den Sohn eines seiner ehemaligen Dienstmädchen zu verteidigen. Dieser hatte auf seinen Vater geschossen, als der seine Halbschwester vergewaltigen wollte. Freud übernahm die Anwaltskosten, der Angeklagte wurde freigesprochen; vgl. Jones (1960–1962), Bd. 3, S. 112.

Anhang

Zu dieser Ausgabe

Zu Beginn der Arbeit stand selbstverständlich die Frage: Welche Briefe von welchen Reisen nehmen wir in die vorliegende Auswahl auf? Am einfachsten schien zunächst eine rein chronologische Lösung, d. h. alle Briefe zu berücksichtigen, die Freud von seinen Reisen an die Familie, an Kollegen und Patienten geschrieben hat. Dabei ergab sich jedoch eine Reihe von Fragen: Was ist mit den Briefen, die Freud von unterwegs an Kollegen oder Patienten richtete, die aber gar nichts mit der jeweiligen Reise zu tun haben? Gehören seine Kuraufenthalte in Karlsbad und Bad Gastein in diesen Umkreis? Oder die Fahrten nach Berlin zur Anpassung der Kieferprothesen, die infolge der Krebsoperationen immer wieder nötig wurden? Und wie verhält es sich mit Freuds Teilnahme an wissenschaftlichen Kongressen?

Bald schon stand fest, daß wir uns auf die Reisen konzentrierten, die Freud zu seinem Vergnügen und zur Erholung unternahm und in deren Verlauf er Orte, Landschaften und Länder erkundete. Im wesentlichen waren das Rundreisen und keine Fahrten an einen bestimmten Ort.

Bis 1894 dienten alle seine Unternehmungen mehr oder weniger einem bestimmten Zweck, und der hedonistische Aspekt war allenfalls ein angenehmer Nebeneffekt. Die Reise nach England im Jahre 1875 galt in erster Linie den in Manchester lebenden Halbbrüdern Philipp und Emanuel, die Aufenthalte in Paris 1885/86 und 1889 waren der beruflichen Weiterbildung gewidmet, und für die Kurzbesuche bei seiner künftigen Frau Martha in Hamburg war die lange

Fahrt eher unangenehmes Beiwerk. Seine letzte große Reise führte ihn – gemeinsam mit seiner Tochter Anna – im Spätsommer 1923 nach Rom, nur wenige Wochen nachdem seine Krebserkrankung diagnostiziert worden war. Der Krebs und der dadurch notwendige ständige Kontakt mit Ärzten hinderten Freud von da ab, weitere »Vergnügungsreisen« zu unternehmen.

Ein weiteres Auswahlkriterium betraf die Adressaten. Aufgenommen wurden nur Briefe, die Freud an seine Frau und seine Familie gerichtet hatte. Dafür waren vor allem zwei Gründe ausschlaggebend. Erstens existiert im Freud Museum in London eine von Anna Freud angelegte Mappe mit der Aufschrift »Reisebriefe«, die alle an die Familie gerichtet sind. Und zweitens haben diese Briefe eher den Charakter von Reiseberichten als die Schreiben, die Freud von unterwegs an Kollegen oder Patienten schickte.

Aus folgenden Jahren wurden keine Briefe aufgenommen:

1899 Sommerurlaub in Berchtesgaden; Freud arbeitet an der »Traumdeutung«.

1906 Sommerurlaub in Lavarone; Freuds Sohn Martin beschreibt in seinem Buch »Glory Reflected« einen dramatischen Ausflug, den er von dort aus mit seinem Vater unternommen hatte.[1]

1911 Kuraufenthalt in Karlsbad, anschließend trifft sich die Familie in Klobenstein (Südtirol) zur Feier der Silbernen Hochzeit.

1914 Kuraufenthalt in Karlsbad.

1915 Kuraufenthalt in Karlsbad, anschließend Sommerurlaub in Schönau bei Berchtesgaden.

1916 Kuraufenthalt in Bad Gastein, anschließend Aufenthalt in Salzburg.

1 Freud, Martin (1957), S. 126 ff.; vgl. auch Jones (1960–1962), Bd. 2, S. 41; außerdem existiert ein Brief an Emma Eckstein vom 4. 6. 1906 (LoC).

1917 Sommerurlaub in Csorbato (Hohe Tatra).

1918 Sommerurlaub in Csorbato und Lomnicz (Hohe Tatra).

1919 Kuraufenthalt in Bad Gastein, anschließend Sommerurlaub in Badersee bei Garmisch-Partenkirchen.

1920 Kuraufenthalt in Bad Gastein; im Anschluß an den Internationalen Psychoanalytischen Kongreß in Den Haag unternahmen Freud und seine Tochter Anna eine Reise durch Holland, von der keine Briefe überliefert sind.

1921 Kuraufenthalt in Bad Gastein.

1922 Kuraufenthalt in Bad Gastein.

Der Abdruck der Briefe folgt in Orthographie und Interpunktion der Handschrift, ausgenommen offenkundige Versehen, die stillschweigend berichtigt wurden. Freuds zahlreiche Abkürzungen sind im jeweiligen Briefkopf und in der Grußformel ebenso beibehalten wie gängige Abkürzungen wie d. h., z. B., usw., sog., abds., Min., St., Sept., Okt. Hingegen wurden Wortverkürzungen innerhalb der Briefe wie Telegr., amerikan., elektr. u. ä. ohne Kennzeichnung aufgelöst. Verschliffene Endsilben (Vorstellung > Vorstellg, Besteigung > Besteigg) blieben unberücksichtigt. Unterstreichungen erscheinen in kursiver Schrift Auch die Wiedergabe der wenigen bereits veröffentlichten Reisebriefe basiert auf der Handschrift.

Wir danken allen, die uns bei der Vorbereitung der Ausgabe unterstützten: An erster Stelle den Mitarbeiterinnen des Aufbau-Verlages Magdalena Frank und Johanna Rennert-Mönch, die den Band mit großem Engagement begleiteten. Besonderer Dank gebührt Michael Schröter und Gerhard Fichtner, mit denen wir problematische Lesungen besprechen konnten. Albrecht Hirschmüller, der die Edition des Briefwechsels zwischen Freud und Minna Bernays vorbereitet, gestattete uns auf großzügige Weise den Abdruck der

Briefe von und an Minna Bernays. Unser Dank gilt ferner Peter Swales und Richard Skues sowie Mitarbeitern der Manuscript Division der Library of Congress, besonders Marvin Kranz und Fred Baumann, dem Freud Museum London, dem Thomas Cook Archives in London sowie dem Sigmund-Freud-Zentrum in Uchtspringe.

Uchtspringe / London, im Herbst 2001
Christfried Tögel / Michael Molnar

Freuds Karten und Briefe im Überblick

*Die mit * gekennzeichneten Briefe und Karten sind bereits ganz oder teilweise veröffentlicht.*

Datum	Empfänger	Absendeort	Art des Schriftstücks
25. 8. 1895	Martha Freud	Venedig	Postkarte
26. 8. 1895	Martha Freud	Venedig	Postkarte
27. 8. 1895	Martha Freud	Venedig	Briefkarte*
28. 8. 1895	Martha Freud	Venedig	Postkarte
29. 8. 1895	Martha Freud	Venedig	Briefkarte
29. 8. 1895	Martha Freud	Venedig	Postkarte
30. 8. 1895	Martha Freud	Venedig	Postkarte
26. 8. 1896	Martha Freud	Salzburg	Postkarte
30. 8. 1896	Martha Freud	Steinach	Postkarte
30. 8. 1896	Martha Freud	Venedig	Postkarte
31. 8. 1896	Martha Freud	Venedig	Postkarte
31. 8. 1896	Martha Freud	Padua	Postkarte
1. 9. 1896	Martha Freud	Bologna	Postkarte
2. 9. 1896	Martha Freud	Bologna	Postkarte
3. 9. 1896	Martha Freud	Ravenna	Postkarte
3. 9. 1896	Martha Freud	Faenza	Postkarte
4. 9. 1896	Martha Freud	Florenz	Postkarte
5. 9. 1896	Martha Freud	Florenz	Postkarte
5. 9. 1896	Martha Freud	Florenz	Postkarte
6. 9. 1896	Martha Freud	Florenz	Postkarte
6. 9. 1896	Martha Freud	Florenz	Postkarte
7. 9. 1896	Martha Freud	Florenz	Brief
8. 9. 1896	Martha Freud	Florenz	Postkarte
9. 9. 1896	Martha Freud	Florenz	Postkarte
10. 9. 1896	Martha Freud	Florenz	Postkarte
3. 9. 1897	Martha Freud	Venedig	Postkarte
3. 9. 1897	Martha Freud	Venedig	Postkarte
4. 9. 1897	Martha Freud	Pisa	Postkarte

Datum	Empfänger	Absendeort	Art des Schriftstücks
4. 9. 1897	Martha Freud	Livorno	Postkarte
5. 9. 1897	Martha Freud	Siena	Postkarte
6. 9. 1897	Martha Freud	Siena	Postkarte
7. 9. 1897	Martha Freud	Siena	Postkarte
8. 9. 1897	Martha Freud	Siena	Postkarte
8. 9. 1897	Martha Freud	San Gimignano	Postkarte
9. 9. 1897	Martha Freud	Orvieto	Postkarte
9. 9. 1897	Martha Freud	Bolsena	Postkarte
10. 9. 1897	Martha Freud	Spoleto	Postkarte
11. 9. 1897	Martha Freud	Assisi	Postkarte
12. 9. 1897	Martha Freud	Perugia	Postkarte
13. 9. 1897	Martha Freud	Perugia	Postkarte
13. 9. 1897	Martha Freud	Perugia	Postkarte
15. 9. 1897	Martha Freud	Florenz	Postkarte
15. 9. 1897	Martha Freud	Florenz	Postkarte
16. 9. 1897	Martha Freud	Florenz	Postkarte
4. 8. 1898	Martha Freud	Bischofshofen	Postkarte
4. 8. 1898	Martha Freud	München	Postkarte
5. 8. 1898	Martha Freud	Kufstein	Postkarte
6. 8. 1898	Martha Freud	Landeck	Brief
9. 8. 1898	Martha Freud	Bormio	Postkarte
10. 8. 1898	Martha Freud	Leprese	Brief
12. 8. 1898	Martha Freud	Pontresina	Brief
13. 8. 1898	Martha Freud	Maloja	Postkarte
7. 9. 1898	Minna Bernays	Ragusa	Ansichtskarte
9. 9. 1898	Minna Bernays	Spalato	Ansichtskarte
13. 9. 1898	Martha Freud	Brescia	Postkarte
14. 9. 1898	Martha Freud	Mailand	Postkarte
15. 9. 1898	Martha Freud	Mailand	Brief
17. 9. 1898	Martha Freud	Bergamo	Postkarte
1. 9. 1900	Martha Freud	Lavarone	Brief
5. 9. 1900	Martha Freud	Riva	Brief
1. 9. 1901	Martha Freud	Trento	Postkarte
2. 9. 1901	Martha Freud	Rom	Postkarte
3. 9. 1901	Martha Freud	Rom	Postkarte
4. 9. 1901	Martha Freud	Rom	Postkarte

Datum	Empfänger	Absendeort	Art des Schriftstücks
5. 9. 1901	Martha Freud	Rom	Postkarte
5. 9. 1901	Martha Freud	Rom	Postkarte
6. 9. 1901	Martha Freud	Rom	Postkarte
6. 9. 1901	Martha Freud	Rom	Postkarte
7. 9. 1901	Martha Freud	Rom	Postkarte
7. 9. 1901	Martha Freud	Rom	Postkarte
8. 9. 1901	Martha Freud	Tivoli	Postkarte
9. 9. 1901	Martha Freud	Rom	Postkarte
10. 9. 1901	Martha Freud	Rom	Postkarte
11. 9. 1901	Martha Freud	Rom	Postkarte
12. 9. 1901	Martha Freud	Rom	Postkarte
12. 9. 1901	Martha Freud	Rom	Postkarte
26. 8. 1902	Minna Bernays	Rosenheim	Postkarte
27. 8. 1902	Minna Bernays	Bozen	Postkarte
28. 8. 1902	Minna Bernays	Trento	Postkarte
28. 8. 1902	Minna Bernays	Venedig	Postkarte
29. 8. 1902	Minna Bernays	Bologna	Postkarte
30. 8. 1902	Martha Freud	Rom	Postkarte
31. 8. 1902	Martha Freud	Neapel	Postkarte
31. 8. 1902	Martha Freud	Neapel	Postkarte
1. 9. 1902	Martha Freud	Neapel	Postkarte
1. 9. 1902	Minna Freud	Neapel	Postkarte
2. 9. 1902	Martha Freud	Sorrent	Postkarte
3. 9. 1902	Familie Freud	Sorrent	Brief*
4. 9. 1902	Martha Freud	Sorrent	Brief
5. 9. 1902	Martha Freud	Sorrent	Postkarte
6. 9. 1902	Martha Freud	Sorrent	Brief
7. 9. 1902	Martha Freud	Capri	Postkarte
8. 9. 1902	Familie Freud	Sorrent	Postkarte
12. 9. 1902	Martha Freud	Neapel	Postkarte
13. 9. 1902	Martha Freud	Neapel	Postkarte
16. 9. 1903	Martha Freud	Meran	Brief
28. 8. 1904	Martha Freud	Salzburg	Postkarte
28. 8. 1904	Martha Freud	Graz	Postkarte
29. 8. 1904	Martha Freud	Triest	Postkarte
29. 8. 1904	Martha Freud	Opicina	Postkarte

Datum	Empfänger	Absendeort	Art des Schriftstücks
29. 8. 1904	Martha Freud	Triest	Postkarte
29. 8. 1904	Martha Freud	Miramare	Postkarte
30. 8. 1904	Martha Freud	Triest	Postkarte
31. 8. 1904	Martha Freud	An Bord der »Urano«	Postkarte
1. 9. 1904	Familie Freud	An Bord der »Urano«	Brief
1. 9. 1904	Martha Freud	Korfu	Ansichtskarte
2. 9. 1904	Martha Freud	An Bord der »Urano«	Postkarte
2. 9. 1904	Familie Freud	An Bord der »Urano«	Brief
3. 9. 1904	Martha Freud	Athen	Postkarte
4. 9. 1904	Martha Freud	Athen	Postkarte
5. 9. 1904	Martha Freud	Athen	Postkarte
5. 9. 1904	Martha Freud	Athen	Postkarte
6. 9. 1904	Martha Freud	Athen	Postkarte
6. 9. 1904	Martha Freud	Patras	Ansichtskarte
4. 9. 1905	Martha Freud	Innsbruck	Postkarte
4. 9. 1905	Martha Freud	Bozen	Postkarte
4. 9. 1905	Anna Freud	Bozen	Ansichtskarte
5. 9. 1905	Martha Freud	Verona	Postkarte
7. 9. 1905	Rosa Freud	Bellagio	Ansichtskarte
7. 9. 1905	Martha Freud	Bellagio	Postkarte
8. 9. 1905	Martha Freud	Bellagio	Postkarte
9. 9. 1905	Martha Freud	Isola dei Pescatori	Postkarte
10. 9. 1905	Martha Freud	Pallanza	Postkarte
10. 9. 1905	Martha Freud	Baveno	Postkarte
11. 9. 1905	Martha Freud	Stresa	Postkarte
12. 9. 1905	Martha Freud	Mailand	Postkarte
13. 9. 1905	Martha Freud	Genua	Postkarte
13. 9. 1905	Martha Freud	Genua	Ansichtskarte
17. 9. 1905	Alexander Freud	Rapallo	Brief*
19. 9. 1905	Martha Freud	Genua	Postkarte

Datum	Empfänger	Absendeort	Art des Schriftstücks
12. 9. 1907	Martha Freud	Bozen	Postkarte
13. 9. 1907	Martha Freud	Bozen	Postkarte
15. 9. 1907	Martha Freud	Florenz	Postkarte
16. 9. 1907	Martha Freud	Florenz	Postkarte
17. 9. 1907	Familie Freud	Rom	Postkarte
17. 9. 1907	Familie Freud	Rom	Brief
18. 9. 1907	Familie Freud	Rom	Postkarte
19. 9. 1907	Familie Freud	Rom	Postkarte
19. 9. 1907	Mathilde Freud	Rom	Postkarte
20. 9. 1907	Mathilde Freud	Rom	Postkarte
21. 9. 1907	Familie Freud	Rom	Brief*
21. 9. 1907	Martha Freud	Rom	Postkarte*
22. 9. 1907	Familie Freud	Rom	Brief*
22. 9. 1907	Mathilde Freud	Rom	Postkarte
23. 9. 1907	Familie Freud	Rom	Postkarte*
23. 9. 1907	Martha Freud	Rom	Postkarte
24. 9. 1907	Familie Freud	Rom	Brief*
24. 9. 1907	Martha Freud	Rom	Briefkarte*
24. 9. 1907	Mathilde Freud	Rom	Postkarte
25. 9. 1907	Martha Freud	Rom	Postkarte
25. 9. 1907	Martha Freud	Rom	Postkarte
4. 9. 1908	Anna Freud	Blackpool	Ansichtskarte
5. 9. 1908	Mathilde Freud	Southport	Postkarte
5. 9. 1908	Familie Freud	St. Anne's	Brief
7. 9. 1908	Familie Freud	St. Anne's	Brief
10. 9. 1908	Familie Freud	London	Brief
12. 9. 1908	Familie Freud	London	Brief
13. 9. 1908	Mathilde Freud	London	Ansichtskarte
13. 9. 1908	Familie Freud	London	Brief
14. 9. 1908	Martha Freud	London	Brief
18. 9. 1908	Martha Freud	Zürich	Brief
19. 9. 1908	Marie Freud	Zürich	Postkarte
20. 9. 1908	Familie Freud	Zürich	Brief
23. 9. 1908	Martha Freud	Salò	Brief
23. 9. 1908	Mathilde Freud	Salò	Ansichtskarte
24. 9. 1908	Sophie Freud	Salò	Ansichtskarte
25. 9. 1908	Familie Freud	Salò	Brief*

Datum	Empfänger	Absendeort	Art des Schrift-stücks
25. 9. 1908	Familie Freud	Salò	Postkarte
19. 8. 1909	Martha Freud	Oberammergau	Postkarte
19. 8. 1909	Martha Freud	München	Postkarte
20. 8. 1909	Martha Freud	Bremen	Postkarte
20. 8. 1909	Martha Freud	Bremen	Postkarte
21. 8. 1909	Martha Freud	Bremen	Ansichtskarte
21. 8. 1909	Rosa Graf	Bremen	Ansichtskarte
21. 8. 1909	Mathilde und Robert Hollitscher	Bremen	Ansichtskarte
21. 8. 1909	Moritz Freud	London	Ansichtskarte
22. 8. 1909	Familie Freud	An Bord der »George Washington«	Brief Reisejournal
30. 8. 1909	Familie Freud	New York	Brief
30. 8. 1909	Martha Freud	New York	Ansichtskarte
31. 8. 1909	Familie Freud	New York	Brief
2./3. 9. 1909	Familie Freud	New York	Brief
5. 9. 1909	Familie Freud	Worcester	Postkarte
ca. 11. 9. 1909	Familie Freud	Worcester	Telegramm
13. 9. 1909	Martin Freud	Buffalo	Postkarte
13. 9. 1909	Oliver Freud	Buffalo	Postkarte
13. 9. 1909	Ernst Freud	Buffalo	Postkarte
13. 9. 1909	Sophie Freud	Niagara Falls	Ansichtskarte
15. 9. 1909	Ernst Freud	Lake Placid	Postkarte
16. 9. 1909	Familie Freud	Keene Valley	Brief
19. 9. 1909	Mathilde Freud	New York	Klappansichtskarte
20. 9. 1909	Familie Freud	New York	Telegramm
20. 9. 1909	Martha Freud	New York	Ansichtskarte
23. 9. 1909	Mathilde Hollitscher	An Bord der »Kaiser Wilhelm der Große«	Brief
24. 9. 1909	Familie Freud	An Bord der »Kaiser Wilhelm der Große«	Brief
26. 9. 1909	Familie Freud	An Bord der »Kaiser Wilhelm der Große«	Brief

Datum	Empfänger	Absendeort	Art des Schriftstücks
27. 9. 1909	Familie Freud	An Bord der »Kaiser Wilhelm der Große«	Brief
17. 7. 1910	Martha Freud	Den Haag	Brief
17. 7. 1910	Sophie Freud	Den Haag	Ansichtskarte
18. 7. 1910	Martha Freud	Den Haag	Brief
20. 7. 1910	Martha Freud	Den Haag	Brief
20. 7. 1910	Mathilde Hollitscher	Den Haag	Ansichtskarte
21. 7. 1910	Mathilde und Robert Hollitscher	Den Haag	Brief
22. 7. 1910	Martha Freud	Den Haag	Brief
24. 7. 1910	Mathilde Freud	Den Haag	Brief
29. 7. 1910	Familie Freud	Den Haag	Brief
31. 8. 1910	Familie Freud	Paris	Ansichtskarte
4. 9. 1910	Sophie Freud	Fiesole	Ansichtskarte
4. 9. 1910	Martha Freud	Florenz	Brief
5. 9. 1910	Martha Freud	Florenz	Postkarte
6. 9. 1910	Martha Freud	Rom	Brief
7. 9. 1910	Martha Freud	Rom	Postkarte
8. 9. 1910	Martha Freud	Neapel	Postkarte
8. 9. 1910	Familie Freud	An Bord der »Siracusa«	Postkarte
9. 9. 1910	Martha Freud	Palermo	Brief
10. 9. 1910	Martha Freud	Palermo	Postkarte
10. 9. 1910	Anna Freud	Palermo	Ansichtskarte
10. 9. 1910	Sophie Freud	Palermo	Postkarte
11. 9. 1910	Martha Freud	Palermo	Brief
13. 9. 1910	Martha Freud	Alcamo-Calatafimi	Postkarte
14. 9. 1910	Alexander Freud	Selinunte	Ansichtskarte
14. 9. 1910	Oliver Freud	Selinunte	Ansichtskarte
14. 9 .1910	Martha Freud	Palermo	Postkarte
15. 9. 1910	Martha Freud	Palermo	Postkarte
15. 9. 1910	Martha Freud	Palermo	Brief *
16. 9. 1910	Martin Freud	Girgenti	Ansichtskarte
16. 9. 1910	Sophie Freud	Girgenti	Ansichtskarte

Datum	Empfänger	Absendeort	Art des Schriftstücks
17. 9. 1910	Familie Freud	Syrakus	Postkarte
18. 9. 1910	Familie Freud	Syrakus	Brief*
18. 9. 1910	Anna Freud	Syrakus	Brief
19. 9. 1910	Martha Freud	Syrakus	Ansichtskarte
19. 9. 1910	Martha Freud	Syrakus	Postkarte
19. 9. 1910	Martha Freud	Syrakus	Postkarte
22. 9. 1910	Martha Freud	Rom	Postkarte
23. 9. 1910	Martha Freud	Rom	Postkarte
16. 9. 1912	Familie Freud	Rom	Brief
17. 9. 1912	Sophie und Max Halberstadt	Rom	Ansichtskarte
20. 9. 1912	Martha Freud	Rom	Brief*
21. 9. 1912	Sophie Freud	Rom	Postkarte
25. 9. 1912	Familie Freud	Rom	Brief*
12. 9. 1913	Sophie und Max Halberstadt	Rom	Brief
13. 9. 1913	Anna Freud	Rom	Ansichtskarte
22. 9. 1913	Anna Freud	Rom	Ansichtskarte
22. 9. 1913	Sophie und Max Halberstadt	Rom	Ansichtskarte
1. 9. 1923	Mathilde und Robert Hollitscher	Rom	Ansichtskarte
10. 9. 1923	Ernst Freud	Rom	Postkarte
11. 9. 1923	Familie Freud	Rom	Brief
16. 9. 1923	Familie Freud	Rom	Postkarte

Literaturverzeichnis

Abraham, Hilda

1976 Karl Abraham. Sein Leben für die Psychoanalyse. München: Kindler 1976.

Andreas-Salomé, Lou

1965 In der Schule bei Freud. Tagebuch eines Jahres 1912/1913. München: Kindler 1965.

Anzieu, Didier

1990 Freuds Selbstanalyse und die Entdeckung der Psychoanalyse. 2 Bände, München/Wien: Verlag Internationale Psychoanalyse 1990.

Appignanesi, Lisa & Forrester, John

1994 Die Frauen Sigmund Freuds. München/Leipzig: List Verlag 1994.

Beltrami, Luca

1895 La Certosa di Pavia. Milano: U. Hoepli 1895.

Bernays, Edward

1980 Uncle Sigi. In: Journal of the History of Medicine and Allied Sciences, 35 (1980), S. 216–220.

Billinsky, John

1969 Jung and Freud (the End of a Romance). Andover Newton Quarterly, 10 (1969), S. 39–43.

Brein, Friedrich (Hg.)

1998 Emanuel Löwy: Ein vergessener Pionier. Katalog der archäologischen Sammlung der Universität Wien, Sonderheft 1. Wien: Club der Universität Wien, 1998

Burckhardt, Jacob

1985 Weltgeschichtliche Betrachtungen. Historische Fragmente. Leipzig: Dieterich'sche Verlagsbuchhandlung 1985.

Cellini, Benvenuto

1818 Leben des Benvenuto Cellini's, florentinischen Goldschmied und Bildhauers: von ihm selbst geschrieben. Übersetzt und hrsg. von J. W. von Goethe. 2 Bände, Stuttgart/Tübingen: Cotta 1818.

Clark, Ronald
1985 Sigmund Freud. Leben und Werk. Frankfurt am Main: Fischer Taschenbuch 1985.
Deutsch, Felix
1973 Reflections on Freud's One Hundredth Birthday. In: Ruitenbeek, Hendrik (Ed.), Freud as we knew him. Detroit: Wayne State University Press 1973, S. 297–305.
Ehrmann, Salomon
1926 Meine persönlichen Beziehungen zu Sigmund Freud. In: B'nai B'rith Mitteilungen für Österreich, 26 (1926), H. 5, S. 132–135.
Freud, Alexander
1897 Eisenbahn-Stationsverzeichnis zu Artaria's Eisenbahn- und Post-Communications-Karte von Oesterreich-Ungarn. Wien: Artaria & Co. 1897.
Freud, Martin
1957 Glory Reflected. Sigmund Freud – Man and Father. London et al.: Angus and Robertson 1957.
1970 Who was Freud. In: Fraenkel, Josef (Ed.), The Jews of Austria. London 1970.
Freud, Sigmund
1891a Klinische Studie über die halbseitige Cerebrallähmung der Kinder. Wien: 1891 (Beiträge zur Kinderheilkunde, Heft 3).
1896c Zur Ätiologie der Hysterie. Vortrag, gehalten im Verein für Psychiatrie und Neurologie in Wien am 2. Mai 1896. GW 1, 425–459.
1898b Zum psychischen Mechanismus der Vergeßlichkeit. GW 1, S. 519–527.
1900a Die Traumdeutung. GW 2/3.
1901b Zur Psychopathologie des Alltagslebens (Über Vergessen, Versprechen, Vergreifen, Aberglaube und Irrtum). Frankfurt am Main: Fischer Taschenbuch-Verlag 1989. GW 4.
1905c Der Witz und seine Beziehung zum Unbewußten. GW 6.
1905d Drei Abhandlungen zur Sexualtheorie. GW 5, S. 25–145.
1905e Bruchstück einer Hysterie-Analyse. GW 5, S. 161–286.
1906f Antwort auf eine Rundfrage (Vom Lesen von guten Büchern). GW Nachtragsband, S. 662–664.
1907a Der Wahn und die Träume in W. Jensens »Gradiva«. GW 7, S. 289–122.
1908c Über infantile Sexualtheorien. GW 7, S. 171–188.
1908d Die »kulturelle« Sexualmoral und die moderne Nervosität, GW 7, S. 143–167.

1908e Der Dichter und das Phantasieren. GW 7, S. 213–223.
1909a Allgemeines über den hysterischen Anfall. GW 7, S. 235–240.
1909b Analyse der Phobie eines fünfjährigen Knaben. GW 7, S. 241 bis 377.
1909f Interview von Adelbert Albrecht. In: Prof. Sigmund Freud, Boston Evening Transcript, Sept. 11, 1909.
1910d Die zukünftigen Chancen der psychoanalytischen Therapie. GW 8, S. 104–115.
1911c Psychoanalytische Bemerkungen über einen autobiographisch beschriebenen Fall von Paranoia (Dementia paranoides). GW 8, S. 239–316.
1913j Das Interesse an der Psychoanalyse. GW 8, S. 389–420.
1914b Der Moses des Michelangelo. GW 10, S. 172–201.
1914d Zur Geschichte der psychoanalytischen Bewegung. GW 10, S. 43–113.
1919h Das Unheimliche. GW 12, S. 229–268.
1925d Selbstdarstellung. GW 14, S. 31–96.
1936a Brief an Romain Rolland: Eine Erinnerungsstörung auf der Akropolis. GW 16, S. 250–257.
1937d Konstruktionen in der Analyse. GW 16, S. 43–56.
1939a Der Mann Moses und die monotheistische Religion. Drei Abhandlungen. GW 16, S. 103–246.
1955g Rundbrief an die Mitglieder der Psychologischen Mittwoch-Gesellschaft vom 22. 9. 1907. In: Jones, Ernest, Das Leben und Werk von Sigmund Freud. Bern/Stuttgart/Wien: Huber 1960 bis 1962, Bd. 2, S. 22 f.
1956j Brief an Alphons Maeder vom 21. 9. 1913. In: Maeder, Alphons, Persönliche Erinnerungen an Freud und retrospektive Besinnung, Schweizer Zeitschrift für Psychologie, Bd. 15 (1956), S. 114–122.
1956k Zwei Briefe an Maggie. In: J. A. Stargardt Katalog, 529 (1956), Nr. 290a, 290b.
1960a Briefe 1873–1939. Ausgew. und hrsg. von Ernst und Lucie Freud, Frankfurt am Main: S. Fischer Verlag 1960, 2., erw. Aufl. Frankfurt am Main: 1968, 3., korrig. Aufl. 1980.
1960f Brief an Granville Stanley Hall vom 28. 8. 1923. In: Sigmund Freud and G. Stanley Hall: Exchange of Letters, Psychoanalytic Quarterly, Bd. 29 (1960), S. 307–316.
1962-75a Protokolle der Wiener Psychoanalytischen Vereinigung. Hrsg. von Herman Nunberg und Ernst Federn. 4 Bände. Frankfurt am Main: S. Fischer Verlag 1976–1981.

1963a Briefe an Oskar Pfister. In: Sigmund Freud / Oskar Pfister, Briefe 1909–1939. Hrsg. von Ernst L. Freud und Heinrich Meng. Frankfurt am Main: S. Fischer Verlag 1963.

1965a Briefe an Karl Abraham. In: Sigmund Freud/Karl Abraham, Briefe 1907–1926. Hrsg. von Hilda Abraham und Ernst Freud. Frankfurt am Main: S. Fischer Verlag 1965.

1965b Briefe an Edward L. Bernays. In: Bernays, Edward: Biography of an idea: memoirs of public relations counsel Edward L. Bernays. New York: Simon & Schuster 1965.

1966a Sigmund Freud/Lou Andreas-Salomé. Briefwechsel. Hrsg. von E. Pfeiffer. Frankfurt am Main: S. Fischer Verlag 1966.

1969a Jugendbriefe Sigmund Freuds. In: Sigmund Freud, »Selbstdarstellung«; Schriften zur Geschichte der Psychoanalyse. Hrsg. und eingel. von Ilse Grubrich-Simitis. Frankfurt am Main: Fischer-Taschenbuch 1971.

1974a Sigmund Freud/C. G. Jung. Briefwechsel. Hrsg. von William McGuire und Wolfgang Sauerländer. Frankfurt am Main: S. Fischer Verlag 1974.

1974d Brief an Friedrich Jodl (27. 1. 1908). In: Greve, Ludwig & Volke, Werner (Hg.), Jugend in Wien. Literatur um 1900. Eine Ausstellung des Deutschen Literaturarchivs im Schiller-Nationalmuseum Marbach am Neckar. Marbach a. N. 1974.

1985c Briefe an Wilhelm Fließ. In: Briefe an Wilhelm Fließ 1887 bis 1904. Hrsg. von Jeffrey Moussaieff Masson, Bearb. der deutschen Fassung von Michael Schröter, Transkription von Gerhard Fichtner. Frankfurt am Main: S. Fischer Verlag 1986.

1985d Briefe an Anna von Vest. In: Goldmann, Stefan, Sigmund Freuds Briefe an seine Patientin Anna v. Vest. Jahrbuch der Psychoanalyse, 17 (1985), S. 269–295.

1985j Brief an Emil Freund (23. 5. 1911) [Teilabdruck]. Sotheby's Cat. May (1985), Nr. 142.

1989a Jugendbriefe an Eduard Silberstein 1871–1881. Hrsg. von Walter Boehlich. Frankfurt am Main: S. Fischer Verlag 1989.

1992b Sigmund Freud / Ludwig Binswanger. Briefwechsel 1908 bis 1938. Hrsg. von G. Fichtner. Frankfurt am Main: S. Fischer Verlag 1992.

1993a Sigmund Freud–Sándor Ferenczi. Briefwechsel, 1908–1911. Bd. I/1. Hrsg. von Eva Brabant, Ernst Falzeder, Patrizia Giampieri-Deutsch unter wiss. Leitung von André Haynal. Transkription von I. Meyer-Palmedo. Wien/Köln/Weimar: Böhlau 1993.

1993b Sigmund Freud–Sándor Ferenczi. Briefwechsel, 1912–1914. Bd. I/2. Hrsg. von Eva Brabant, Ernst Falzeder, Patrizia Giampieri-Deutsch unter wiss. Leitung von André Haynal. Transkription von I. Meyer-Palmedo. Wien/Köln/Weimar: Böhlau 1993.

1993e The Complete Correspondence of Sigmund Freud and Ernest Jones, 1908–1939, ed. by R. Andrew Paskauskas, Introduction by Riccardo Steiner, Cambridge, Mass./London: Harvard University Press 1993. Der Originalwortlaut der in Deutsch verfaßten Briefe Freuds findet sich in: Briefwechsel Sigmund Freud/Ernest Jones 1908–1939, Transkription und editorische Bearbeitung von Ingeborg Meyer-Palmedo. Frankfurt am Main: S. Fischer Verlag 1993.

Freud, W. Ernest

1990 Die Freuds und die Burlinghams in der Berggasse. Persönliche Erinnerungen. In: Leupold-Löwenthal, Harald & Scholz-Strasser, Inge (Hg.) Sigmund Freud Vorlesungen 1970–1988. Wien/Köln: Böhlau 1990, S. 200–214.

Freud-Bernays, Anna

o. J. Erlebtes. Wien: Heller o. J.

Gay, Peter

1989 Freud. Eine Biographie für unsere Zeit. Frankfurt am Main: S. Fischer Verlag 1989.

Geiss, Imanuel

1983 Geschichte griffbereit. Bd. 4: Begriffe: Die sachsystematische Dimension der Weltgeschichte. Hamburg: rowohlt 1983.

Gicklhorn, Josef & Gicklhorn, Renée

1960 Sigmund Freuds akademische Laufbahn im Lichte der Dokumente. Wien/Innsbruck: Urban & Schwarzenberg 1960.

Gödde, Günter

Mathilde Freud. Einblicke in das Leben der ältesten Tochter und der Familie Sigmund Freuds. Tübingen: Edition diskord [in Vorbereitung].

Goethe, Johann Wolfgang von

1809 Die Wahlverwandtschaften. In: Goethes Werke in zwölf Bänden. Bd. 5. Berlin und Weimar: Aufbau-Verlag 1974.

1817 Der Verfasser teilt die Geschichte seiner botanischen Studien mit. In: Goethes Werke in zwölf Bänden. Bd. 12, Schriften zu Philosophie, Politik und Naturwissenschaften. Berlin und Weimar: Aufbau-Verlag 1974.

1821–1829 Wilhelm Meisters Wanderjahre. In: Goethes Werke. Hamburger Ausgabe in 14 Bänden. Bd. 8. Hamburg: Christian Wegener 1948.

1948 ff. Hamburger Ausgabe in 14 Bänden. Textkritisch durchgesehen und mit Anmerkungen versehen von Erich Trunz, Hamburg: Christian Wegener 1948 ff.
1960 ff. Berliner Ausgabe, 22 Bände. Berlin: Aufbau-Verlag, 1960 ff.

Gomperz, Theodor
1896 – 1909 Griechische Denker. Eine Geschichte der antiken Philosophie. Bd. 1–3. Leipzig: Veit & Comp. 1896–1909.

Grieser, Dietmar
1986 Alte Häuser – Große Namen. Ein Wien-Buch. St. Pölten/Wien: Niederösterreichisches Pressehaus 1986.

Grubrich-Simitis, Ilse
1993 Zürück zu Freuds Texten. Stumme Dokumente sprechen machen. Frankfurt am Main: S. Fischer Verlag 1993.

Hehn, Victor
1896 Italien. Berlin: Gebrüder Bornträger 1896.

Heine, Heinrich
1972 Werke und Briefe in zehn Bänden. Hrsg. von Hans Kaufmann. 2. Auflage, Berlin und Weimar: Aufbau-Verlag 1972.

Hermanns, Ludger & Schröter, Michael
1990 Felix Gattel (1870–1904). Der erste Freudschüler. In: Luzifer-Amor, 3 (1990), S. 42–75.

Hirschmüller, Albrecht
1978 Physiologie und Psychoanalyse in Leben und Werk Josef Breuers. Bern: Huber 1978.
1990 Freud und das Kokain oder Die Austreibung des Teufels mit Beelzebub. Tübingen 1990 [Manuskript].
1991 Freuds Begegnung mit der Psychiatrie. Von der Hirnmythologie zur Neurosenlehre. Tübingen: edition diskord 1991.

Huelsen, Christian
1905 Die neuesten Ausgrabungen auf dem Forum Romanum. Rom: Loescher 1905.

Jones, Ernest
1960–1962 Das Leben und Werk von Sigmund Freud. 3 Bände. Bern/Stuttgart/Wien: Huber 1960–1962.

Leupold-Löwenthal, Harald
1986 Handbuch der Psychoanalyse. Wien: Orac 1986.
1988 Die Vertreibung der Familie Freud 1938. Sigmund Freud House Bulletin, 12 (1988), 1–11.

Looney, Thomas
1920 Shakespeare Identified in Edward de Vere the Seventeenth Earl of Oxford. London: Cecil Palmer 1920.

Métraux, Alexandre
2001 Einst träumte Sigmund Freud von einer botanischen Monographie über die Lieblingsblume seiner Frau Martha. In: Sigmund Freud Museum, 1 (2001), S. 8–14.
Milton, John
1644 Areopagitica. Electronically Enhanced Text. World Library, Inc. 1991.
Molmenti, Pompeo
1898 Il Moretto da Brescia. Firenze: R. Bemporad & Figlio 1898.
Molnar, Michael (Hg.)
1996 Sigmund Freud. Tagebuch 1929–1939. Kürzeste Chronik. Übers. von Christfried Tögel. Frankfurt am Main: Stroemfeld 1996.
Morelli, Giovanni
1897 Della pittura italiana. Studii storico-critici. Milano: Fratelli Treves 1897.
Morgan, Wesley
1989 Freud's Lithograph of Charcot: A Historical Note. In: Bulletin of the History of Medicine, 63 (1989), 268–272.
Mühlleitner, Elke
1992 Biographisches Lexikon der Psychoanalyse. Die Mitglieder der Psychologischen Mittwoch-Gesellschaft und der Wiener Psychoanalytischen Vereinigung 1902–1938. Tübingen: edition diskord 1992.
Mudry, Anna (Hg.)
1987 Galileo Galilei. Schriften, Briefe, Dokumente. 2 Bände. Berlin: Rütten & Loening 1987.
Müller, Iwan v. (Hg.)
1887–1890 Handbuch der klassischen Altertums-Wissenschaft. 9 Bände. München: Beck.
Neumeyer, G. (Hg.)
1875 Anleitung zu wissenschaftlichen Beobachtungen auf Reisen. Mit besonderer Rücksicht auf die Bedürfnisse der Kaiserlichen Marine. Berlin: Robert Oppenheim 1875
Overbeck, Johannes
1884 Pompeji in seinen Gebäuden, Alterthümern und Kunstwerken dargestellt. 4. durchgearb. verm. Aufl. Leipzig: W. Engelmann 1884.
Pagel, Julius (Hg.)
1901 Biographisches Lexikon hervorragender Ärzte des neunzehnten Jahrhunderts. Berlin/Wien: Urban & Schwarzenberg 1901.

Paneth, Josef
1883–1884 Vita nuova [Manuskript].
Petersen, Eugen
1898 Vom alten Rom. Leipzig: E. A. Seemann.
Reik, Theodor
1944 Sigmund Freud y Gustavo Mahler. Revista de Psicoanálisis, 1 (1944), S. 315–320.
Reinisch, S.
1885 Die ägyptischen Denkmäler in Miramare. Wien: Wilhelm Braumüller 1885.
Roazen, Paul
1999 Wie Freud arbeitete. Berichte von Patienten aus erster Hand. Gießen: Psychosozial-Verlag 1999.
Robitsek, Alfred
1912 Zur Frage der Symbolik in den Träumen Gesunder. In: Zentralblatt für Psychoanalye, 2 (1912), S. 340–343.
Romm, Sharon
1983 The Unwelcome Intruder. Freud's Struggle with Cancer. New York: Praeger 1983.
Rosenzweig, Saul
1992 Freud, Jung, and Hall the Kingmaker. The historic expedition to America (1909). Seattle/Toronto/Bern/Göttingen: Hogrefe & Huber: 1992.
Sachs, Hanns
1982 Freud. Meister und Freund. Frankfurt/M./Berlin/Wien: Ullstein.
Schivelbusch, Wolfgang
1979 Geschichte der Eisenbahnreise. Frankfurt/M.: Ullstein.
Schnack, Ingeborg
1990 Rainer Maria Rilke. Chronik seines Lebens und seines Werkes. 2 Bände, Frankfurt am Main: Insel Verlag 1990.
Schröter, Michael & Hermanns, Ludger
1994 Nachtrag zu »Felix Gattel: der erste Freud-Schüler«. Luzifer-Amor, 7, H. 12 (1994), S. 17–29.
Schröter, Michael
1999 Hermann Swoboda (1873–1963): Früher Freud-Schüler und Kritiker der »Traumdeutung«. In: Luzifer-Amor, 12 (24), 49–64.
2002 Fließ vs. Weininger, Swoboda und Freud: Der Plagiatsstreit von 1906 im Licht der Dokumente. Psyche (April 2002), in Vorbereitung.

Schur, Max
1973 Sigmund Freud. Leben und Sterben. Frankfurt am Main: Suhrkamp 1973.
Sulloway, Frank
1982 Freud. Biologe der Seele. Jenseits der psychoanalytischen Legende. Köln/Lövenich: Edition Maschke 1982.
Swales, Peter
1982 Freud, Martha Bernays, and the Language of Flowers. New York: 1982 (Privatdruck).
1986 Freud, His Teacher, and the Birth of Psychoanalysis. In: Stepansky, P. (Ed.), Freud. Appraisals and reappraisals. Contributions to Freud Studies, vol. 1., Hillsdale, N. J.: The Analytic Press 1986, S. 3–82.
1998 In Statu Nascendi: Freud, Minna Bernays, and the Creation of Herr Aliquis [Manuskript].
2000 Freud, Death, and Sexual Pleasures. On the Psychical Mechanism of Sigmund Freud [Manuskript].
Thode, Henry
1908 Michelangelo. Kritische Untersuchungen über seine Werke. Bd. 2, Berlin: G. Grote 1908.
Tögel, Christfried
1989 Berggasse–Pompeji und zurück. Sigmund Freuds Reisen in die Vergangenheit. Tübingen: edition diskord 1989.
1990 Bahnstation Treblinka. Zum Schicksal von Sigmund Freuds Schwester Rosa Graf. In: Psyche 44 (1990), S. 1019–1024.
1994 »... und gedenke die Wissenschaft auszubeuten«. Sigmund Freuds Weg zur Psychoanalyse. Tübingen: edition diskord 1994.
1996 Freuds Wien. Eine biographische Skizze nach Schauplätzen. Wien: Turia & Kant 1996.
2001 Sigmund Freud: Stationen eines Lebens. Katalog zur Ausstellung im Sigmund-Freud-Zentrum des Fachkrankenhauses Uchtspringe. Uchtspringe 2001.
Tögel, Christfried & Schröter, Michael
2002 Sigmund Freud und Hermann Swoboda: Ihr Briefwechsel (1901–1906). Psyche (April 2002), in Vorbereitung.
Tourney, Garfield
1965 Freud and the Greeks: A Study of the Influence of Classical Greek Mythology and Philosophy Upon the Development of Freudian Thought. Journal of the History of Behavorial Sciences 1(1965), S. 67–85.

Wedekind, Frank
1969 Werke in drei Bänden. Hrsg. und eingeleitet von Manfred Hahn. Berlin und Weimar: Aufbau-Verlag 1969.
Winter, Josephine
1927 Fünfzig Jahre eines Wiener Hauses. Wien/Leipzig: Wilhelm Braumüller 1927.
Winterstein, Alfred Freiherr von
1912 Zur Psychoanalyse des Reisens. Imago 1 (1912), S. 489–506.
Wittenberger, Gerhard
1995 Das »Geheime Komitee« Sigmund Freuds. Institutionalisierungsprozesse der Psychoanalytischen Bewegung zwischen 1912 und 1927. Tübingen: edition diskord 1995.
Wittenberger, Gerhard & Tögel, Christfried (Hg.)
1999 Die Rundbriefe des »Geheimen Komitees«. Band 1: 1913 bis 1920. Tübingen: edition diskord 1999.
2001 Die Rundbriefe des »Geheimen Komitees«. Band 2: 1921. Tübingen: edition diskord 2001.
Worbs, Michael
1983 Nervenkunst. Literatur und Psychoanalyse im Wien der Jahrhundertwende. Frankfurt am Main: Europäische Verlagsanstalt 1983.

Bildnachweis

Freud Museum London: 1, 2, 3, 5, 6, 7, 9, 15, 16, 17, 18, 23, 24, 25, 26, 27, 28, 29, 30, 31, 32, 33, 35, 63, 81, 87, 97, 100, 102

Library of Congress, Washington D. C., Manuscript Division, Sigmund Freud Collection: 43, 49, 52, 83, 86, 88, 89, 99, 101, 115, 116, 118, 119, 123, 127, 128, 129, 131, 135, 136, 138, 139, 141, 142, 143, 144, 145, 146, 149, 150, 151, 152

Library of Congress, Washington D. C., Prints and Photographs Division, Detroit Publishing Company Collection: 124, 125, 126

Archiv Christfried Tögel (zeitgenössische Postkarten und eigene Fotos): 4, 8, 11, 13, 19, 21, 22, 37, 38, 39, 41, 42, 44, 46, 47, 48, 54, 55, 56, 62, 66, 68, 69, 70, 71, 72, 73, 74, 75, 76, 78, 79, 80, 82, 85, 92, 94, 95, 96, 112, 120, 121, 122, 132, 133, 137

Archiv für Kunst und Geschichte, Berlin: 90, 113, 114, 117, 130, 148

Bildarchiv Preußischer Kulturbesitz: 20, 59, 98

National Portrait Gallery, London: 103–110

ullstein bild: 36

Adrian Balbi's allgemeine Erdbeschreibung, Bd. 2, hrsg. von Franz Heiderich. Wien/Pest/Leipzig: A. Hartleben 1894: 14, 24,

Emmer, Johannes: Illustrierte Kunstgeschichte. Berlin: Deutsche Volksbibliothek o. J.: 10

Gerstfeldt, Olga von: Umbrische Städte. Orvieto, Narni und Spoleto. Leipzig: Klinkhardt & Biermann 1909: 34

Hesse-Wartegg, Ernst von: Die Wunder der Welt, Bd. 2. Stuttgart/Berlin/Leipzig: Union Deutsche Verlagsgesellschaft o. J.: 67, 140

Kaemmel, Otto: Rom und die Campagna. Bielefeld/Leipzig: Velhagen & Klasing 1902: 57, 58, 60, 64, 93, 147

Molmenti, Pompeo: Il Moretto da Brescia. Firenze: R. Bemporad & Figlio 1898: 51

Seyfert, Bernhard: Geschichte im Bilde. Halle: Buchhandlung des Waisenhauses 1928: 61

Die Karten stammen aus dem Baedeker der betreffenden Jahre.

Herausgeber und Verlag danken allen Archiven und Museen für ihre Unterstützung.

Personen- und Ortsregister

Mein Herz
war ganz erfüllt

Romantische Reisebriefe
2 Bände im Schuber

Herausgegeben
und mit einem Nachwort
von Gisela Henckmann

Mit 109 zeitgenössischen
Abbildungen
598 Seiten. Leinen
ISBN 3-351-02896-2

Eine Verführung zum Reisen, Entdecken und Schreiben in zwei fulminanten Bänden mit Briefen und Bildern der Romantik, von Arnim bis Heine, von Joseph von Eichendorff bis Fürst von Pückler-Muskau, von Gustav Schwab bis Felix Mendelssohn-Bartholdy: Die Vielfalt ist faszinierend und zusammen mit den exzellent reproduzierten Bildern Augenfreude wie Lesefest zugleich.

»Diese Sammlung ist durch die Auswahl wie dank den Illustrationen und der liebevollen Ausstattung besonders geglückt und wird das Herz jedes offenen oder verkappten Romantikers, der sie geschenkt bekommt, ein paar Sprünge machen lassen.«

Die Furche

»Von Langeweile keine Spur. Stattdessen schwelgen wir in den Papier gewordenen Erlebnissen.«

Handelsblatt

Aufbau-Verlag

Gottfried Keller

Schön ist doch das Leben!

Biographie in Briefen

Herausgegeben
und mit einem Vorwort
von Peter Goldammer

Mit 9 Abbildungen
330 Seiten. Gebunden
ISBN 3-351-02922-5

Bonvivant und Einzelgänger, Staatsbeamter und Künstler, Maler und Dichter – Gottfried Keller, der keine Memoiren hinterließ, war ein passionierter Briefeschreiber. Seine Schilderungen eignen sich hervorragend als Bausteine seiner Biographie. Herausgeber Peter Goldammer hat sie nach ihrem autobiographischen Gehalt ausgewählt und chronologisch angeordnet. Viele dieser Briefe lesen sich wie Romanepisoden, stecken voller Witz und großartiger Details – und weisen Gottfried Keller als einen Menschen von unbestechlicher Kritikfähigkeit aus.

»Gottfried Keller hat, traurig oder glücklich, ganz bezaubernde Briefe geschrieben. Er ist als einer der besten Briefeschreiber dieses auf Briefe versessenen 19. Jahrhunderts zu entdecken. In seinen Briefen zeigt sich der Kern seiner Erzählkunst in der unbefangensten Weise.«

Neue Ruhr Zeitung

Aufbau-Verlag

Ludwig Pietsch
Wie ich Schriftsteller geworden bin
Der wunderliche Roman meines Lebens

Herausgegeben und mit einem Nachwort von Peter Goldammer

Mit einem Frontispiz
672 Seiten. Gebunden
ISBN 3-351-02875-X

Ludwig Pietsch, Starkritiker und umschwärmter Gesellschaftsberichterstatter der kaiserlichen Metropole, erinnert sich an die Anfänge seiner Karriere im Berlin der fünfziger und sechziger Jahre des 19. Jahrhunderts. Seine Doppelbegabung als Zeichner und Literat öffnete ihm die berühmtesten Ateliers und tonangebenden Salons. In seinem farbigen Stil schildert er die Begegnung mit Adolph Menzel und Gustave Doré, seine Freundschaft mit Theodor Storm und Fritz Reuter, seine Vertrautheit mit der international renommierten Sängerin Pauline Viardot. Noch einmal taucht das romantische Berlin auf, bevor es im Umbau zur deutschen Hauptstadt versinkt.

»In erster Linie bieten seine Erinnerungen einen Einblick in das, was man heute die ›Künstlerszene‹ Berlins nennen würde.«

taz

Aufbau-Verlag